棠树文丛

刑法修订与刑法解释关系研究

李　翔◎著

上海人民出版社

棠树文丛和理因文丛编委会

促进法学研究　追求学理本义
——棠树文丛和理因文丛总序

科学研究是高校非常重要的一项功能，也是一所大学综合实力、核心竞争力的主要指标。开展学术活动、产出学术成果、培养学术人才是高校完成人才培养、科学研究、社会服务等使命的主要手段。大学之所以成为大学，学术的兴盛正是主要的标志之一，只有学术水平提高了，才能更好地完成培养人才和服务社会的目标。

党的十八大以来，以习近平同志为核心的党中央高度重视哲学社会科学工作，从改革发展稳定、治党治国治军的高度，肯定了哲学社会科学的重要意义。习近平总书记在2016年5月17日召开的“哲学社会科学工作座谈会”上指出，“要加大科研投入，提高经费使用效率。要建立科学权威、公开透明的哲学社会科学成果评价体系，建立优秀成果推介制度，把优秀研究成果真正评出来、推广开”，为新时期哲学社会科学的发展指明了方向。学术专著是广大教师平时研究成果呕心沥血的精心积累，它的出版则是优秀研究成果推广的重要手段和高端平台。做好学术著作的组织出版能够提高教师科研活动的积极性，弘扬优秀学术，开拓创新，也能为学校的科研事业作出应有的贡献。

华东政法大学全面贯彻党的教育方针，落实立德树人根本任务，围绕上海教育中长期规划纲要的总体目标，按照建设“双一流”高水平教学研究型多科性特色大学的战略要求，遵循科研发展规律，加强管理，精益求精，在科研方面取得了不俗的成绩。一直以来，学校的优秀学术成果持续增长，学术影响力有所提升，学校科研工作日攀新高。

法学是华东政法大学的主要学科，是学校的知名品牌。推介法学研究成果是科研管理部门的服务项目和重要职责。这次推出的“棠树文丛”就是华东政法大学法学教师的优秀成果。之所以将法学文丛取名“棠树文丛”，其出处来自《诗经》。《诗经·甘棠》云:“蔽芾甘棠,勿翦勿伐”,这是说周初召公巡行理政,在甘棠树下听讼决狱,断案公正无私,其事流芳后世,歌诗以载。法平如水,民心所向,古今无异,故以“棠树”为法学丛书命名。这次组织出版“棠树文丛”,可以促进华政的法学研究水平,提升法学学科的影响力,为实现依法治国的宏伟目标和弘扬法律的公平正义添砖加瓦。

其他学科在华东政法大学也在迅速发展。多科性交叉融合发展也是学校的一个显著特色。华政的政治学、外语、社会学、新闻传播等众多学科在全国大学和科研机构等体系中已产生了广泛的影响力,并占据了重要的学术地位。这次推出的“理因文丛”,则是华东政法大学其他学科教师的优秀成果。之所以将其取名“理因文丛”,其出处来自华政松江新校区的一位古人。约一千七百年前,松江人陆机在其名作《文赋》中写道:“伊兹文之为用,固众理之所因”,文以传理、文以载道,是对学术著述的最高期许。以“理因”二字命名丛书,正是希望这套著作能考众理之妙,释学术之道,追求学术本义,成为展示华东政法大学科研水准与成就的窗口。恩格斯曾经说过:“一个民族要想站在科学的最高峰,就一刻也不能没有理论思维。”理论研究就是要找出事物的发展规律,探寻世界的奥秘,开启人类的智慧。“理因”文丛的出版契合了探究事理本源之意。

高层次优秀科研成果的出版是教师和科研管理部门共同追求的目标,也是我们贯彻落实《华东政法大学学术专著出版资助管理办法》的举措。我们希望通过这次学术专著推进活动,规范学校图书出版工作,进一步激发我校教师的科研积极性,多出成果,出优秀成果,展现华政学术丰采。

华东政法大学科研处

2019年3月5日

目　录

第一章　刑法修订与刑法解释概述

第一节　刑法修订和刑法解释的范畴界定

一、刑法修订的范畴界定

（一）刑法修订的释义考

刑法修订也称刑法修正，是刑法立法领域内的固定搭配。在刑法解释相对层面理解，即全国人大常委会通过出台刑法修正案的方式对刑法进行修订的过程。刑法修正案是由国家立法机关制定颁布的对刑法典某一条文或某一部分进行修改或补充的规范性文件。这里的“修改”是指对刑法典中原有的、过时的或者不适合现实需要的刑法条文加以改正；这里的“补充”是指对刑法典中已有内容的缺漏或不完备之处加以补正或完备。[1]“修订”一词在性质上说体现了一种动态变化，也体现出一种以旧换新的趋势。此处自当存在“已有”之前提，即《立法法》术语之“制定”前提。刑法的修订过程性质上属于立法的一部分，是不同时期、不同社会发展阶段、不同犯罪形势下国家做出的刑法惩治分配。

刑法修订之“修订”不完全等同于我国《立法法》之“修改”。宏观上看，《立法法》第 7 条第 1 款“全国人民代表大会和全国人民代表大会常务委员会行使国家立法权”明确了国家立法权的归属；第 2 款“全国人民代表大会制定和修改刑事、民事、国家机构的和其他的基本法律”表明刑法的修改权力由全国人民代表大会行使；第 3 款“全国人民代表大会常务委员会制定和修改除应当由全国人民代表大会制定的法律以外的其他法律；在全国人民

---

① 黄华平、梁晟源：《试论刑法修正案的立法模式》，《中国人民公安大学学报》2005 年第 3 期。

代表大会闭会期间，对全国人民代表大会制定的法律进行部分补充和修改，但是不得同该法律的基本原则相抵触”补充说明在全国人民代表大会闭会期间，全国人民代表大会常务委员会也有权力在不违反基本原则前提下对刑法进行部分补充和修改。《宪法》第 67 条第 3 项规定，全国人民代表大会常委会有权在全国人大闭会期间对后者制定的法律作“部分补充和修改”（但不得与该法律的基本原则相抵触）。相比于《立法法》或者《宪法》中对立法活动的界定，刑法之“修订”内涵、范围则更为粗犷、抽象，其更多地既包含有第 2 款“修改”，又包含有第 3 款“部分补充和修改”，还包括删除（废除）。具体修订内涵范围由每次修订的内容、范围决定，修订内容包含有修改总则条文、增设新罪名、修改犯罪构成要件、修改罪名法定刑等。

（二）刑法修订的历程导向

目前为止，我国在 1997 年刑法典的基础上已经进行了十次修正。1999 年《刑法修正案》为了惩治破坏社会主义市场经济秩序的犯罪，保障社会主义现代化建设的顺利进行，对刑法作如下补充修改，修改六条，增加一条，增加一项。2001 年《刑法修正案（二）》为了惩治毁林开垦和乱占滥用林地的犯罪，切实保护森林资源，修改了一条。2001 年紧随其后的《刑法修正案（三）》为了严厉打击恐怖活动犯罪，更好地维护国家安全和社会秩序，保障人民生命、财产安全，主要针对国家安全、恐怖组织、黑社会类犯罪进行修改六条，增加二条。2002 年《刑法修正案（四）》为惩治破坏社会主义市场经济秩序、侵犯公民人身权利、妨害社会管理秩序和国家机关工作人员的渎职犯罪行为，对刑法的有关规定进行了一定的修改、完善，修改六条，增加一条，增加一款。2005 年《刑法修正案（五）》主要针对信用卡犯罪活动，增加一条，增加一款，修改一条。2006 年《刑法修正案（六）》修改十二条，增加八条。其修改涉及刑法分则七大类犯罪，涉及范围变广。2009 年《刑法修正案（七）》修改八条，增加四条，增加二款。涉及五章犯罪，主要关注民生。这次修法将《刑法修正案（七）草案》以及草案的说明都在全国人大官网上公布，向社会广泛征求意见。立法中体现公开性、民主性。《刑法修正案（七）》打破了过去刑法修正仅注重扩大犯罪圈以及提高法定刑的从严从重之立法惯例，开始注重从严从宽相协调。[①]2011 年《刑法修正案（八）》控制死缓减

---

① 赵秉志：《〈刑法修正案（七）〉的宏观问题研讨》，《华东政法大学学报》2009 年第 3 期。

刑幅度和对象反映了刑法修改继续朝着限制有利于犯罪人的刑罚制度的适用发展的走向。①《刑法修正案(八)》的修改模式由“分则个罪模式”,走向了“总则+分则模式”。2015年《刑法修正案(九)》修改三十三条,增加十五条,增加六款,删除一条,删除一款。从内容上看,涉及减少适用死刑罪名、严惩恐怖主义犯罪、加大惩处腐败力度、切实加强社会治理等七大方面。②其在新增多种具体犯罪并调整许多犯罪入罪门槛、提升相关犯罪法定刑的同时,也表现出从宽的一面:一是一次性取消了九种犯罪的死刑;二是将绑架罪、贪污罪、受贿罪的死刑由绝对确定的死刑改为相对确定的死刑,增加了这些犯罪适用刑罚的选择;三是提高了死缓犯执行死刑的门槛等,体现了宽严相济。③此外,《刑法修正案(九)》中还体现了刑法的制度创新,比如终身监禁制度。《刑法修正案(十)》在刑法第二百九十九条中增加一款作为第二款,将该条修改为:“在公共场合,故意以焚烧、毁损、涂划、玷污、践踏等方式侮辱中华人民共和国国旗、国徽的,处三年以下有期徒刑、拘役、管制或者剥夺政治权利。在公共场合,故意篡改中华人民共和国国歌歌词、曲谱,以歪曲、贬损方式奏唱国歌,或者以其他方式侮辱国歌,情节严重的,依照前款的规定处罚。”

总得来说,1997年刑法颁布以来,新增罪名大多是对新生危害行为的应对,尤其是经济发展领域出现的新型行为模式,并且逐渐呈现跨章节、涉及面拓宽的趋势,同时体现出更加关注民生的特点。《刑法修正案(八)》可以看作一个较为明显的分界点。此前七个修正案只体现入罪及提高刑罚的单一方向,从《刑法修正案(八)》开始,体现了“入罪、提高刑罚”加“出罪、减轻刑罚”的双重方向。其大致反映了刑法修正的人权保障意图的转变。④一方面,刑法顺应社会各阶段整治打击某些突出领域的危害行为需要,刑事法网继续呈现趋密的态势;另一方面,《刑法修正案(八)》开始明确取消13个

---

① 邢馨宇、邱兴隆:《刑法的修改:轨迹、应然与实然——兼及对〈刑法修正案(八)〉的评价》,《法学研究》2011年第2期。

② 参见李适时:《关于〈中华人民共和国刑法修正案(九)(草案)〉的说明》[第十二届全国人大常委会第十一次会议文件(四)],2014年10月26日。

③ 赵秉志、袁彬:《中国刑法立法改革的新思维——以〈刑法修正案(九)〉为中心》,《法学》2015年第10期。

④ 刘艳红:《〈刑法修正案(八)〉的三大特点——与前七部刑法修正案相比较》,《法学论坛》2011年第3期。

经济性非暴力犯罪的死刑,《刑法修正案(九)》紧随其后废除9个死刑罪名,同时开启删除罪名、罪状的先河。《盐铁论》中就记载汉代贤良文学反对严刑峻罚的"圣人假法以成教,教成而刑不施。故威厉而不杀,刑设而不犯。今废其纪纲而不能张,坏其礼义而不能防。民陷于网,从而猎之以刑,是扰开其闺牢,发以毒矢也,不尽不止"。可见,如今刑法修订更加体现人文精神,社会治理的多元化。

(三)修订刑法的动因与意义

1. 立法适应社会态势

"法律永远不可能是完美无缺的,谁在起草法律时就能够避免与某个无法估计的、已生效的法律相抵触?谁有可能完全预见全部的构成事实,它们产生于无穷多变的生活海洋,何曾有一次就能全部冲上沙滩。"[①]沈家本曾经说过:"法久弊生,不能不变,变而不善,其弊益滋。"沈家本生逢中国改良革新和救亡图存的时代,其主张法应权时而变,同时变法也不能盲目跃进。这足以说明包括刑法在内的国家立法与社会发展和变化的态势相适应是社会学发展中的一条客观规律。当前,我国社会仍处于转型时期,各种新的违法犯罪行为层出不穷,同时人们对一些刑法制度的认识也在不断地深化甚至转变。在此背景下,刑法要充分而有效地发挥其保护社会的功能,就必须适时调整其立法内容。从历史变迁的角度看,新刑法以前的立法着重于反映政治需求。诸如,民国初期以废除治外法权为目的的政治诉求,决定了法律移植是修律的主要取向。内部需求则源于固有资源的缺乏。这一点在刑法、诉讼法、商法和民法等部门法中表现得尤为突出。[②]从法律的工具性意义角度看,这一点无可厚非。功利主义法学认为,法律是达到功利目标的手段。功利原则既是法律的出发点,又是法律的归宿。[③]从这样的契合来看,对于立法者而言,适度的功利主义是必要的。因为立法者在纵观社会整体的前提下,必然要做出各方利益的权衡以达利益最大化的社会目标。对于司法者而言,同样需要适度功利主义的把握,但更需要警惕功利性的过度化。司法者手中的法律之刃本质属性上只是一件工具,工具最终为目的服

---

① [德]拉德布鲁赫:《法学导论》,米健等译,中国大百科全书出版社1997年版,第106页。

② 张勤:《法律精英、法律移植和本土化:以民国初期的修订法律馆为例》,《法学家》2014年第4期。

③ 参见杨思斌:《功利主义法学评述》,《安徽大学学报(哲学社会科学版)》2005年第5期。

务。只是在使用工具的过程中，拿捏的轻重尺度具有自由裁量的空间。

2. 立法回应社会关切

一方面，随着信息技术的不断革新，民众参与国家大事的平台、机遇显著增加。自《刑法修正案（七）》的立法公布、民主参与立法渠道的开启，立法者的立法意图与民众意见之间得以交流，既可以达到新法生效前的民情预计效果，又能汲取民众间的集体智慧对立法进行查漏补缺。另一方面，刑法修订在内容上越来越多回应当前民生类、社会关注的热点问题，包括危险驾驶罪的增设、嫖宿幼女罪的取消等。总体上看，社会关注的问题反映了社会公众在现实社会背景下对刑法相关问题的认识和态度，刑法立法对社会关注的热点问题予以适当回应，这符合刑法作为调整社会关系之规范的法的功能。但社会关注的内容存在超出符合刑法的基本原则、原理、制度和技术要求的可能性，尤其是我国社会当前处于转型时期，带有各种价值观的民意纷繁复杂，一些带有争议和涉及弱势群体命运的刑事案件往往在媒体报道之后，迅速成为民众关注的焦点。民意本身的分散性、冲动性与漂泊性使得一旦对法意与民意的关系处理不妥，就会使得法律效果与社会效果双重背离。[①]这就需要立法者站在客观、理性的视角下审慎辨别。

3. 完善刑事法治建设需要

刑法修正案的制定对实现依法治国、建设社会主义法制国家具有重大意义。1978 年 12 月召开的党的十一届三中全会提出要做到“有法可依，有法必依，执法必严，违法必究”。由此，这十六字就被确定为社会主义法制建设的基本方针。在这十六字方针的指导下，我国社会主义法制建设取得了重大成就。有法可依是实现依法治国的前提条件。刑法在社会治理中发挥着不可替代的作用，完善刑事立法正是做到“有法可依”的重要组成部分。党的十八大以来，习近平总书记作出了一系列关于社会主义法治建设的重要讲话，反复强调：“落实依法治国基本方略，加快建设社会主义法治国家，必须全面推进科学立法、严格执法、公正司法、全民守法进程。”这一新的法治建设的十六字方针，是法治中国建设的衡量标准，对全面加快推进依法治国具有极为重要的指导意义。

---

①　李翔：《网络社会下中国刑事立法政策的民意审视与构建》，《山东警察学院学报》2013 年第 3 期。

二、刑法解释的范畴界定

（一）刑法解释的语义范围

何为解释？辞海有云：解释即分析阐明，又即说明含义、原因。由此可推知，解释即是对其对象进行单元拆分，直至最小单元，即不可再拆分的元命题。为何解释？日常生活中常会发现，有的时候自己和朋友或是父母因言语不和产生激烈的争论，面红耳赤，矛盾升级。最后各自冷静下来才发现争论了许久的事情竟只是因为对某句话理解有误而愈演愈烈。解释在日常经验中都如此必要，何况于规范？规范本于日常经验之高度凝练，立于纸上后即具稳定性，一定程度上存在无法避免的先天性缺陷，因而在适用的过程中自然会运用到解释的方法。解释于刑法也是如此，乃至作为最后一道防线更甚。

刑法解释什么？从效率的层面上看，寻找产生歧义的源头解释自然是最佳选择，于刑法而言，就是法律条文本身，是由罪刑法定原则作为帝王规则屹立于刑法之林岿然不动所决定的，因而是放之四海而皆准的。问题在于是否要对立法原意进行解释。立法原意本是隐藏在法律条文背后的意图，而法律条文的制定和通过本身就是立法者整体意志妥协的集合，并非某一位投票者的意志，也非所有投票者意志的简单相加。因此，将一种整体意志的集合作为需要解释的对象似乎有些虚无。并且，既然法律条文是整体意志的反映，则解释法律条文时本身必然就包含着对立法意图的诠释，因此将立法意图单列出来似乎也并不必要。

（二）刑法解释的类型射程

关于刑法解释的分类，首先在于分类标准的界定。理论上主要有两种看法：第一，刑法解释的法律效力；①第二，刑法解释的主体属性与效力。②若是按照刑法解释的法律效力标准，可以将刑法解释分为刑法有权解释和刑法无权解释。刑法有权解释特指全国人大常委会、最高人民法院、最高人

---

① 参见高铭暄、马克昌主编：《刑法学》(第 2 版)，北京大学出版社、高等教育出版社 2005 年版，第 24 页。

② 参见马克昌、杨春洗、吕继贵主编：《刑法学全书》，上海科学技术文献出版社 1993 年版，第 20 页。

民检察院颁布的，其结论可以直接适用于有关主体办理刑事案件的法律依据。刑法无权解释即指有关主体对刑法做的不具有法律效力的解释。若是按照刑法解释的主体属性和效力标准，单从刑法解释主体的角度广义看来，上至国家立法机关、最高司法机关，下至学术研究机构、其他国家机关、公民个人等。广义上的主体包罗万象，的确生而拥有解释刑法条文的权利，但解释于社会的效力却不尽相同。显然，主体和效力的标准需要结合适用才具有现实意义。刑法解释效力体现于多个方面，比如是否会正式发布、能否直接适用于司法机关具体法律活动、成为认定犯罪或是刑罚裁量的依据等。主体性质与效力之间相辅相成，具有现实效力的解释会因为解释主体的不同划分效力层级。

我国 2015 年《立法法》第 45 条规定“法律解释权属于全国人民代表大会常务委员会”。1981 年全国人大常委会通过的《关于加强法律解释工作的决议》第 2 条规定：“凡属于法院审判工作中具体应用法律、法令的问题，由最高人民法院进行解释。凡属于检察院检察工作中具体应用法律、法令的问题，由最高人民检察院进行解释。最高人民法院和最高人民检察院的解释如果有原则性的分歧，报请全国人民代表大会常务委员会解释或决定。”鉴于我国《立法法》从未对最高司法机关解释法律作出规定，因此 1981 年决议至今有效。只是，1981 年全国人大常委会通过的《关于加强法律解释工作的决议》第 3 条规定：“不属于审判和检察工作中的其他法律、法令如何具体应用的问题，由国务院及主管部门进行解释。”这说明，国务院及主管部门有权对除审判工作、检察工作之外的法律进行解释。有的观点认为，这项规定实际上已经将解释权力完全划给了最高人民法院和最高人民检察院，因而国家行政机关（尤其是国务院各部委）不该享有刑法解释权力。①有的观点认为，虽然最高人民检察院有权对公安机关的侦查活动进行监督，但这并不意味着检察机关可以代替公安机关制定侦查活动的某些规则。②我们认为，公安机关的侦查审讯活动、检察机关的检察活动、人民法院的审判活动是处理刑事案件的一般流程，彼此独立、相互制约。公安机关的侦查活动性质上确实符合条文中所指的“不属于审判和检察工作中的其他法律”之

---

① 参见陈志军著：《刑法司法解释研究》，中国人民公安大学出版社 2006 年版，第 186 页。

② 参见赵秉志主编：《刑法解释研究》，北京大学出版社 2007 年第 1 版，第 31 页。

列，同时公安机关也有必要在刑事案件中进行相关条文的解释，因此，像第一种观点那样，将行政机关完全排除的想法与现实情况不符。不过，国务院某些部委对相关犯罪进行的解释一般在其系统内部实施，不具有普遍性。而司法实践中以公安部作为解释主体发布的较为常见的形式是联合解释，比如 2016 年 12 月 19 日发布的《最高人民法院、最高人民检察院、公安部关于办理电信网络诈骗等刑事案件适用法律若干问题的意见》，2016 年 9 月 9 日发布的最高人民法院、最高人民检察院、公安部印发《关于办理刑事案件收集提取和审查判断电子数据若干问题的规定的通知》，2010 年 5 月 7 日由最高人民检察院、公安部联合发布的《关于公安机关管辖的刑事案件立案追诉标准的规定(二)》等。因此，按照刑法解释的主体属性与效力结合的标准，可以对刑法有权解释作进一步分类，即刑法立法解释、刑法司法解释、刑法行政解释、刑法联合解释。

（三）刑法解释的意义与限度

无论怎样审慎周详，字斟句酌，总难免在文义和语境上产生疑义。无论怎样总结概括社会矛盾的方方面面，在复杂多样的现实生活面前，总会出现疏漏不周，挂万漏一。[①]因文字本身的有限性以及未来情形的不可预计性，《刑法》不例外地存在不少文字缺陷。因刑法立法的谦抑性原则，刑法修订需要在大量成熟的信息和数据的条件下进行反复科学的论证作出，因而不宜在短时间内过分频繁。既然刑法有缺陷，我们就应当运用解释方法，将其解释得正当、没有缺陷。[②]这便是刑法解释的意义所在。刑法解释方法多种多样，常见的诸如文义解释、体系解释、历史解释、目的解释、合宪性解释等。无论是否承认这些方法之间存在位阶、运用顺序，理论界几乎都大抵认为文义解释是解释逻辑之基本，目的解释则居于冠首的地位。刑法解释应以维护刑法安定性优先，兼顾促进刑法正义性为价值目标，这是刑法解释方法位阶的价值维度。在可能文义之界限点上，文义因素绝对优先，在可能文义的界限内，目的解释居解释之冠。[③]此外，可以看出刑法解释于刑事立法而言是一种补充关系，产生于法律颁布施行的适用过程中，具备一种客观上的不

---

① 陈春龙：《中国司法解释的地位与功能》，《中国法学》2003 年第 1 期。
② 参见张明楷：《刑法解释理念》，《国家检察官学院学报》2008 年第 6 期。
③ 苏彩霞：《刑法解释方法的位阶与运用》，《中国法学》2008 年第 5 期。

可避免性。虽说两种关系本身应当界限分明、各司其职，但实践中往往呈现关系杂糅的状态，偶有干预甚至是冲突产生。因此，找准刑法解释的限度、厘定两者的界限具有必要性。

试举“当然解释”之例以明之，当然解释与类推解释存在是否符合罪刑法定原则要求的质的隔阂，但是当然解释所追求的个案实质正义与罪刑法定原则暗含的形式正义价值内核之间存在着必然的紧张关系。当然解释要限定在罪刑法定原则之“框”内，在“框”之外，无论存在多么美好的目的，也不可以解释之名，行罪刑擅断之实。[①]罪刑法定原则之“框”就是刑法解释的限度所在，同时也是刑法解释与刑法立法鸿沟所在。值得注意的是，罪刑法定原则之“框”针对一切刑法解释，既包括司法者在适用法律过程中所做出的司法解释，又包含立法者自身对已有法律的解释。

三、刑法修订与刑法解释的交叉、互动关系

（一）两者的独立性体现

我国 2015 年《立法法》第 50 条规定：“全国人民代表大会常务委员会的法律解释同法律具有同等效力。”换言之，立法解释的效力等同于法律。那么，立法解释的制定属于刑法修订抑或是制定刑法解释？首先需要对立法解释作出界定。刑法典中关于用语的解释是不是立法解释？典型如刑法总则部分第五章“其他规定”中关于“重伤”“违反国家规定”等的内涵阐释。再如，有关刑法修正案草案作的说明是否为立法解释？这里需要区分语义上的解释与法律层面的解释。语义学的“解释”指的是在观察基础上思考出的细化事物变化的原因，事物之间的联系或者是事物发展的规律的一种说明。按照这样的理解，上述的两种情形在性质上的确属于语义层面的“解释”。而法律学上的解释则更强调效力性，也即国家保证法律实施的强制力。因此，在刑法典中出现的一些具备解释属性的条文就是法律本身，不具备立法权限主体所作说明自然因不具备法律效力而不属于立法解释。真正的立法解释只能是在法律公布之后，立法机关对法律所作的解释。

其次，立法解释被《立法法》明文确定为与法律效力等同，若基于上述效

① 李翔：《论我国刑法中的当然解释及其限度》，《法学》2014 年第 5 期。

力原理，则可以得出立法解释属于刑法修订的结论。显然，这个结论具有定性上的问题。此处的矛盾是由于“效力”的范围不同产生，即刑法解释、刑法修订条款均具有广义上的法律效力，仅仅是两者存在一定的等级差别，但在质的要素上是一致的。因此，效力原则的运用仅限于最广义的法律效力，至于立法解释的归属判断还是应当从能否超越罪刑法定原则之框为标准划分。此外，即使立法解释与法律本身效力等同，但两者的颁布形式存在差异，正如全国人大常委会关于《中华人民共和国刑法》第××条第××款的解释与第×届全国人民代表大会常务委员会第×次会议通过《中华人民共和国刑法修正案(×)》。鉴于这样的情况，我们认为，由立法者做出的关于已有法律的相关立法解释仍然受制于法律解释的限度，并非具有刑法修订的创制权。

最后，结合刑法解释的罪刑法定原则之界限可以圈定刑法修订的范围。刑法修订包含对已有法律的修改以及从有到无的废除两部分。与刑法解释的界限分明不同，刑法修订并没有一个具体的限度之说，有的只是一些比较抽象的理念。刑法修订的过程是一个价值衡量与利益博弈的过程，每一条文都涉及权利义务的配置以及社会关系的调整，所以立法者需要兼顾民意，发扬民主的精神。而对于刑法解释，即使立法解释是对法律本来的含义作解释，司法解释是对具体应用中的问题作解释。可是，如果一个条文不具体运用，那就不需要解释。

(二) 两者的交互性体现

1. 难分难解——现实中的冲突显现

在纯粹理论争论方面，即使是在刑法解释的讨论领域，也不得不涉及刑事司法与刑事立法的关系。举主观解释与客观解释之争为例，客观真实的含义偏于司法，立法原意偏于立法。也就是说，刑法解释的确为司法适用而存在，但在适用过程中需要找寻一定的标准和尺度，因而就有人提出要以立法者的立法意图为标准，这种思路本身就体现出了立法与司法难以分割的状态。相应的在司法实践方面，也的确存在这样的分歧。最高人民法院在审判工作中就适用法律普遍存在的问题作出的抽象性、规范性解释，在1981年6月第五届全国人大常委会《关于加强法律解释工作的决议》中，增加了最高人民检察院对检察工作中具体应用法律、法令问题进行解释的规定。这样一来,中国有权作出司法解释的主体增加到两个。两个解释主体的好处在于有所分工、有所分担,但也避免不了两者关于边界不明问题上的解释重合,更有因为立场差异下的解释分歧。尽管该决议同时规定,如果两个主体对司法解释的问题达不成一致,可报请全国人大常委会决定。但实际上,由于立法机关任务繁忙,事实上不可能就经常发生的刑事诉讼过程中的许多具体分歧及时作出统一的立法解释,因而最终造成中国司法实践中存在审判机关与检察机关不相协调的尴尬局面。

2. 刑事政策——连通两者关系的桥梁

刑事政策从语义上可以拆分为"刑事+政策",也即一种刑事法领域内的、国家用于治理社会的一种概括性、总领性的方针政策,既能于立法层面引领着立法者进行刑法立法活动,又能于司法层面指导司法者的司法实践活动。换言之,刑法修订与刑法解释一定程度上都遵循着一个特定阶段的刑事政策目标而制定,至少在大方向上步调一致。刑法作为保障公民权利的最后一道屏障,在立法时需要坚持谦抑性。刑法解释应以维护刑法安定性优先,兼顾促进刑法正义性为价值目标,这是刑法解释方法位阶的价值维度。①比如严打时期,立法与司法解释,2001 年 7 月 23 日最高人民检察院、公安部发布施行《最高人民检察院、公安部关于在严打整治斗争和整顿规范市场经济秩序工作中加强配合加大查办职务犯罪案件工作力度的通知》严打整治斗争和整顿规范市场经济秩序工作中的职能作用,依法查处黑恶势力"保护伞"及有关职务犯罪案件,2002 年 12 月 28 日通过的《刑法修正案(四)》主要针对惩治破坏社会主义市场经济秩序、妨害社会管理秩序和国家机关工作人员的渎职犯罪行为进行了规制。可见,一定时期、阶段下的立法与解释遵循着相同或者相似的指导政策。

3. 转化的可能

考察我国刑法变迁历史可以发现,当刑法条文在司法适用中遇到问题时,不论立法机关还是司法机关均通过解释使刑法条文正当、合理,具有可适用、可指导性,而这样的解释有可能就被下一次的立法所吸纳从而转变为法律条文。尤其是最高国家权力机关——全国人民代表大会及其常委会通过宪法和法律授权的司法解释尽管在性质、地位上不如立法解释,但因其与

① 苏彩霞:《刑法解释方法的位阶与运用》,《中国法学》2008 年第 5 期。

时俱进、反应灵敏的特性对社会生活中发生的新问题具有无法替代的指导功能。比如说，旧刑法并没有规定斡旋受贿，但是最高人民法院的司法解释认为斡旋受贿也是受贿，后来1997年《刑法》第388条将斡旋受贿规定进来。再比如，刑法原本没有规定以虚假身份证骗领信用卡又使用的该如何处理，而理论上都将其解释为信用卡诈骗罪，后来的修正案把这种行为类型规定在信用卡诈骗罪中了。[①]英美法系国家的判例法制度更加体现了司法适用与立法间的紧密互动和成果转化过程。其实，法官在具体案件的法律适用过程中不断在事实与规范间穿梭的回合凝结成的合理思维经验，可以作为一种普适性的规则适用进下一次类似的案件中，如果立法者认为这样的经验经过实践的验证具有合理性、科学性，就会将其正式纳入法律的范畴。这样的路径符合人类思维的发展与变迁的客观规律。

第二节　刑法解释权与修订权的权力属性

一、刑法修订权之立法权属性

（一）立法权定义

我国法学界对立法概念的定义概括起来有以下几种。第一，立法是指一切国家机关依据法定权限和程序规定、修改和废止各种不同的规范性文件的活动。第二，立法是指最高国家权力机关和它的常设机关依据法定权限和程序，制定、修改和废止法律这些特定的规范性文件的活动。第三，立法是指一切有权制定、修改和废止法律和法规的国家机关依据法定权限和法定程序制定、修改和废止法律的活动。第四，“立法是以政权的名义，由有权的政权机关依据一定程序、运用一定技术、为体现执政阶级的意志所进行的制定、认可、修改、补充和废止具有普遍性、明确性、肯定性的并以特殊的政权强制力为后盾的社会规范的活动”。[②]将以上四种定义简化看来，即立法就是一定的主体确立具有普遍效力的法规范。具体条件上看来，这种特

① 戚渊：《立法权概论》，《政法论坛》2000年第6期。

② 周旺生：《立法学》，北京大学出版社1988年版，第156页。

定的活动呈现出一些特点:做出此种活动的主体本身具有限定性与至高无上的权威性,这种至高无上的权威性蕴含高度自由;“确立”即牢固地建立或树立,进而能够将法律条文所体现的精神植入民众的生活与意识,成为引领社会共同遵守的行为准则的标杆;“普遍效力”意味着立法活动成果的影响范围遍及社会整体,不因特权产生分歧而平等适用于所有人。这背后自然有国家强制力作为实施的保证。“法规范”本身具备不可违反的强制力属性。

可以确定的是,立法权是一种权力。权力乃为权利而设,它本身也须以相应权利为基础;权力与权利最终是为了利益,本源于利益。利益即人类生存、生活和发展必有所需,从个人到群体,范围越来越大,人们发现彼此的利益出现重合,产生竞争进而争夺。人对利益需求的无止境是人性所趋,当有人以不正当方式争抢利益之时就需要有另一种力与此抗衡,权力继而产生。从原始部族的首领到国家成立后的国家公共机关,权力主体跟随着时代产物发生变迁。此种权力出现的目标就是为权益的分配、获得划定一个合理、正当、公平的圈子,以便众人遵循更有秩序的轨道生活。国家产生以后,用法律的形式固化一段时期内利益群体的利益权衡结论,反映到个人就被称为权力与义务的平衡。

权力的异化,权力拥有天生化为利维坦的天性。它的出现来源于人们对正义的渴望与希冀,它美好地出现,宛如正义之神,为干涸的大地播撒雨露、阳光,照亮人们生活中的黑暗。但是,光明与黑暗共生,正义与邪恶共存,最正义的光明与最邪恶的黑暗彼此依附、此彼消长。权力的行使者虽是国家为前,但人必之后。因此,国家立法权具有至高无上性的同时具有被限制的必要性。如果按照社会契约理论进行阐释,可以为权力的边界找到正当性依据。国家产生于社会契约,契约主体为彼此划分边界。契约主体只有在契约预设的范围内行使才是合法的,未经契约授权的范围一旦超过即一方主体毁约,引起契约失效的结果。正如法国《人权与公民权利宣言》所宣布的:“任何政治结合的目的都在保存人的自然的和不可动摇的权利。”由此可见,立法权是存在限制的。如果用有限政府理论阐释,也可以得到相同的结论。早在1789年,美国最高法院蔡斯就预告了宪法应根据否定政府专横权力的自然法原则来解释,在“考尔德诉布尔案”中,他写道:“我不赞同州立法机关有无限权力,或者认为它是绝对的和不受限制的,尽管其权力不应由州的宪法或基本法明确限定。美国人民创造宪法或组成政府是为了树立正义、增进全民福利、保障神圣的自由和保护人身及财产不受侵犯。这些原则为组成社会的人们确立了社会契约的性质和条款，因而也是立法权的根据。立法权的性质和目的制约着它的行使……在我们自由的国度里，某些至关重要的原则规定和制约着立法权的显然及肆意滥用——以实在法来认可显失公平的事项或者取消政府必须给予的对个人自由及财产的保护。立法机关制定一项同社会契约最根本原则相矛盾的法案，(我不能把它们说成是法律)不能认为是立法权的正当运用。”①

权力的限度以及立法权的限制均表明国家机关介入人民生活的范围存在界限，刑法修订权作为国家一项重大权力，同样遵循权力限制的一般原理。在众多的立法权限中，《立法法》规定刑事、民事、国家机构的和其他的基本法律只能由全国人民代表大会行使，同时遵循更为严苛的立法程序。刑事立法关涉社会大众的财产权、自由权、生命权等宪法所赋予的基本权利的剥夺与限制，刑法修订权受到滥用将会对民众正常生活、社会稳定造成巨大且无法弥补的创伤，因而刑法修订权需要受到最为严厉的限制与监督。

(二) 刑法修正案形式之争

目前十个刑法修正案都是由全国人大常委会制订并颁布的。对于全国人大常委会是否具有刑法修正案的立法权限，存在一定理论争议：否定者认为，刑法修正案与刑法典在形式上是同一的，具有刑法典的效力和地位，程序上不应由全国人大常委会通过和颁布。“刑法典的通过主体是全国人民代表大会，而刑法修正案的通过主体是全国人大常委会，二者的通过主体不同，全国人大常委会无权以修正案的方式修改刑法，由全国人大常委会修改和补充刑法在根本上违反宪法。”②还有学者认为：“反思过去的修法，真正应该引起批评的，是增加新罪名的补充部分，这部分不应该由全国人大常委会以修改或补充的方式进行，而应该属于制定权，属于全国人大的权力。”③肯定者认为，由全国人大常委会来行使刑法修正权是合适的，并不违背宪法

① [美]詹姆斯·安修：《美国宪法解释与判例》，黎建飞译，中国政法大学出版社1994年版，第110页。

② 涂龙科、程兰兰：《刑法修正案立法权违宪之思考》，《昆明理工大学学报(社会科学版)》2009年第1期。

③ 张波：《论刑法修正案——兼谈刑事立法权之划分》，《中国刑事法杂志》2002年第4期。

规定。理由是:根据我国《宪法》和《立法法》的规定,全国人大常委会有权对刑法典的规定进行部分补充和修改。刑法修正案对于刑法内容的修正都只是部分内容的补充和修改,并非全部修改。“补充”并不限定于只在原有罪名规定范围内的补充,也包括增设新罪名,所谓增设新罪就是变相行使制定权的观点是值得商榷的。“如果承认单行刑法中增设新罪属于对刑法典的补充,就没有理由否认,刑法修正案中增设新罪就不属于对刑法典的补充。”①

这里涉及几个专有名词的涵盖范围问题,应该明确“制订”“修改”和“补充”的具体含义,《立法法》中尚未明确。可以明确的是,《立法法》第7条第3款中分别使用了“制订”“修改”和“补充”,这就意味着在三者含义的理解上存在差异,以《立法法》第7条第3款“全国人民代表大会常务委员会制定和修改除应当由全国人民代表大会制定的法律以外的其他法律;在全国人民代表大会闭会期间,对全国人民代表大会制定的法律进行部分补充和修改,但是不得同该法律的基本原则相抵触”为例,基本法之外的其他法律由全国人大常委会“制定和修改”,一定程度上意味着此处的“制定”仅限于从无到有的增设,而非包含“修改”的含义范围,同时也可以大致将“废除(删除)”归于“修改”之中。那么,争议的焦点就在“补充”范围的界定上。依据同样的道理,“补充和修改”呈现并列状态,并且“补充和修改”的对象为全国人大有权制定和修改的法律(对此款后半条中的“制定”一词应做广义理解),问题是为何立法者要将“制定”改为“补充”?对照可见,“补充”前面还有“部分”的限定。由此我们认为,“部分补充”与狭义的“制定”都体现“从无到有”,两者本质相同,“补充”一词的用法仅仅是为了呼应“部分”的修饰。另一方面,从现有刑法修正案的内容看来,“修正”一词涵盖了新增、修改以及删除,应当做广义理解。因此,由全国人大常委会通过的九个刑法修正案程序合法,并未违反《立法法》的规定。

(三)刑法修正案的功能定位

从现实层面上看,自1997年《刑法》后,全国人民代表大会并未行使其制订刑法修正案的立法权,而是由全国人大常委会先后通过并颁布了十个

---

① 卢勤忠:《我国刑法修正案立法的问题及对策》,《南京大学学报(哲学·人文科学、社会科学)》2009年第3期。

刑法修正案，并且有继续顺沿的趋势。有学者认为，从刑法修正案的颁布形式看，历次刑法修正案颁布之后，国家立法机关都未重新颁布刑法典，这显然不符合《立法法》第 59 条“法律被修改的，应当公布新的法律文本”的规定，[①]但是，可以注意到《立法法》也同样是以 2015 年 3 月 15 日第十二届全国人民代表大会第三次会议通过《全国人民代表大会关于修改〈中华人民共和国立法法〉的决定》的方式进行修改。可见，《立法法》中规定的“新的法律文本”并不见得仅指整部法典本身，全国人民代表大会的决定同样也是法律文本。此外，刑法典的条文数量十分庞杂，颁布整部法典的模式也不利于反映最新修订的内容。因此，国家机关并非每次修订都公布一次新的刑法典的行为是合法合理的。不过，另一方面，全国人大常委会与全国人民代表大会的立法权限确实存在较大差别，因此，全国人大常委会的制订刑法修正案的立法功能应当定位于补充性立法，“部分补充”在语义上排斥“大修大补”，可能动摇整部刑法典根基、原则、传统理论或者习惯的修改可称为“大”。具体来说，全国人大常委会刑法修正案立法的功能发挥应符合一些排除性条件：(1)不能对刑法总则中的罪刑结构进行整体性更改；(2)不能在刑法典犯罪分类的客体体系范围之外新设罪名。[②]对刑法典进行“大修大补”，就超出了全国人大常委会“部分补充和修改”刑法的立法权限，对于“大修大补”的对象还是应由全国人民代表大会通过更严格的程序行使刑法的制订、修改权，即将法律草案由主席团提请大会全体会议表决，由全体代表的过半数通过。

二、立法解释权与修订权之差异

立法解释权之立法法释义

《立法法》第 45 条规定：“法律解释权属于全国人民代表大会常务委员会。法律有以下情况之一的，由全国人民代表大会常务委员会解释：(一)法律的规定需要进一步明确具体含义的；(二)法律制定后出现新的情况，需要明确适用法律依据的。”本条确认了法律解释权的归属，同时明确了两种只

① 张勇：《刑法修正案立法功能及其矫正》，《时代法学》2011 年第 1 期。

② 参见张勇：《刑法修正案立法功能及其矫正》，《时代法学》2011 年第 1 期。

能由全国人民代表大会常务委员会解释的情形，即立法解释适用情形。《立法法》第 104 条规定："最高人民法院、最高人民检察院作出的属于审判、检察工作中具体应用法律的解释，应当主要针对具体的法律条文，并符合立法的目的、原则和原意。遇有本法第四十五条第二款规定情况的，应当向全国人民代表大会常务委员会提出法律解释的要求或者提出制定、修改有关法律的议案。"这一条表明最高人民法院、最高人民检察院有权在审判、检察工作中作出具体应用法律的解释，这种解释我们称作是司法解释。当然，一般意义上的立法解释权应当同时包含《立法法》第 45 条中的法律解释权以及第 104 条中的具体应用的解释权。

解释权归属如何？解释权应当属于立法权还是司法权？首先可以明确的前提是，当代政治国家似乎大多数都已经将权力的分立与制衡思想应用进自身的政治体制中，即使是我国议行合一的人民代表大会制度也同样体现着立法权、行政权、司法权的分工。这样的理论要求各分工下的权力应当被划清界限，否则权力的分工就成了空话，社会就会出现混乱。[①]绝对权力导致绝对腐败，权力制衡是权力运作的原理性问题之一。将不同的权力分配给不同的人行使，是为了使权力达到某个目的，必须让掌握不同权力的人共同配合，才能达到某个目的。假如一个企业的领导、财务、出纳都由一个人做，那么没有领导、会计、出纳三者相互制衡下的企业财务管理模式必然逃脱不了企业亏空、倒闭，职工利益受损的结局。立法权是国家制定法律法规的权力，司法权是国家根据法律行使审判案件的权力。如果将立法权和司法权全部掌握在一个人或少数人的手中，一个人或少数人就会制定有利于其自身的法律，依法行使行政权和司法权，为他一个人或他们少数人的利益服务，侵害多数人的利益，君主专制擅断便是如此。问题在于，一种权力可否横跨立法权与司法权？对立法解释的权力可否一部分属于立法权，一部分属于司法权？上文中我们已经得出无论是立法解释还是司法解释都属于法律解释而非立法的结论，即使是立法者所作的关于法律条文的解释也需要遵循刑法解释所要求的罪刑法定原则，换言之，立法解释不因其颁布主体而改变自身性质。但是，将一种由立法机关作出的解释归于司法权的结

---

① 参见陈金钊：《何谓法律解释——对〈立法法〉中设置"法律解释"一节的认识》，《法学论坛》2001 年第 1 期。

论是无法让人接受的。

从性质上看，法律解释是介于立法与实施之间的“中介”环节。规则多数是关于立法者所欲调整事物和行为的共性规则，它是从同类行为和事件中抽象出来的一般性规定。法律解释一旦被制定出来，就要运用于社会和司法实践。在由法律向判决的转换（或由共性法律向个性化行为转换）的过程中，就需要对法律进行解释，否则在许多场景下，尤其是在法律推理不能直接进行的地方，法律实施就成为空话。所以，从其动态过程看，法律解释是介于立法与实施之间的桥梁。[①]这样一来，法律解释就成了一种介于立法和司法之间的转化器，既可以由立法者进行，也可以由司法者进行。从解释目的上看，立法者进行解释是为了优化或者修缮已有立法，使其变得更加明晰；司法者进行解释是为了解决司法实践中的适用分歧，以便全国类似案件同案同判的一致性。从权力本身性质看，权力本身无法脱离权力行使的主体而存在，立法者天生具有法律解释的权力，但此处的“解释”具有特定性，即符合“明确法律具体含义、明确新情况的法律依据”。而司法者具有解释的现实性和必要性，两方的权力都具有正义性。因此，如果在坚持《立法法》规定前提下，承认法律解释权的跨越属性就成了唯一化解的渠道。

但是，这样的混同进而会导致权力的混淆。2002 年 12 月《全国人民代表大会常务委员会关于〈中华人民共和国刑法〉第九章渎职罪主体适用问题的解释》中提道：“在依照法律、法规规定行使国家行政管理职权的组织中从事公务的人员，或者在受国家机关委托代表国家机关行使职权的组织中从事公务的人员，或者虽未列入国家机关人员编制但在国家机关中从事公务的人员，在代表国家机关行使职权时，有渎职行为，构成犯罪的，依照刑法关于渎职罪的规定追究刑事责任。”而《刑法》第 93 条写明：“本法所称国家工作人员，是指国家机关中从事公务的人员。国有公司、企业、事业单位、人民团体中从事公务的人员和国家机关、国有公司、企业、事业单位委派到非国有公司、企业、事业单位、社会团体从事公务的人员，以及其他依照法律从事公务的人员，以国家工作人员论。”关键问题就在于能否扩张地解释国家机关的范围。根据《宪法》第三章关于国家机构和有关国家机关组织法的规定，国家机关应该是指组成国家机构并行使国家权力的部门，包括国家权力

---

① 沈宗灵：《法理学》，北京大学出版社 1996 年版，第 4 页。

机关、国务院和地方各级人民政府即行政机关、审判机关、检察机关和军事机关。显然是否能够被解释为国家机关,只能按照单位的本来性质加以认定。[①]此外,此处与拟制的国家工作人员不同的是,由于《刑法》第93条第2款的明文规定,立法的拟制属于立法行为,因而适用拟制的国家工作人员并不违反罪刑法定原则。上述立法解释已经超越罪刑法定原则之框,虽有解释之名,但行立法之实。此种矛盾的出现并非由于主体不合格,而是采取的形式存在瑕疵,立法机关本可以通过修正案的方式进行立法,却通过颁布立法解释的形式进行,其存在的原因不外乎简便、灵活、效率高、成本低。正是由于同一个权力主体同时握有不同的权力,在没有任何规范明确两种权力的不同行使范围或者其行使极易混淆的情形下,例如刑法规范的解释同创制在很多时候并不容易区分,在这样的场合(而这样的场合又极为常见),立法机关就敢于运用解释形式来完成应该由立法完成的任务。[②]

我们认为,针对立法解释的两种对象,都存在变相立法的可能。除了明确含义类,为新的行为确定法律依据更是存在超越构成要件容纳范围的可能。这里需要分情况讨论,当新行为符合可以被已有法律规定所能包含,则可以通过法律解释的方法,明确其法律适用依据,以保持法律的稳定性。有人认为,如果问题的性质应该修改法律,但问题比较具体,修改法律一时提不上议事日程,可以先采取立法解释的方法。[③]显然,这样的解释活动实质上就是一种变相的立法。在刑法领域中,解释的功能是限制性的。类推性立法解释因违反罪刑法定原则而无效。但是由于立法解释权力天然地包括了类推性立法解释,造成立法解释"可以对条文进行扩大解释和限制解释,并可阐明新的含义"[④]的情形。

但从诉讼法学来看,法律解释被视为司法权的一部分,甚至在有些国家被认为是法院的一项独断权力。德国哲学解释学的创始人伽达默尔认为,法律解释和神学解释一样,都属于一种可称为独断解释的东西。[⑤]这样的观

---

① 张穹:《解读最高人民检察院司法解释》,人民法院出版社2003年版,第411页。

② 林维:《论刑法立法解释权与立法权和司法权的纠葛》,《时代法学》2006年第5期。

③ 张春生:《中华人民共和国立法法释义》,法律出版社2000年版,第143页。

④ 蔡定剑:《中国人民代表大会制度》,法律出版社2003年版,第240页。

⑤ [德]伽达默尔:《真理与方法》,洪汉鼎译,上海译文出版社1999年版,第226页。

点完全否认了立法者进行解释的权力，试图将立法者与司法者的权力完全分割开来，是一种欲把解释权彻底中立的思路。与欧美国家司法者可以“立法”不同，我国《立法法》的设定一定程度体现了立法权的偏重。从现实角度出发，立法权与司法权随着主体分立而完全对半分割的思想在落实层面具有一定难度。从我国1982年宪法的规定来看，全国人大常委会拥有法律解释权，但至今，它较少行使这种权力。自2000年4月29日发布《全国人大常委会关于〈中华人民共和国刑法〉第九十三条第二款的解释》至2014年4月24日发布《全国人大常委会关于〈中华人民共和国刑法〉第一百五十八条、第一百五十九条的解释》，一共发布过15个立法解释，9个在2005年以前颁布，其中两个在2009年被修正，最后4个在2014年颁布，而一年的司法解释数量就远远大于此。立法解释权同立法权无法加以正当地区分，这种混淆使得刑事立法解释权变相地侵犯了立法权，而这在根本上又造成了对犯罪嫌疑人、被告人的侵害。

三、立法权与司法权之紧张关系

（一）从历史的角度

在我国，司法解释在数量上占压倒性优势地位之局面与我国传统文化不可谓无关。我国古代诸如《唐律》《宋刑统》等成文法典应有尽有，但是实际执行情况却不尽如人意，这也与泱泱大国地大物博、幅员辽阔难于治理的客观事实紧密联系。成文法典遭受“司法解释”的侵袭也成为常态，特别是宋代以来，“以敕代律”的现象比比皆是。古代司法实践中，成文法典被任意颁发的“敕、科、比、诰、谕、式、格、例、令、章”等多种法律形式驾空。在古代司法实践中也出现了“上有政策，下有对策”的运作模式，如法典有正条的，比照罪行，断罪引用；如法典无正条时，或采取比附援引（相当于现代的“类推”），或采用兜底条款，断之“不应为”。但是，在法有正条或无正条之间的模糊状带，官吏们通过请示申报或运用诸如上述的“科、比、诰、式、格、令、敕”来断案，以牺牲成文法的稳定性、统一性为代价换取在量刑上的妥当。除此以外，还有一些地方上的“内部文件”，这种文件仅仅在体制内流转，普通百姓无法知晓，也就一定程度上加深了古代刑罚的神秘性和恐怖性。

(二) 从内在性质角度

一方面，立法权作为一种国家制定、修改和废止法律的权力，与特定的国家机关通过开展依其法定职权和一定程序，由审判的形式将相关法律适用于具体案件的专门化活动而享有司法权是两个层面上的权力，本应当没有交集。但立法是为社会制定统一适用的规则，这必然导致立法影响具有广泛的影响力。不同于行政、司法行为的“个案”性质，立法具有普遍性的特质。也就是说，行政、司法行为的“个案”性质脱离不了立法本身的广泛影响力。立法本身是为表达民意、分配正义、在制度层面实现权利与权力的优化配置，而司法是为复归民意、矫正正义、在执行层面实现权利与权力错位的恢复。尽管在我国“议行合一”的全国人民代表大会制度宪政体制下，行政机关、司法机关产生于、从属于国家权力机关，是统一的国家权力的一部分，但在职权上，行政机关、司法机关与国家权力机关之间有明确的分工。“我国的司法权与资本主义国家的司法权的含义是不同的。资本主义国家的司法权是与立法、行政相并列、独立的权力，司法权主要是审判权，司法机关主要是指法院。我国的司法权是统一的国家权力的一部分，司法机关包括检察机关与审判机关，它们与权力机关和行政机关有职权上的分工，但它们与权力机关不是独立的、平行的，而是从属于权力机关。”①司法的存在就是为立法所指定的目标保驾护航的，两者在共同目标方面的确处于一种互补互助的和谐关系。

但另一方面，从立法权与司法权的紧张关系看，立法者固然希望能预见可能发生的一切具体情况，再通过规范的形式固定下来，使得司法者严格按照法律条文司法。从法官的审判心理看，首先他可能是但不应该是自动化产品制造机，他在审判活动中不可能消极地适用法律，虽然他为了恪守严格依规则办案的形象，声称只忠于既定的法律。②但经验事实却表明，“不管规则体系是多么详细和具体，没有任何一个法律制度中的司法活动可以完全由规则来支配，而不受到法官的意志和他对于眼前的案件应采取何种行为才能获得正义的结果的个人情感的影响”。③也就是说他需要一种权力，以便在成文法之外通过这种权力去分配社会正义。美国法理学家博登海默说：“正义有着一张普洛透斯似的脸，变幻无常，随时可呈不同形状并具有极

---

① 蔡定剑：《中国宪法精释》，中国民主法制出版社1996年版，第275页。
② 安晨曦：《民事诉讼立法预期与运行效果的背离及修正》，《现代法学》2015年第6期。
③ [美]罗斯科·庞德：《法理学》，封丽霞译，法律出版社2007年版，第282页。

不相同的面貌。”在他看来，正义具有不确定性。不同的裁判者、不同的情况下正义会以不同的面目示人。其实不然，正义绝对不会变化莫测、不可捉磨，它不是裁判者随心所欲的个人情绪宣泄，它一定体现了人性中的真善美，不会挑战人类的良知、美德、慈爱等正义的情感。我们不能苛求所有法官对同一事实形成完全相同的观点，但执法者追求正义、惩恶扬善的目标不能偏离。司法者作为法律的裁判者，在自身的正义观支配下进行自由心证，不可谓不正义。

（三）立法权与司法权的现实纠葛

应然层面而言，在我国法律关于权力机关、行政机关、司法机关在法律创制、适用的职权分工的相关规定中，司法机关享有审判权、检察权、法律解释权，而不能“造法”。《立法法》明确规定了立法权只能由国家立法机关行使，《中华人民共和国人民法院组织法》第 1 条、第 3 条、第 4 条和第 33 条就人民法院适用法律、解释法律审判案件的权力作出了规定。明确的权力归属使得立法与司法间泾渭分明，但现实情况却并非如此。2010 年，在总结新中国成立以来有关案例指导实践和理论研究的基础上，最高人民法院和最高人民检察院分别制定、颁布了《关于案例指导工作的规定》，正式确立了我国的案例指导制度。关于案例指导制度，口舌之争在所难免，将其与西方的“遵循先例”制度进行比较与区分在所难免。当然，政治体制的差异必然导致两者不可同日而语。单单从性质上看，最高司法机关以享有解释法律的权力为根据建构案例指导制度，但其远离具体案例的处理，通过多层次筛选、确定指导性案例的做法，却与立法机关主动立法、抽象立法的立法方式没有实质区别。[①]在司法实践中，最高人民法院的指导性案例在下级法院审判类似案件中的影响力较大的确是客观事实。同时，这种做法也符合思维模式的一般规律。但需要明确的是，法解释与法的续造之间的界限，只能是语言上可能的字义。[②]任何企图混淆立法与司法界限的观点都需要警惕，事物的共性之处总是在所难免，但这不能成为“一锅乱炖”合理性的支撑。

毋庸讳言，司法解释的颁行在司法实践中弥补了成文法典的漏洞，它巨

---

① 刘克毅：《法律解释抑或司法造法？——论案例指导制度的法律定位》，《法律科学》2016 年第 5 期。

② ［德］卡尔·拉伦兹：《法学方法论》，陈爱娥译，台湾五南图书出版公司 1996 年版，第 228 页。

大的现实作用有目共睹。正是由于这样的现实作用使得司法解释数量只增不减。但它的及时性优点有时也会被它的草率性、急迫性所抵销。随着司法解释大幅涌现，似乎伴随着司法权的肆意扩张。在刑法领域，刑事司法解释中超越自身权限、有悖于罪刑法定原则的规定屡见不鲜，基本集中于不利于行为人的规定。从思维逻辑的角度出发，类比推理并非一概被禁止。正如美国学者波斯纳所言："在为类比推理辩解时，一种诱人的辩解是指出人类具有一种内在的对态势进行识别的能力，一种内在的关于相似性的标准。将一个问题看作与另一个已经解决的问题相类似，事实上就将这个新问题置于通向解决的道路上。"①这样的思维模式具有合理性，与此同时，结合罪刑法定原则出台的终极意义即侧重保护行为人合法权益，也并不难得出允许有利行为的类推解释这一结论。也就是说，司法权限非一成不变。作为自由裁量权重要内容的扩张解释、法律漏洞的填充、类比推理之所以为现代各国刑事司法活动采用，且认为符合相对罪刑法定，关键在于这些自由裁量权具有自身的制约机制，即在突破绝对罪刑法定严格规则的刻板、僵化和机械的同时，又自觉地遵从立法的本意和法律规范的实质适用范围，自觉地弥补绝对罪刑法定的缺陷，因而与相对罪刑法定的价值意蕴不谋而合。②总而言之，罪刑法定原则依旧是刑事领域划分立法权与司法权的一道不可逾越的鸿沟，只不过这条鸿沟随着时代发展变化而产生相应内涵变化也是无可厚非的，但是这种变化控制在维护行为人权益的范畴内才是真正合理的。

立法权与司法权力量的博弈是每个时代力量博弈中难以缺失的部分。权力的天平时而偏左、时而偏右，自有其本身的道理。从某种意义上来讲，立法是行政、司法运作的前提和基础，立法结果的好与坏，对行政、司法也有直接的影响。依法行政、依法司法是法治国家的必然要求，立法权产生的法律是行政权、司法权的行动准则和办案依据。"良法"可以最大限度地抑制权力的滥用，维护个体的权利；但"恶法"则可能增加权力侵犯权利的机会。由此可见，立法的影响非常之广，我们必须采取相应的限制措施，降低立法权对社会的负面影响。另一方面，司法者需要严格按照立法之法适用法律，在不违反罪刑法定原则背后的实质内涵前提下作出适当的自由裁量，同时

① ［美］波斯纳：《法理学问题》，苏力译，中国政法大学出版社 1994 年版，第 117 页。
② 陈正云、曾毅、邓宇琼：《论罪刑法定原则对刑法解释的制约》，《政法论坛》2007 年第 4 期。

作出相应司法解释细化司法实践中案件的具体适用规范，使得法律更加恰如其分地发挥应有的效力。

第三节　刑法修订与解释权配置的域外借鉴

一、普通法系国家的刑法修订与解释权的配置

（一）普通法系立法权力配置模式的历史考察

新航路开辟以后，英国的资本主义迅速发展，但斯图亚特王朝的专制统治，阻碍了资本主义的发展，资产阶级和新贵族利用议会同国王展开了斗争。1689年，英国议会通过了《权利法案》，建立起君主立宪制的资产阶级专政。《权利法案》和《王位继承法》确立了英格兰议会与王权相对的立法至上，议会逐渐成长为宪政体系的核心。可见，基于当时特定的历史条件，为限制王权而赋予议会至高的权力。议会至上指的是议会的立法权力不受任何法律限制，但这里的议会真正指代的是"君临的议会"，也就是只有经过君主的同意，上议院、下议院批准的议案才能成为议会立法。这样的程序符合英国建立的君主立宪制。在这样的情形下，戴雪强调"议会在宪法范围内，有权制定或不制定任何法律；并且英格兰法律不承认任何人或机关有权践踏、取消议会立法"。①不论君主虚位是否存在，立法的实际权力只能由议会拥有，君主只拥有形式上的"同意权"。立法职能涉及制定一般性原则，决定公共当局的结构和权力，调整公民和私人组织的行为。在英国，新法通常经政府提议，由下议院和上议院批准，并获得君主同意方能通过。根据1911年和1949年《议会法》，议案即使被上议院拒绝仍可获得通过。

实际上，立法至上的原则也是处理立法与司法的法律准则，也就是说法庭有义务适用议会制定的法律，而不能认为一项议会立法无效或违宪。②这无疑是限制了法院的权限。法院必须适用议会制定的法律。当然，一旦议会制定出新法，对该法的权威解释也是法院的工作。立法机关和司法机关

---

① Dicey, The Law of the Constitution, p.39.

② ［英］A.W.布拉德利、K.D.尤因：《宪法与行政法》，刘刚、江菁译，商务印书馆2008年版，第106页。

之间的控制关系如何呢？根据制定法，英王政府根据两院提议，可以通过法令免除高等法院法官职务。法官有义务适用和解释议会指定的法律，议会可以改变法官决定的效力，因此某种意义上，法院在宪法上从属于议会，但法院只受议会立法的约束，各院决议没有法律效力。①从某种意义上说，司法解释也是法律制定过程的一个重要组成部分，因为只有通过这样的解释才能判断立法者的意图是否得到贯彻，在该项工作中，法官不能质疑立法的政治权威性，他们必须依据普通法上的法律解释原则以及经立法修订的原则来裁决纠纷。②

随着时间的推进，权力间的博弈悄然发生些许改变。采取分权不仅仅为政治决策所必需，同时也为法律制度所要求，要使法治具有意义，独立的司法机关是关键。③司法独立原则在《2005 年宪法改革法》中正式得到了确认，上议院大法官与其他大臣不得试图通过与司法机构之间的特别关联影响司法判决。这是分权制衡下的必然产物。议会的最高立法权不意味着整个立法工作都由议会完成，也不意味着议会阶段是立法过程中最为形式化的阶段。其实，从 19 世纪起，英国法院开始普遍接受严格"遵循先例"的原则，这一原则是在经验主义法律观的作用下、政治制度的大背景下、民族性和思维特点的影响之下、以独特的法官职业化路进中形成的。而这种"遵循先例"的做法实际上暗含司法权扩大的天性。议会的每一院都有权实施自己的特权，并对违反者施以惩罚，这项权利在某些情况下可能导致同法院的直接冲突。根据遵循先例原则，宣布和适用法律的司法职能具有准立法效力。法官通过判决造法的能力较之议会立法范围狭窄，因为议会可以任意改变已有的法律规则，然而在个人自由和公法原则领域，法官造法的范围广泛。例如，推翻已婚男性在法律上不会强奸其妻子的规则等。但另一方面，为了时刻防止权力倾斜过大，所有担任全职法官的任命都会取消该人的下议院议员资格，至于上议院（终身贵族头衔）参与的立法事项有限，但作为跨院议员参与。《2005 年宪法改革法》第三部分结束了这一立法与司法的混

① For example, Bowles v Bank of England[1913] 1 Chapter 57.

② Stock v Frank Jones(Tipton) Ltd[1978] 1 All ER 948; Duport Steels Ltd v Sirs[1980] 1 All ER 529.

③ Vile, Constitutionalism and the Separation of Powers; Allan, Law, Liberty and Justice, chapter 1, 3, 8.

合体制，规定建立独立于上院的联合王国最高法院。[①]此外，大量政府政策可以在既有的立法框架内实现。例如，通过特定目的提供更多资金或者通过利用既有的权力指示地方当局。政策成为法律，必须经历三大步骤：一是公布法案；二是法案在议会通过；三是法案获得君主认可。这里区分公法案和私法案，公法案致力于改变一般性的立法，根据两院与公共事务相关的常务令提交给议会。私法案是与个人、公司或者地方利益相关的法案，遵循有关私人事务的常务令。[②]

英国法主要的法律渊源是普通法、判例汇编和一些单行立法。在英国近代刑法中，仍然以封建时代的普通法为基础，保留着中世纪以来判例汇编中含混不清的法规，并辅之以单行的刑事法律，反对制定刑法典，以免束缚自己，从而巩固其统治。英国是一个单一制、君主立宪的民主国家，议会是最高司法和立法机构，由上院和下院组成，下院掌握实权。英国采用单一制的结构形式，而美国采用立法和司法双轨制结构形式。美国的立法权由联邦和各个州依据宪法分别行使。联邦法和50个州法各成体系，法院分为联邦法院和各个州法院，两套法院系统互不隶属，独立行使权力制定法自始在美国占据重要地位，且自美国改造英国普通法罪，制定法地位日愈显赫，尤其在刑事法领域。美国独立后，联邦迅速地否弃了普通法罪，确立了合法制原则。[③]美国五十个州和联邦政府均有各自的刑法典，每一部与其他五十部皆不相同。但是，三分之二的刑法典都以美国法学会（American Law Institute）的《模范刑法典》（Model Penal Code）为蓝本，当然在程度上有所差别。尽管由民间机构制定的《模范刑法典》不具有法律效力，但其对美国联邦、州的刑法典的制定、修改、废除等活动都具有非常重要的指引、借鉴意义。

相异于欧陆之发展，近代美国刑法并未以刑法法典的形式出现。爱德华·利文斯通（Edward Livingston）开美国刑法典的编纂工作之先河，此后，戴维·达德利·菲尔德（David Dudley Field）也参与进来。1865年，菲尔德的《纽约刑法典》被提交给（州）立法机关，并于1881年获得通过。该法

① ［英］A.W.布拉德利、K.D.尤因：《宪法与行政法》，刘刚、江菁译，商务印书馆2008年第1版，第173页。

② ［英］A.W.布拉德利、K.D.尤因：《宪法与行政法》，刘刚、江菁译，商务印书馆2008年第1版，第364页。

③ 陆凌：《美国〈模范刑法典〉：超越与挑战》，《中国刑事法杂志》2016年第4期。

典在1967年被新的《纽约刑法》(New York Penal Law)取代之前,一直有效。①这可以从侧面印证刑法立法权属于联邦和州立法机关,即联邦国会与各州议会,联邦拥有最高立法机关,由参议院和众议院组成,国会行使立法权。同时,来自专业律师、法官、学者等团体所构建的"刑法典"存在被立法机关借鉴甚至直接采用的可能。对于那些没有批准现代刑法典的州而言,联邦体制发挥了最令人遗憾的示范作用。1966年,在约翰逊总统的督促下,美国国会成立了一个法典修订委员会,自此之后,国会断断续续地试图改革联邦刑法典。②

(二)普通法系解释权配置模式的宪法考察

1. 英国解释权配置

公元1215年以《英国自由大宪章》的颁布为标志,这个老的判例法国家开始进入了判例法与制定法同时作为法律渊源的历史时代,从此也就拉开了制定法解释的历史帷幕。③到18世纪,法律的灵活解释已被明显遏制,但仍然得到承认。但是,这一时期对法官的解释严格到了近乎苛求甚至不顾一切的地步。进入20世纪以后,英国法律解释又回到了灵活解释的立场。④可见,法官的解释立法权力一直处于变迁之中,从早期的历史上倾向于加强对法律解释权的垄断和控制到后来司法权独立,一步步扩大直至制衡。英国著名法官丹宁勋爵认为,法律就像是一块编织物,用什么样的编织材料来编这块编织物是国会的事,但这块编织物不可能总是平平整整的,也会出现皱褶;法官绝不可以改变法律编织物的编织材料,但是他可以也应该把皱褶熨平。⑤这句话足以表明议会立法与法官释法之间的功能互补作用。

2. 美国解释权配置

在美国,一段时期以来,美国法院对制定法的解释奉行着严格解释的做法,但原因并非出于对立法者的尊重,却是缘于为了维护普通法的尊严而对

---

① 保罗·H.罗宾逊、马卡斯·德克·达博:《美国模范刑法典导论》,《时代法学》2006年第2期。

② 参见罗纳德·L.盖纳(Ronald L. Gainer),《联邦刑法典改革:过去和未来》(Federal Criminal Code Reform: Past And Future),《布法罗刑法评论》1998年第2期,第45页。

③ 董皞:《司法解释论》,中国政法大学出版社1999年版,第127页。

④ 董皞:《司法解释论》,中国政法大学出版社1999年版,第128页。

⑤ [英]丹宁勋爵:《法律的训诫》,杨百揆、刘墉安、丁健译,法律出版社1999年版,第12—13页。

制定法的排斥。①美国法虽继承英国普通法的传统，但在援用时，以符合本国国情为前提，对不适合的普通法规则不予适用。加之，北美大陆原本就不存在封建制度，在援用英国法时，对其封建色彩浓厚的制度和原则没有采用。所以，美国法较之英国法更富有批判精神和创新精神。如今，美国联邦各法院和许多州法院在接受成文法时的态度，从整体上看，已经没有 19 世纪那么敌对了。美国法院，特别是美国联邦最高法院，在对待那些赋予为普通法所不知的权利以补救的法规时，往往持有一种慷慨豁达的态度。②可见，美国的司法解释同样也历经了从严格解释到灵活解释的发展历程。在这一过程中，法院系统独揽解释权是没有疑义的。从对英美法系的解释权配置的模式可以看出，刑法解释权由法院一家独揽，刑法解释就是指刑法司法解释。③在美国，法律的最终诠释权和裁决权在联邦最高法院的手里。举两个例子，第一个是暴风雨中一艘船沉翻后，侥幸生还的船员在干粮吃完后开始吃死者的肉，直至最后一个人被救出，结果被政府控诉生还者谋杀罪和吃人肉罪；第二个是一个堕胎女子被指控，谋杀她未出生的婴儿。这两个例子都是很著名的美国联邦最高法院的裁决。

美国的政治制度是三权分立，互相牵制。联邦最高法院里的九位大法官，主要负责裁决一些在其他司法机构无法解决的上诉案件以及州与州之间的纠纷案件，最主要的是涉及是否违宪的案子。此外，联邦最高法院裁决终了。九位大法官的遴选制度非常严格，因而也拥有诠释宪法、决定国会的法案是否违宪、总统的行为是否不当等的权力。只要法官被任命后即终身制，只要不退休、刑事犯罪或死亡就无人撼动其地位，因而可以不受总统或是国会的掣肘做出客观决定。④此外，相较于英国法官的保守、适用遵循先例原则较为严格、法律灵活性较少，美国法官在适用先例和法律解释等方面较为开明，只要社会需要，就会毫不犹豫地推翻先例，创造新的法律规则。并且美国法院对先例、对制定法条文上，都有司法解释的权力，这种解释往往造成判例规则和法定条文含义具有极大的伸缩性和弹性空间。

---

① 董皞：《司法解释论》，中国政法大学出版社 1999 年版，第 130 页。

② [美]博登海默：《法理学：法律哲学与法律方法》，邓正来译，中国政法大学出版社 1999 年版，第 531 页。

③ 喻海松、刘克兰：《刑法解释权配置模式的比较分析》，《法学杂志》2008 年第 3 期。

④ 陈纪安：《美国法律》，中国科学技术大学出版社 2002 年版，第 49 页。

在此之外，美国法学会是由美国一些倍受敬重的法官、律师和法学教授组成的非政府组织。为使美国各司法区的规制清晰化和合理化，学会独具特色地对每一领域的法律进行“重述”。一旦这种《法律重述》(Restatement of Law)出版，它就常常成为法官和立法机关信服的权威以及法院解释和适用法律的凭仗。[1]可见，一群由专业人士组成的民间法学会不仅在立法上具有一定的影响力，同样也在解释层面对法院有着较为深远的影响。

(三) 普通法系国家的刑法修订与解释权的交互关系

有人说，普通法是由法官创制的，中世纪与现代罗马法(亦可称为西欧的新罗马法)是由法学家创设的，而法国大革命时期的法律绝大部分出自立法者之手。特定时空中，每种力量会处于绝对的掌控地位，情况往往是相伴相生，既有判例法又有制定法同时还伴随着学者的著作。一方面，法典化被看作是挑战司法垄断的利器。法典化历来是反对司法系统或是“身披法袍的贵族们”的武器，这些贵族法官拥有该职位的所有权，在审案时总是喜欢援引一些从未见诸文字的含混不清的一般原则。英格兰很好地抵御了罗马法侵袭的法官造法制度，该良好状态一直延续到其在法国的衰落，法国大革命带来的改革像桎梏一样束缚着法官的手脚，不让他们惹出更大的乱子。[2]另一方面，“对于法律而言，最忌讳的就是不确定性，如果我们置遵循先例原则于不顾，那么就是为不确定性敞开了大门，我想，要防止司法机关僭越立法职能设置一道规则屏障，把法律引向可预期的确定性，应该还是可以找到很多支持理由的”。[3]判例法的进入有着较高的门槛，遵循先例原则成了普通法曾笃守的依据圣洁信条，法官为维持这种法律的不确定性，不惜将正义与公平牺牲在它的祭坛上——他们情愿为了确定性，而去遵守一个看似极不公平甚至荒谬的判决，因为法官一旦开始无视先例或完全将其抛在一边，普通法的一根支柱甚至是中流砥柱便将会坍塌。如果非要做出什么改变的话，那也是立法者的职责。

总的来说，在实行判例法的英美法系国家，立法部门制定的规则只有经

---

① [美]保罗·H.罗宾逊、马卡斯·德克·达博:《美国模范刑法典导论》,《时代法学》2006年第2期。

② [比]R.C.范·卡内冈:《法官、立法者与法学教授——欧洲法律史篇》,张敏敏译,北京大学出版社2006年版,第150页。

③ A.Paterson, The Law Lords[London, 1982], p.133.

过法官的解释和运用,才能真正被吸收进法律制度里面。"法律如果没有法院来详细说明和解释其真正意义和作用,就是一纸空文。"①在英美法系国家,法官具有当然的法律解释权,但受大陆法系制定法的影响,制定法的解释权问题曾经受到广泛的质疑。同时,英美法系的立法者们对法官的法律解释权也存在戒心,好在这种戒心没有被历史所采纳,终于,法官的法律解释权被完整地继承了下来。特别是在制定法领域,英美法系国家普遍认同,未经法官解释的制定法不发生效力。②这样的理论基础无疑为法官释法行为赋予天然的正当性依据。"英美法系中所谓先例的识别技术,毋庸置疑应被看作一种法律解释技术。"③这表明似乎"遵循先例"与"法官解释"间存在某种相互依存,无法割裂的内在联系。在英国,判例法一直占主导地位,近代以来开始的立法活动虽然颁布了大量的制定法,但制定法仍然无力与判例法相抗衡,就体系中的法律意识形态的地位而言,判例法始终是居第一位的。并且,法官在实施制定法时,一般是引用实施这一法律的判决而不是法律条文。④在美国,与英国法一样,制定法要完全成为法的一部分,只有通过法院判决明确其意义之后在法学家们看来,"真正的法律不是立法者制定的法律,而是法官所作的解释,法官对法律的解释即使错误也是有效的"。⑤可见,在英美法系国家,法典被看作只是一种对以往法院判例的汇集。判决不引用审判先例而单纯适用法律的是极少数的例外。⑥而判例法的适用,是由法官来进行的,法律解释就是指法官的解释。

二、大陆法系国家的刑法修订与解释权的配置

(一) 大陆法系刑法立法权配置模式的宪法考察

宪法是国家的根本大法,规定国家各项基本制度和根本任务,也明确着立法权、司法权的归属。1919 年 8 月 11 日公布的《德意志联邦宪法》又被称为"魏玛宪法",宪法把立法权分为联邦专有、联邦与各邦共有两部分,民

---

① [美]汉密尔顿等:《联邦党人文集》,程逢如等译,商务印书馆 1980 年版,第 111—112 页。
② 黄奇中:《刑法解释的沟通之维》,中国人民公安大学出版社 2011 年版,第 93 页。
③ 谢晖:《法律的意义追问:诠释学视野中的法哲学》,商务印书馆 2003 年版,第 81 页。
④ 李国如:《罪刑法定原则视野中的刑法解释》,中国方正出版社 2001 年版,第 87 页。
⑤ 魏胜强:《谁来解释法律——关于我国法律解释权配置的思考》,《法律科学》2006 年第 3 期。
⑥ [法]达维德:《当代主要法律体系》,漆竹生译,上海译文出版社 1984 年版,第 418 页。

法、刑法、诉讼法等都被纳入了联邦于各邦共有的立法事项中。不过，对于这些共有事项，联邦享受优先立法权。同时，宪法还规定了“联邦可以废止各邦法律，各邦法律与联邦法律发生冲突、疑义时候，联邦或各邦的中央主管官署依照联邦法律详细规定，请联邦最高法院判决（第 13 条），实际上说明了联邦法律高于各邦法律的原则”。[①]也就是说，尽管各邦也能够在刑法领域立法，但是与联邦所制定的刑法有冲突的部分还是以联邦刑法为准，而刑法本身稳定性较强，联邦刑法典已经较为全面的对各种犯罪进行规范，可以说，各邦于此的立法范围是十分有限的。1949 年 5 月 23 日获得通过的《德意志联邦共和国基本法》(《波恩基本法》)是德意志联邦共和国的过渡时期相当于宪法地位的法律，是目前德国的根本大法。1990 年 10 月德国重新统一后成为整个德国的宪法，后经过多次修改，最近一次修改在 2006 年 8 月 26 日，并于 2006 年 9 月 1 日生效。《波恩基本法》中专门规定，外交事务、国防事务等 11 个方面是联邦的专有立法权领域；民法、刑法、法院组织、公共救济等 30 个方面是联邦和州共同有权立法的领域；高等教育、土地分配等 6 个方面是联邦的原则性立法领域（各州立法机构对原则性立法权项目拥有执行权[②]）。就德国的现状而言，一些重要的法域几乎都被联邦的法律所覆盖，其中就包括 1975 年 1 月 1 日修订的《德国刑法典》。[③]根据《波恩基本法》的规定，州一级最重要的立法机构是州议会，各州可以自行立法的领域并不多，主要为各州的组织机构、警察法、文物保护等。州的行政机关颁布的法令主要就是贯彻联邦及州的法律。[④]由此可见，德国宪法历经多次修改之后仍然将刑法立法权作为联邦和各邦共有立法事项部分，但实际上可供各邦议会制定的犯罪行为种类基本都已经被联邦刑法典涵盖。1871 年德意志帝国建立后颁布了德国史上著名的 1871 年刑法典，也是第一部统一适用的资产阶级性质的刑法典，后来法西斯政权统治时期对刑法典造成了绝大的破坏性；第二次世界大战后，德意志民主共和国、德意志联邦共和国均建立了自己的刑法体系；经议会的刑法修改特别委员会协调后产生了

---

① 刘兆兴：《德国联邦宪法法院总论》，法律出版社 1998 年版，第 137 页。

② 《波恩基本法》第 75 条。

③ 何勤华主编：《德国法律发达史》，法律出版社 2000 年版，第 49 页。

④ 何勤华主编：《德国法律发达史》，法律出版社 2000 年版，第 51 页。

1975 年刑法典，后期修改都基于此。[①]

在立法与司法的关系方面，德国是大陆法系典型代表国家，奉行成文法主义，法律渊源主要以法典为本。在 19 世纪末德国整个成文法律体系形成时，人们在法律实证主义的影响下，认为应当依据法典，附加以逻辑推理来解决问题，也同时认为法院只能司法不能立法。福斯特说："在德国，判例法不是法律渊源，在一个案件上作出的判决，只能适用于该案件，对其他案件不具有一般约束力。在德国，法官仅仅被假定为在适用法律，而不是在创造法律。"[②]《波恩基本法》第 97 条也规定："法官具有独立性，只服从法律。"这体现了对成文法典遵照适用的严格意义，否定了法官造法的权力可能。不过，也存在例外，比如联邦宪法法院曾于 1975 年 2 月 25 日作出判决，宣告 1974 年 6 月通过的《德国刑法典第五修正法》关于《刑法典》第 218 条规定的在一定期限内的堕胎行为合法化，也就是怀孕 12 周内堕胎不构成犯罪是违宪规定。虽然这一判决被认为超越权限，不过德国议会还是根据该判决于 1976 年 5 月通过修改刑法的《第 15 修正法》，对《第五修正法》进行了修正。这至少能够说明联邦宪法法院的判决实际上能够影响议会的修改法律活动。

（二）大陆法系刑法解释权配置模式的历史考察

公元前 454 年，古罗马颁布了第一部成文法《十二铜表法》，大陆法系的刑法解释也就发轫于此。在此后的发展历程中，大陆法系的刑法解释权配置经历了集中于立法机关时期、由"类似立法机构的组织"行使时期、集中于最高上诉法院时期和集中于整个法院系统时期四个发展时期。[③]从起源的角度看，大陆法系起源于古罗马法，大陆法系的刑法解释制度，也源于古罗马法的法律解释。公元 1 世纪前后，罗马皇帝奥古斯都首创了法律解答权制度，他授予一些业绩优异的法学家解答法律问题的资格，这种具有法律效力的解释已经超过了对法律进行字面意义上的解释的范围，它同时是一种创造法律的形式，但公元 527 年，东罗马帝国皇帝查士丁尼下令编纂了《国法大全》后，立即禁止在裁决中参考任何法学家的著作，并禁止对《国法大全》作任何评注，借以维护自己和法典的权威。在经历了漫长的中世纪后，

---

① 刘兆兴：《德国联邦宪法法院总论》，法律出版社 1998 年版，第 389—405 页。

② N.G.Foster，German Law and legal System，p.54，p.4.

③ 喻海松、刘克兰：《刑法解释权配置模式的比较分析》，《法学杂志》2008 年第 3 期。

18世纪的西方革命开始受启蒙思想家分权理论的影响,[①]但即使是在近代,在国家主义、理性主义、民族主义以及三权分立的思想观念的影响下,欧洲大陆无论是在理论上还是在实践中都一度禁止法官解释法律。只有立法机关才能制定法律,刑事法官根本没有解释刑事法律的权利,因为他们不是立法者。19世纪的概念法学,建立在对全知全能的理性立法者的假定和形式逻辑完备性的信仰基础之上,他们认为法官的角色只是一台自动售货机,输入法条和判决,输出判决。[②]

但是大陆法系禁止法官解释的一切努力都无济于事。一方面,随着最初对法官解释法律的不信任的逐渐淡化;另一方面,立法机关事实上无力应对这些极其琐碎的解释活动,而法官对于复杂的案件又不得不进行法律解释。就连腓特烈的法典、“法规委员会”和对法官释法的禁止,也以失败而告终。为了解决这一矛盾,立法机关被迫考虑承认法官的法律解释权,但对其进行了限制。法国建立了“上诉制度”,设立了上诉法院。上诉法院虽然不能对它本身所审理的案件中涉及的法律问题作出权威性的解释,但能够撤销依据对法律的错误解释所作出的司法判决并将案件发回原审法院重审。经过一个逐步的过程后,上诉法院逐渐获得了解释法律的权力,不仅可以指出司法判决是错误的,而且可以对法律作出正确的解释。之后,德国实行了“复审制”制度。“当时法国的上诉法院虽然可作出正确的解释,但案件还必须退回下级法院重审,这造成了司法资源的浪费,而德国而创设了一个最高法院,它不仅有权审查下级法院的判决,撤销错误判决,作出正确的指示,而且还可以对错判的案件进行复审。”[③]因此,大陆法系的法官在事实上最终掌握了法律解释权。1902年《法国刑法典》规定,如果本法无相应规定时,法官应依据惯例;如果无惯例时,依据自己作为立法人所提出的规则裁判,法官不仅拥有法律解释权和法律适用权,还实际掌握着法律决定权。“从主张只有立法机关可以行使法律解释权和严格分权原则,到立法性法院的出现,再到有权审查和纠正下级法院错误的法律解释的法院产生这样一个过程,必然伴随着对普通法院法律解释权的逐步承认。”[④]

---

① [美]梅利曼:《大陆法系》,顾培东、禄正平译,知识出版社1984年版,第25页。

② 张志铭:《法律解释操作分析》,中国政法大学出版社1999年版,第2页。

③ [美]梅利曼:《大陆法系》,顾培东、禄正平译,知识出版社1984年版,第45页。

④ [美]梅利曼:《大陆法系》,顾培东、禄正平译,知识出版社1984年版,第46页。

第二章　应然层面下刑法修订的功能定位

第一节　刑法修订的内在动因

一、社会发展致犯罪现象层出不穷

目前,我国正处于社会转型时期,经济体制不断改革,社会机构不断变化,社会管理在很大程度上难以适应社会转型的要求,而刑法本身所具有的社会保障机能要求其必须调整自身以适应社会转型期的现实需要。自1997年以来,我国社会经历了跨世纪的发展,改革开放逐步全面展开,社会发展与犯罪情况变化亦步亦趋,我国刑事法治实践过程中不断出现的新情况和新问题进一步加深,而刑法所承担的惩治与防范功能方面也出现了许多新现象,其中相当一些问题运用现有刑法立法难以解决或者难以妥善解决,从而为刑法修订及其研究提供了一定的根据和条件。①

(一) 社会转型期的犯罪态势概貌

刑法的历次修订都是立足于国情,通过在刑事法治领域推进经济社会的发展,适应政治体制的改革以及促进社会主义精神文明的建设。在经济方面,自经济体制改革不断深化以来,各种新型的经济关系和商品市场似雨后春笋,而商品经济的一个基本特征是竞争机制,竞争机制的发展为社会危害性增添了新的内涵,诚如马克思所言:"犯罪也受竞争的支配。"正是这种内涵的不断出现,为社会准备了许多潜在的经济犯罪人,使得刑法与经济基础之间的冲突矛盾不可避免,不断增加的非法经营犯罪行为模式、知识产权

---

① 参见赵秉志、王俊平:《改革开放三十年的我国刑法立法》,《河北法学》2008年第11期。

犯罪及金融诈骗罪都使得刑法存在诸多的局限。随着经济的不断发展，收入水平的不断上升，刑法对于某些经济犯罪的数额标准存在偏低的情况，忽视了刑法的经济惩罚性和预防性。由此可见，刑法的修订归根结底受制于经济基础对上层建筑的决定作用。在政治方面，随着政治体制的深入改革，社会主义民主政治建设的不断加快，官僚主义、特权主义的进一步铲除，反腐倡廉的进一步推进，为刑法中有关贪污受贿犯罪构成的修订提供了切实有效的依据，而在刑法中强化对公民民主权利的保护，以及贯彻落实"一国两制"等策略方针也是促使刑法修订的政治因素。在文化方面，随着经济的不断发展，一些公然蔑视社会或违背道德准则的丑陋现象泛起，如聚众淫乱、黑社会活动、贩卖毒品及网络诈骗等行为顺势而生。为了促进社会主义精神文明建设，净化社会风气，有必要通过修订刑法的方式来遏制犯罪的发生。因此，为维护社会的正常秩序，遏制犯罪高发、应对新型犯罪逐步成为刑法修订的基本动向。

自1997年刑法大规模修订开始，刑法修正案已成为我国立法机关修订刑法的主要模式，立法机关至今已颁布十个刑法修正案，而这十次刑法的修订基本上朝着集中性、统一性的方向发展，主要表现在三个方面：第一，随着国际、国内恐怖组织和恐怖主义的发展和扩散，刑法在非传统安全领域的控制力和威慑力有待进一步加强。第二，大规模群体性事件和安全责任事故频繁的发生对社会秩序的安定造成了一定程度的冲击，而刑法作为社会保障的最后一道防线，要求其运用刑罚手段加以控制。第三，经济体制的改革与利益格局的调整使得许多新型经济犯罪特别是金融领域的犯罪频繁发生，而公众对于刑法的期待使得刑法对该类行为的规制更具有紧迫性与必要性。

在农业发展水平较低的情况下，耕地几乎是农业用地的唯一形式，伴随着经济结构的调整，农业生产水平的提高，农业用地的形式不局限于耕地，而拓展到林地、草地、农田水利地、养殖水面，等等。因此《刑法修正案(二)》修改非法占用耕地罪为非法占用农用地罪，扩大了犯罪对象的范围，体现了对林地等的特殊保护。①而《刑法修正案(三)》对有关恐怖活动犯罪条文进行修改源于美国"9·11"事件的发生，"9·11"事件后，我国对恐怖主义的危

① 李翔：《论刑法修订的体系化》，《学术月刊》2016年第2期。

害有了更深的认识，多年来，我国境内的民族分裂势力和恐怖势力进行了一系列的爆炸、暗杀等恐怖犯罪活动，对国家安全、社会秩序以及人民的安全造成了极大的危害，为严厉打击恐怖活动犯罪，全国人大常委会第二十五次会议于 2001 年 12 月 29 日通过了《刑法修正案(三)》。2015 年，全国银行卡在用发卡数量达 54.42 亿张，信用卡授信总额 7.08 万亿元，我国早已成为信用卡持卡人数最多的国家之一。信用卡运行中的安全风险和安全隐患客观上为某些不法分子实施信用卡违法活动提供了条件，针对信用卡犯罪的实际情况，《刑法修正案(五)》对与信用卡犯罪有关的条款进行修改。对处于转型期的中国而言，由于在经济体制转型初期缺乏必要的监管体制，21 世纪初商业贿赂在我国的一些经济领域内严重泛滥，如建筑、医药等行业，成为经济生活的一大公害，并且多与公权交易有关，是我国经济发展中的一颗毒瘤，更是直接影响到民主政治与社会和谐。2006 年 6 月 29 日，第十届全国人民代表大会常务委员会第二十二次会议通过了《刑法修正案(六)》，对刑法有关商业贿赂的条款作了补充和完善，从而为司法机关及时有效地惩治此类犯罪提供了法律依据。2009 年 2 月 28 日《刑法修正案(七)》第 4 条规定的组织、领导传销活动罪进一步明确了对传销的严厉打击态度，迈出了我国从刑事角度惩治传销活动的重要一步。山东"4·8"特大传销案(参与人员 10 余万人，涉案金额 3 亿多元)、安徽"麦罗国际"网络传销案(参与人员 8 700 余人，涉案金额 1.3 亿元)、北京亿霖传销案(参与人员 2 万余人，涉案金额 16.8 亿元)等案件对社会造成了巨大的危害。据报道，仅 2001 年至 2005 年间，我国公安机关就侦破传销犯罪案件 2 848 起，涉案金额 42.1 亿元，抓获嫌犯 20 500 余人。①而对社会呼声较高、实践中缺乏保障的个人信息保护问题，《刑法修正案(七)》修改补充了个人信息保护方面的犯罪，同时还考虑到我国加入《联合国反腐败公约》的问题，对贪污贿赂犯罪进行了补充和修正。21 世纪我国发生的各种矿难、松花江污染事件、2007 年太湖蓝藻事件、2009 年盐城水污染案以及 2010 年福建省紫金矿污染等，各种环境事故时有发生，这都反映了目前我国的环境风险十分严重。发达国家上百年工业化过程中分阶段出现的环境问题在我国二十多年来集中出现，呈

① 黄明儒主编:《变革时期的刑法理论与实践:马长生教授从事法律法学工作 50 年暨 70 华诞祝贺文集》，法律出版社 2013 年版，第 94 页。

现结构型、复合型、压缩型的特点，许多城市空气污染严重，土壤污染面积扩大，污染物排放量超过环境承载能力，生态破坏严重，核与辐射环境安全存在隐患。鉴于人口资源环境问题成为我国社会主义初级阶段的主要矛盾之一，所以，国家对处理环境保护与经济社会发展关系的指导思想进行了重大调整，把环境保护摆在了更加重要的战略地位上。在这种背景下，我国的环境立法进程和《刑法修正案（八）》对环境犯罪的修改正是适应了这种需要。《刑法修正案（八）》出台之前，我国恶意拖欠劳动者工资的现象愈演愈烈，从2005年至2009年，每年都有全国人大代表建议增设“恶意欠薪罪”的议案。中华全国总工会也建议全国人大对欠薪逃匿等恶劣行为追究刑事责任。对此，《刑法修正案（八）》增设了拒不支付劳动报酬罪。近年来，随着恐怖主义、极端主义思想的迅速传播，恐怖活动犯罪频繁发生，拉萨“3・14”打砸抢烧事件、“7・5”疆独事件、昆明“3・1”事件、乌鲁木齐“4・30”等严重暴力恐怖袭击事件制造了较大范围的社会恐慌和恶劣的国际影响，进一步加剧了社会矛盾，严重影响了社会的稳定，《刑法修正案（九）》对恐怖活动犯罪作出了新的规定，并对其相关内容进行了补充。

（二）刑事政策的调整

对于我国刑法体系而言，刑事政策一词实属舶来品，所谓的刑事政策，是指国家和政党基于我国国情和犯罪状况，制定、运用的一系列预防犯罪、惩罚犯罪以及教育犯罪人的方略，可分为基本的刑事政策和具体的刑事政策。①刑事政策与刑法息息相关，现代刑事政策的制定与推行离不开刑法，而刑事政策又指导刑事立法、司法。刑事政策作为刑事法律制度的灵魂，具有极强的导向功能，刑事政策对刑法的导向功能主要体现在创立新法、修改旧法以及补充旧法三个方面，概言之，刑事政策影响着犯罪圈的划定，反过来，犯罪圈的界定反映了一国刑事政策的趋向。如同犯罪圈的大小会随着社会的变化而改变，刑事政策也并非一成不变，它会随着所处社会历史条件的变化而相应调整，目前，我国经历的最有代表性的便是“严打”刑事政策与“宽严相济”刑事政策，不同刑事政策指导下的刑法修订也各不相同。

1.“严打”刑事政策的实践

随着改革开放政策的启动，我国社会由封闭转向开放，社会机构由静态

---

① 参见周洪波、单民：《论刑事政策与刑法》，《当代法学》2005年第6期。

转为动态，由此导致人们利益结构的倾斜和价值观念的变化，各种社会矛盾随之激化，犯罪率也逐年呈上升趋势。[①]1983 年以来，我国先后开展了三次全国范围内的集中“严打”活动。面对社会治安形势日益严峻的情形，1983 年 8 月，党中央作出了“关于严厉打击刑事犯罪活动”的决定，强调了依法从重从快惩处严重刑事犯罪分子的方针；1996 年，中央决定再次开展“严打”活动，此次严打的对象是严重暴力犯罪、抢劫犯罪，特别是涉枪犯罪和涉黑的团伙犯罪；2001 年，党中央决定第三次开展“严打”整治斗争，此次打击的重点包括有组织、带黑社会性质的团伙犯罪和流氓恶势力犯罪，爆炸、杀人、抢劫、绑架等严重暴力犯罪以及盗窃等严重影响群众安全感的多发性犯罪。这次“严打”的目标是实现两年内社会治安明显进步。我国三次大规模的“严打”与世界各国的“重重”刑事政策基本上相同。

自从“严打”刑事政策提出后，紧随其后的就是《刑法》的大规模修订。自 1983 年“严打”开始至 1997 年《刑法典》的修订，十几年时间里，我国通过了 24 个“决定”和“补充决定”，增设数十种罪名，死刑罪名也从 1979 年《刑法》的 28 个死刑罪名增至 74 个死刑罪名。这一时期刑法修订的基本方向便是改轻为重，严厉打击犯罪，这与“严打”刑事政策的提倡是息息相关的。

2. “宽严相济”刑事政策的体现

2004 年 12 月，在全国政法工作会议上，中共中央首次提出了宽严相济刑事政策：“正确运用宽严相济的刑事政策，对严重危害社会治安的犯罪活动严厉打击，决不手软，同时要坚持惩办与宽大相结合，才能取得更好的法律和社会效果。”2005 年 12 月，中共中央明确了宽严相济的定义。一年后，最高人民法院和最高人民检察院在工作报告中提出要认真贯彻宽严相济刑事政策。同年 10 月，中共中央明确提出了要实施宽严相济的刑事司法政策。宽严相济的刑事政策虽然没有明确规定于刑法中，但作为指导刑事立法和司法的基本刑事政策，该政策在我国刑法中得到了较为充分的体现。宽严相济刑事政策的核心是区别对待。[②]没有区别对待就没有政策。

随着宽严相济刑事政策的逐步发展，我国刑法也进一步完善了犯罪圈，包括犯罪化、非犯罪化以及罪名调整等方面，例如，《刑法修正案(八)》增设

---

① 参见谢望原、卢建平等:《中国刑事政策研究》，中国人民大学出版社 2006 年版，第 258 页。

② 参见最高人民检察院《关于在检查工作中贯彻宽严相济刑事司法政策的若干意见》，2006 年 12 月 28 日。

危险驾驶罪，《刑法修正案（九）》增设代替他人考试罪等；进一步完善了刑罚体系，废除多个犯罪的死刑，提高死缓的实际执行期，扩大了罚金刑的适应；也对刑罚的裁量和执行进行了进一步的完善。毫无疑问，刑事政策的改变进一步加快了刑法修订的进程。

（三）风险社会中以危险预防为中心的展开

中国目前正处于社会转型期，各种矛盾集聚，社会风险加大，因现代化进程所产生的技术风险与制度风险逐渐转移了国家与个人的关注点，关注公共安全，防范和化解社会风险，已成为转型社会的重要议题。当前，经济安全、食品安全、环境安全、生产安全、人身财产安全等问题十分严峻，人们不知瞬间会发生何种灾难，刑法作为法秩序共同体安全的最有力保护者，必须对风险社会作出回应，特别是在当前的政治语境中，刑法的任务观开始发生变化，日益将危害预防和危险管理视作自身的重要任务。①风险社会中，刑法的保障机制从事后逐渐提前至事前，即强调刑罚前置化的事前预防。由此，大量的危险犯增加，而某些犯罪的预备与未遂形态也被评价为独立的犯罪构成类型。如德国学者赫尔佐克所言："危险刑法不再耐心等待社会侵害结果的出现，而是注重在行为的非价评断上，以制裁手段恫吓、震慑带有社会风险的行为。"②因此，刑法也从以规制实害犯为重点逐渐转向行为人的行为是否制造了法所不允许的风险，对这种风险的预防和避免是刑法为保障生活共同体的安全所做的努力，近年来刑法及刑事政策对危险犯的关注也显得不足为奇。

随着风险社会的进一步发展，刑法作为防控风险体系中的一部分，以控制风险为由的威慑已逐渐成为刑法动用刑事制裁进行预防的理由，这也意味着刑法的保护范围会相应地进行扩张。与传统刑法侧重保护实体法益不同的是，风险社会中的刑法强调了"法益保护的前期化"，刑法的相应扩张与刑法介入时间的提前使得刑法修订时着重突出了刑法的预防性功能。具体表现为在危险犯中，触动刑罚的依据已不再仅仅是实害的出现，危险状态或行为方式本身的危险性被刑法修订者认为具有可罚性，则该危险状态或行

---

① 郝艳兵：《风险刑法：以危险犯为中心的展开》，中国政法大学出版社 2012 年版，第 9 页。

② 转引自张晶：《风险刑法：以预防机能为视角的展开》，中国法制出版社 2012 年版，第 158—159 页。

为即被刑法所规制。在现代风险社会中，各国纷纷在各自的刑法典中对危险犯进行了相应的规制，而这一趋势在近年来愈发普遍，集中体现在食品类犯罪、交通类犯罪、环境类犯罪及与生活共同体的利益密切相关的领域，在该类犯罪中，危险犯在刑法中出现的比例不断上升，刑法在相关利益还未遭到现实的侵害时便进行了强有力的干预，刑法修订也逐渐将危险由客观的事实存在蜕变为规范性存在，在传统性规范不断弱化的情形下，将生活共同体的规范认同与违法性判断相结合，重塑规范意识，引导公众在规范期待中进行相应的行为，无疑这将成为更加合理且令人信服的做法。在交通领域，许多国家为了防范和管理风险，普遍用较为严厉的刑事政策对危险驾驶罪等行为进行了规制。德国、日本、韩国、英国都编织了严密细致的交通法网，甚至将提供车辆和酒水的行为进行了刑法意义上的评价，将其设置为新的罪种。据此，有学者认为，《刑法修正案（八）》出台之前，对于交通领域的犯罪，只有在造成严重结果的情况下才能由刑法对其进行规制，否则，只能依据行政法如《道路交通安全法》等规定给予行政处罚，而此类处罚的“顶格处理”也无法达到足够的威慑作用，始终处于高频率的酒后驾车行为即是明证。因此，《刑法修正案（八）》增设了危险驾驶罪等一系列危险犯符合风险社会发展的需要，也是民意的体现。①

以危险驾驶罪为例，随着我国经济的不断发展，机动车逐渐成为人们生活中重要的交通工具。至 2010 年全国机动车保有量已达 2.07 亿辆，与此同时，2009 年全国查处酒后驾驶 72.7 万起，其中醉驾 11.2 万起，因酒后驾驶导致交通事故 5 969 起，死亡 2 665 人。②而一些恶性的交通事故一经曝光便引起全社会哗然，如，南京张某某案、③成都孙某某案④及杭州

---

① 参见吴飞飞：《〈刑法修正案（九）〉对危险驾驶罪的修改》，《中国检察官》2015 年第 11 期。

② 高贵君主编：《危险驾驶刑事案件办案指南》，人民法院出版社 2014 年版，第 3 页。

③ 2006 年 6 月 30 日晚，醉酒后的张某某驾驶机动车在南京江宁区连撞 9 人，致 5 死 4 伤，其中包括一名孕妇及腹中七个月的胎儿。肇事时，张某某血液中的酒精含量是醉酒标准的近五倍。经法院审理，张某某构成《刑法》第一百一十五条以危险方法危害公共安全罪，被判处无期徒刑，剥夺政治权利终身。

④ 2008 年 12 月 14 日，孙某某无证醉酒驾驶机动车与 5 辆正常驾驶的机动车发生碰撞，造成 2 人当场死亡，2 人抢救无效死亡，1 人重伤。经检测，孙某某事发时血液酒精含量为 135.8 mg/100 ml，属于醉酒驾驶。经法院审判，孙某某最终以“以危险方法危害公共安全罪”判处无期徒刑，剥夺政治权利终身。孙某某是当时国内获无证醉酒驾驶最高刑罚者，孙某某案引发了全社会的讨论，推动了醉驾入刑。

胡某飙车[①]等案件，民众的恐惧感也在媒体的渲染中不断恶化，而民意也将该类案件推上了前所未有的高度。这一系列恶性事故进一步推动了刑法修订的进程。2011年2月25日，《刑法修正案（八）》正式通过，醉酒驾驶及追逐竞驶行为正式被刑法所评价，而危险驾驶罪作为新的犯罪类型首次被纳入刑法体系。2015年8月29日，《刑法修正案（九）》对于危险驾驶罪进行了修订，将严重超员超速行为及危化型危险驾驶纳入该罪的行为方式。据统计，2011年至2014年，全国因营运车超员超速所发生的交通事故共计8 595起，死亡4 180人，其中，一次死亡10人以上的重特大交通事故中，客运车超员的占27.2%，存在超速行驶的占53%。此外，在该年段中，全国共发生重大交通事故5起，其中涉及危化品运输的高达3起。而公众在面对数据或校车类案件时，往往选择通过鼓励修法的方式来达到遏制该类事故发生的结果。

二、法律漏洞致现有条文适用不当

（一）刑法漏洞之客观存在

任何法律都有漏洞，这已是一个不争的事实，刑法当然不能例外。我国刑法制定的任务是用刑罚惩罚各种犯罪，保护国家利益与公民的合法权益。这一任务反映出刑法的明确性与全面性。其全面性的要求不等于用刑法去处理一切违法行为，更不意味着刑法条文规定的内容已经或当然地涵盖了刑法所要调整和保护的所有社会关系。受社会生活不断发展，立法者的认识不断深化和丰富等主客观因素的影响，刑法条文在适用中的局限性日益暴露，欲通过一次立法就解决所有刑法适用问题是不可能的。刑法必须随着社会生活的发展而发展，在变化中寻求刑法的相对稳定性，否则将难免陷于僵化，最终不能适应社会的需要。刑法漏洞是相伴刑法而生的，刑法漏洞的特征与刑法特征密切相连。一方面刑法条文在形式上的缺陷、立法技术的不足自然成为法律漏洞的特征；另一方面刑法的滞后性使得刑法一经制

---

① 2009年5月7日，胡某驾驶非法改装的三菱跑车在杭州市城市道路上严重超速行驶并与友人互相追赶，机动车在行驶至文二西路时，撞上正在人行道上行走的谭某。谭某经抢救无效后死亡。杭州市西湖区人民法院以“交通肇事罪”判处胡某有期徒刑三年。

定就在内容的范围和深度上产生了漏洞。此外，刑法漏洞最为突出的特征是与立法目的的相悖性。

(二) 刑法条文内容的欠缺性

刑法条文内容的欠缺性，又可表述为刑法条文的不完全性。凡刑法条文应规定而未规定的，规定不完善的或因客观情势的变化而导致条文内容与社会需求不相适应的情形都属刑法漏洞。刑法漏洞在内容上的欠缺性具体表现为：其一，刑法条文的不确定。刑法概念模糊不清，相互之间规定的界限不明，从而导致刑法规定产生疑惑性。比如《刑法》第 17 条第 2 款规定的八种犯罪，是指具体犯罪行为还是具体罪名，刑法条文的规定存在歧义。后全国人大常委会法律工作委员会《关于已满十四周岁不满十六周岁的人承担刑事责任范围问题的答复意见》中对该问题作出明确的解释：该八种犯罪是指具体犯罪行为而不是具体罪名。其二，语辞使用不当而致歧义。同一法律文书中同一概念具有不同含义，或者在不同的法律形式中不注重相互之间的照应和衔接而导致内容相抵触或者标准不一，或者种属、包容等逻辑关系不明确。其三，刑法条文存在空白或间隙。刑法应规定而不明文规定的以致应受刑法调整的事项出现遗漏或空白地带的情形。《刑法》第 163 条对其他单位人员的收受贿赂行为没有规定，但在司法实践中出现大量公司、企业以外的组织或单位中工作人员收受贿赂行为无法在罪刑法定原则下准确适用刑法的情形。后这一空白通过《刑法修正案(六)》得以修订。其四，内容过于抽象。从立法技术考虑，立法语言表现出抽象性的特征。这通过限制词语的内涵加以实现，使得语词的外延缩小，使得立法语言缺乏“弹性限度”，缺乏对个别性问题的指导意义，就难以解决具体问题。

以《刑法修正案(九)》中贪污贿赂罪一章为例，在条文的设置上存在以下瑕疵：

1. 贪污、受贿罪共用同一标准的尴尬

受贿罪与贪污罪无论是在犯罪构成还是社会危害性方面都存在较大的差异。贪污罪属于非法占有型的犯罪，而受贿罪则属于权钱交易型犯罪，贪污罪直接侵害的是国家机关的正常活动以及公共财产的所有权，而受贿罪的本质在于行为人的行为侵害了国家工作人员职务行为廉洁性，其社会危害性的大小更多地体现在受贿人利用职务便利为他人谋取利益甚至通过滥用职权导致社会利益受到侵害等因素上。受贿罪区别于贪污罪的特征之一,即是受贿人因“为他人谋取利益”并进而引发渎职行为。虽然《刑法修正案(九)》对于贪污罪与受贿罪均规定了相同的法定刑,但这并不意味着在法定刑数额起点与定罪量刑标准的规定上也必须做到完全相同。就犯罪数额而言,数额作为贪污罪社会危害性的主要表现,如果行为人能及时退还其所贪污的财产,可以在很大程度上减少对公共财产造成的损失甚至是避免损失。但对受贿罪而言,犯罪数额在社会危害性方面的作用并不大,更多的是通过行为人的犯罪情节、危害结果等因素去判断。贪污、受贿罪共用同一定罪量刑标准,不利于体现罪后情节适用的差异性。贪污、受贿罪罪后情节范围不同包含认罪态度、是否退赃,即使是同一情节对量刑的影响程度也存在差异,若两罪名仍适用同一罚则,罪后情节在适用上将面临诸多难题。

经比较,贪污罪与受贿罪在诸多方面都有很大的差异,对两个不同的犯罪适用相同的定罪量刑标准会使得个罪无法得到公正的判决。从公平公正的角度出发,应对贪污罪与受贿罪制定不同的定罪量刑标准。

2. 行贿罪与受贿罪处刑不协调

行贿罪与受贿罪是一种对合犯罪,即行贿和受贿互为条件。按照以往的规定,行贿罪的起刑点是 1 万元,而受贿罪的起刑点是 5 000 元,但目前刑法并未延续这一规定的差额,其将受贿罪的起刑点提高至 3 万元的同时,也将行贿罪的起点规定为 3 万元。这便使得行贿 3 万元与受贿 3 万元都构成犯罪的情况下,对于行贿罪可处以“五年以下有期徒刑或者拘役,并处罚金”,而对于受贿罪则处以“三年以下有期徒刑或者拘役,并处罚金”。至此,行贿罪的处罚是重于受贿罪的。而两罪在第二档刑与第三档刑的比较中,行贿罪的数额标准明显高于受贿罪,相对应的刑罚也轻于受贿罪。而无论从客观危害还是主观恶性而言,行贿罪的社会危害都要小于受贿罪。从侦查和预防犯罪的角度而言,行贿人是获得证据的一大缺口,按照目前行贿与受贿相同的起刑点,行贿罪处以更重的惩罚,使得行贿人愈加不敢如实招供,无形中助长了行贿人的犯罪气焰。不仅如此,根据现有的规定,还有可能出现针对同一笔贿赂,行贿人有罪而受贿人无罪的局面。例如,行贿人向司法人员行贿一万元,按照规定,应当以行贿罪追究刑事责任。但收受该贿赂的司法人员因为受贿数额不到三万元,反而不构成犯罪,这种结果难说合理。

3. 单位受贿罪、单位行贿罪等未做同步调整的遗憾

《刑法》中有关职务犯罪共计有 20 个罪名，但目前只修订了 10 个罪名，对于单位受贿罪、单位行贿罪以及介绍贿赂罪等并没有做出改变。受贿罪中的“数额较大”“数额巨大”以及“数额特别巨大”分别由原先的 5 000 元、5 万元、10 万元提升至 3 万元、20 万元以及 300 万元。而单位受贿、单位行贿却依旧原地踏步，丝毫未做出改变。这些犯罪行为在商业领域依旧频发，而其定罪量刑标准却未随之改变，这是否合理，值得深究。1988 年《全国人大常委会关于惩治贪污罪贿赂罪的补充规定》对贪污罪设置的起刑点是 2 000 元，1997 年《刑法》修订时，将该标准调整为 5 000 元。5 000 元的数额标准现已适用 18 年，人均 GDP 自 1997 年至 2014 年增长了 6.25 倍，适度提高数额标准有其客观社会基础。[①]在此，我们可以做出合理的猜测，数额的标准就是根据我国 GDP 的增长水平来确定的。而 GDP 的增长水平并非只影响个人，其对单位的影响也不可忽视。单位受贿罪与受贿罪在行为性质方面并无太大的区别，其最大的区别仅存于犯罪主体。在此情形下，只提升受贿罪的数额标准，而对单位受贿罪的数额标准视而不见，未免与司法解释的本质原则相背离。

同样的问题也存在于介绍贿赂罪中。介绍贿赂罪的起刑点为 2 万元，按照现有的规定，往往会出现行贿人、受贿人不构成犯罪，而介绍贿赂人却独立构成犯罪的情形。即当介绍贿赂人介绍行贿人向受贿人行贿 2 万元以上不满 3 万元，且行贿人、受贿人不具有其他严重情节时，作为中间人的介绍贿赂人单独构成介绍贿赂罪，这显然是不合理的。介绍贿赂罪是对行贿和受贿的居间介绍，是依附于行贿罪与受贿罪而存在的，现在受贿罪、行贿罪的数额标准业已更改，介绍贿赂罪的标准也应当调整。毕竟介绍贿赂人不是权钱交易的实际实施人，不应承受比行贿人、受贿人更重的惩罚。

三、先天不足致法规则的不圆满性

马克思指出：“法律是肯定的、明确的和普遍的规范。”[②]法律需要对社

---

① 刘为波：刑九实施后，贪污受贿罪“数额＋情节”如何把握?，载 http://mt.sohu.com/20151116/n426629205.shtml，2016 年 9 月 12 日。

② 中共中央马克思恩格斯列宁斯大林著作编译局：《马克思恩格斯全集(第 4 卷)》，人民出版社 1964 年版，第 71 页。

会上大多数行为或关系作出肯定、否定的评价或放任自治，法律对于社会而言承担着多角度、多方位调节的作用，但法律又不可避免的存在不周延性、模糊性以及滞后性等特征，面对无限多样又不断变化的社会形势，法律常常束手无策，可谓法律的先天不足。

(一) 法律不周延性特征

法律的确定性要求其调整的范围最大化，因此，法律应提供尽可能多的规则，但是，正如徐国栋教授所言："由于立法者认识能力的非至上性导致法律不能涵盖所有的社会关系。"①立法者的自然属性使其生存与活动都依赖于自然，这使他永远不能以上帝的视角来进行立法活动。变化发展的社会生活难以以固定的形式进行确定，立法者对复杂多变的社会生活的认识将永无止境，其永远不能摆脱立法的社会历史条件和环境。此外，立法者作为阶级代表，总是带有一定的阶级倾向，即法律的工具主义使其具有阶级色彩。从这个意义上而言，任何法律当然包括刑法都是漏洞百出的。

对于法律的周延性问题，向来存在肯定说与否定说。肯定说的代表学派有社会法学派、自由法学派及利益法学派，他们肯定法律的周延性，认为法律"万能说"的观点是不切实际的，由于立法者受到生活经历、知识结构、思维惯性等因素的影响，其认识能力、预见能力以及相应的表述能力都会受到限制。因而，法律必然不能将所有的社会行为及关系纳入体系中，其不周延性是先天存在的。利益法学的发起者赫克指出："任何一种实在的法律制度必然都是不完整的和有缺陷的，而且根据逻辑推理的过程，也并不总能从现存法律规范中得出令人满意的判决。"②而以自然法学派与概念法学派为代表的否定说则认为，人们能够利用理性的思维创造出完善的法律体系，在实在法范围内存在着一个无所不能的自然法体系，因此也就不存在所谓的法律周延性。即法律制度可以是毫无缺陷的，其足以解决一切具体的事务。笔者认为，否定说的观点过于理想化，语言文字、立法技术以及人的认知都存在一定的局限性，在这些因素影响下的法律周延性也不可避免的被局限在一定范围内。历史多次验证，任何企图用法律评价一切行为与关系的实

---

① 参见徐国栋：《民法基本原则解释——成文法局限性之克服》，中国政法大学出版社 1992 年版，第 140 页。

② [美]博登海默：《法理学、法律哲学与法律方法》，邓正来译，中国政法大学出版社 1999 年版，第 489 页。

践必将穷途末路。亚里士多德也曾表明,法律只能制定一些通则,而并非面面俱到的规定一切细节,一个城邦的事务是纷繁复杂的,法律无法及时有效的满足这一需求。刑法作为整个法律体系中的一部分自然也无法摆脱法律本身存在的不周延性特征,这使得刑法规则往往随着时间的流逝暴露出其存在的漏洞,而这先天不足所导致的漏洞需要通过不断的修订来适应时代的需要。

(二) 法律在边陲范围内的模糊性特征

所谓模糊性,就是人们认识中关于对象类属边界和形态的不确定性。模糊认识是人类不确定认识的基本形式和本质特征,有两种基本类型,一种是被动的模糊性认识,另一种模糊认识则是主动的。①而在法律体系中也存在着被动的模糊性认识与主动的模糊性认识。

预知国家对某种行为的态度,要求法律必须具备相当的稳定性,但不断发展的时代又要求法律是个开放的体系。完全明确化的法律有可能是专横与无理的产物,其不具包容性,对于事物的运动变化不具有适应性。在这种情况下,立法者往往会对某些模糊之客体特意适用一些模糊语言。这种求助于模糊性语言的方式即为主动的模糊性认识。法的明确性是人们追求的目标,而法的模糊性是一个不可避免的表征,明确性给人以行为指南,而模糊性给法以灵活弹度,"中心明确,边缘模糊"往往被视为法律先天性的缺陷。

此外,语言的有限性使得无限的客观世界并不能完全被描绘。正如美国著名法理学家博登海默所言:"不管我们的词汇是多么详尽完善、多么具有识别力,现实中始终会有一些为严格的和明确的语言分类所无能为力的细微差异与不规则的情形。虽然许多概念可以被认为是对存在于自然界中的关系和一致性的精神映象,但是对现实所做的这种精神再生产,往往是不精确的,过于简化和不全面的。"②客观世界在人类意识中的反映经过思维的再加工所展现的表示概念性的语言,不可避免地具有模糊性的色彩,语言的模糊性是语言的本质属性之一。因此,依靠于语言所展现的法律也毫无

① 参见李晓明:《模糊性:人类认知之谜》,人民出版社1985年版,第12页。

② [美]博登海默:《法理学、法律哲学与法律方法》,邓正来译,中国政法大学出版社1999年版,第145页。

疑问地具有模糊性的色彩。这种被动的模糊性认识来源于语言的非精确性。

主动的模糊性认识与被动的模糊性认识同样存在于刑法规范体系中，处于边界的刑法规则因客观环境的变化可能会出现相应的漏洞，致使刑法的相对圆满性有所欠缺。这种模糊性的客观存在使得刑法的修订在所难免。

（三）滞后性

“社会的需要和社会的意见常常是或多或少地走在法律的前面，我们可能非常接近地达到它们之间的缺口的接合处，但永远存在的趋向是要把这缺口重新打开来。因为法律是稳定的，而我们谈到的社会是前进的。”①法律的稳定性与社会的发展很难长时间保持平衡，而法律规定与其调整的对象之间有可能也并非一一对应。例如，在计划经济时代，很少出现市场经济改革中发生的犯罪行为，因此，立法者依据当时的政治、经济很少能预见此类犯罪行为。法律的发展跟不上不断发展的现实社会要求，这便是法律的滞后性。法律一旦制定便已落后于时代。

法律总是具有一定程度的粗糙性，因为它既要基于过去、总结经验又要着眼未来，否则就不能预见未来可能发生的全部情况，而工业化、信息化的发展促使现代社会飞速发展，面对这种形势，即使刑法经常修改也赶不上它的速度。对于法律来说，社会客观形势的发展变化可能会带来的影响，例如，一些曾经由法律调整的社会关系消逝，因而这些法律由于失去调整对象而变得无用；社会的发展使法律对某些社会关系的调整变得不完善，致使新出现的社会关系没有相应的法律予以调整。基于此，法律在不同的时代会做相应的调整，增删相应的法条或修改一些构成要件，而刑法在这方面的表现最为突出。

第二节　刑法修订的外在表现

新中国成立后的前 30 年，我国仅有几部单行刑法，零乱而不系统。

---

①　[英]梅因：《古代法》，沈景一译，商务印书馆 1996 年版，第 15 页。

1979年7月新中国颁布了第一部刑法典，回顾新中国刑法的孕育诞生历程，其道路的确是曲折、艰辛的。从《中华人民共和国刑法大纲草案》到《中华人民共和国刑法指导原则草案（初稿）》，再到最后的1979年《刑法》，其条文数目之少是在当代世界各国刑法典中少见的。①1979年《刑法》共192条分为两编，第一编是总则，共有89条，规定了刑法的指导思想、任务和适用范围、犯罪与刑罚以及刑罚的具体运用等基本原理原则；第二编则为分则，共计103条，分为八章，分别是反革命罪，危害公共安全罪，破坏社会主义经济秩序罪，侵犯公民人身权利、民主权利罪，侵犯财产罪，妨害社会管理秩序罪，妨害婚姻、家庭罪以及渎职罪。②随着社会发展与法治进步的需要，1997年《刑法》是对中国以往刑法规定进行全面整理和重新编纂的基础上修订而成，对1979年《刑法》进行了一次比较系统的修订。该部刑法典由总则、分则和附则三部分组成，共15章，452条。其中，刑法总则有5章，101条，规定了犯罪、刑事责任和刑罚的一般原理原则；分则部分共有10章，350条，是对具体行为作出评价进而规定具体法定刑的规范体系；刑法附则仅第四百五十二条一个条文，规定了刑法典开始施行的日期，并且明确了修订后的刑法典与之前的单行刑法的关系。于千变万化的社会生活而言，法律永远具有滞后性，为了使法律的发展与社会的进步相一致，慎重而及时的修法成为立法者不可懈怠的使命，而刑法作为国家重要的部门法当然也不能例外。1997年《刑法》颁布的二十年时间里，国家立法机关根据实践的需要通过了一部单行刑法和十个刑法修正案对刑法典进行了局部的修改与完善。可以说，当今我国刑法的理念比较现代、结构基本合理、内容相对科学，已经能够基本满足我国社会稳定与发展的相关需要。③

一、更新完善总则中关于犯罪的具体内容

刑法总则是刑法基本原理、原则的规范体系。有关于刑法总则修订的研讨，对于我国刑法典的完善具有明辨方向的指导性意义。对于总则而言，

---

① 参见高铭暄：《刑法肄言》，法律出版社2004年版，第91—95页。

② 参见高铭暄、赵秉志：《中国刑法立法之演进》，法律出版社2007年版，第43页。

③ 参见赵秉志：《中国刑法改革新思考——以〈刑法修正案（八）（草案）〉为主要视角》，《北京师范大学学报（社会科学版）》2011年第1期。

相较于1979年刑法典，我国1997年《刑法》对其进行了较大的修改。但之后的单行刑法和7个刑法修正案都只限于补充、修改刑法的分则规范，而没有对刑法总则规范加以调整。但是，近年来司法实践中有关于总则部分的规定逐渐显露出漏洞，如我国刑罚结构执行中就存在死刑偏重、生刑偏轻的问题，我国对老年人、孕妇等特殊群体的刑法保护还有待加强等。这就要求刑法总则规范作出相应的调整。对此，许多刑法学界和司法实务界的人士都呼吁刑法修正应该兼顾刑法总则规范。在此背景下，《刑法修正案（八）》与《刑法修正案（九）》对我国刑法总则也进行了积极的修改。①下文即对自1997年至2017年有关刑法总则中关于犯罪部分的修改作一梳理，有待于今后我国刑法的进一步发展完善。

（一）刑事管辖权的修订完善

刑事管辖权是一个国家司法主权的重要组成部分。我国1997年《刑法》对于刑事管辖权的修订主要集中在对中国公民在域外犯罪管辖的扩展以及普遍管辖权的设立上。

1. 中国公民在域外犯罪管辖

根据1979年《刑法》第4条规定：中国公民在国外犯反革命罪、伪造国家货币罪、伪造有价证券罪、贪污罪、受贿罪、泄露国家机密罪、冒充国家工作人员招摇撞骗罪和伪造公文、证件、印章罪的，适用中国刑法。第5条作了补充性的规定：中国公民在国外犯第4条以外的罪，如果按刑法规定的最低刑为三年以上有期徒刑，并且按照犯罪地的法律亦应受处罚的，也适用中国刑法。②很明显，1979年《刑法》对中国公民在域外犯罪的管辖采用了有限制的属人原则，这与大多数国家和地区采用的原则相一致，即本国公民或本区居民在域外的犯罪不是一概不管，也不是一律全管，而是有选择地适当行使管辖权。此外，香港特别行政区采用属地原则，对本国公民或本区居民在域外的犯罪一概不予管辖；而1988年12月31日修订的《韩国刑法典》对本国公民在域外的犯罪一概行使刑事管辖权，为完全的属人原则。在改革开放初期，中国对外交流属于起步阶段，在国外的中国公民主要是华侨，1979年《刑法》关于属人管辖权的规定是适当的。随着改革开放的深入化，

---

① 参见赵秉志：《〈刑法修正案（八）〉宏观问题探讨》，《法治研究》2011年第5期。

② 赵秉志、赫兴旺：《论刑法典总则的改革与进展》，《中国法学》1997年第2期。

中国出国留学、访问、考察、劳务等人员越来越多，中国公民在国外犯罪的情况与日俱增，甚至出现了国家工作人员和军人在国外实施犯罪行为，这不仅严重侵害了有关国家和地区利益，也严重损害了中国形象。而1979年《刑法》对于中国公民在国外犯罪适用中国刑法的范围比较小，从而使得新形势下的许多犯罪行为因无法受到刑法的评价而不予处理。有鉴于此，对于修改1979年《刑法》关于属人管辖权的规定众说纷纭。简而言之，主要存在以下几种观点：①

第一种观点认为，应当将现有的法条进行整合，同时在总则中对于某些具有兜底性含义的词汇作出立法解释。具体规定为："中华人民共和国公民在中华人民共和国领域外犯本法规定之罪的，适用本法，但是按本法规定的最高刑为三年以下有期徒刑的，可以不予追究。""中华人民共和国国家工作人员和现役军人在中华人民共和国领域外犯本法规定之罪的，适用本法。"

第二种观点采用列举的方式将中国公民在域外犯罪的行为限定在危害国家安全罪、妨害国家金融秩序罪、国家工作人员、军人的职务犯罪以及妨害国家机关职能的犯罪这几类犯罪中。对于1979年《刑法》第5条中规定的"本法规定的最低刑为三年以上有期徒刑"，该观点认为应对其作出立法解释。此外，该观点还建议取消对于该条中表述的"按照犯罪地的法律不受处罚的除外"。

第三种观点依据不同的主体采用了不同的规定，甚至对于同一主体所实施的不同类型的犯罪行为也作出了不同评价。对于中华人民共和国派出国外的工作人员或者其他出国人员在域外实施犯罪的，无论其进行了何种犯罪行为，接受何种处罚，都将适用中国刑法。与此同时，对于中国普通公民而言，在域外实施危害国家安全行为的，适用中国刑法；实施其他犯罪行为的，按照中国刑法规定的最低刑为三年以上有期徒刑的，也适用中国刑法，但是在犯罪地不受法律处罚的除外。

第四种观点主张修改为：中华人民共和国领域外犯下列各罪的，适用本法（列举原有的罪名、条文，增加为境外的机构、组织、人员窃取、刺探、收买、非法提供国家秘密罪、隐瞒境外存款罪、重婚罪等）。中华人民共和国公民

---

① 参见赵秉志：《赵秉志刑法学文集之一：刑法总则问题专论》，法律问题研究2004年版，第314—315页。

在中华人民共和国领域外犯前条以外罪的，按照本法规定的法定最低刑为一年以上有期徒刑，也适用本法；但是按照犯罪地的法律不受处罚的除外。国家公职人员、军人在中华人民共和国领域外犯罪的，适用本法，不受上述限制。

第五种观点认为，中国刑法适用于在域外犯罪的所有中国公民，这一规定过于严苛，应将主体限定为中国国家工作人员，即只有中国国家工作人员在中国领域外犯罪的，才适用于中国刑法。

第六种观点认为该条款的设置应着重考虑国家政治、经济利益以及域外中国公民的利益，因此，应根据实际需要增加规定一些涉及国家政治、经济利益方面的犯罪。而对 1979 年《刑法》从“相对属人主义”出发所作出的第 5 条规定存在一定的瑕疵。其一，第 5 条中规定的“3 年以上有期徒刑”与国际惯例中引渡的“1 年以上有期徒刑”不配套，进而缩小了相应的犯罪圈，因 1979 年《刑法》分则中大部分罪名的法定最低刑是 3 年以下，而 3 年以上的限制使得可能被追究的犯罪减少；其二，第 5 条中所蕴含的“但书”规定使得原本在国内应受到刑事处罚的行为，只因地域不同，存在中外法律冲突便不予处理，这样的结果使条文失去了实际的意义。因而主张，为解决这一矛盾，必须调整分则罪名的法定最低刑，以保证使该条的规定范围不至于过窄。

第七种观点主张，应当适当扩大中国刑法的适用范围，具体情况具体分析。譬如，根据犯罪对象的不同来进行区分，即将中国公民在境外针对外国人的犯罪与针对中国公民的犯罪相区别；以主体差别进行相应的规定，国家工作人员与非国家工作人员在国外所犯的、适用中国刑法的犯罪类型应有所区别；对中国公民在国内犯罪被立案侦查后逃到国外并已取得外国国籍的，要明确规定适用中国刑法。

中国立法机关在征求多方意见、讨论研究后，在 1997 年《刑法》中将中国公民在域外犯罪管辖修改为：“中华人民共和国公民在中华人民共和国领域外犯本法规定之罪的，适用本法，但是按本法规定的最高刑为三年以下有期徒刑的，可以不予追究。中华人民共和国国家工作人员和军人在中华人民共和国领域外犯本法规定之罪的，适用本法。”这一规定肯定了中国无论在何种情况下都保留追究的可能性。而国家工作人员与军人作为特殊主体在域外触犯中国刑法，中国司法机关无须考虑法定最高刑因素，都要依据中国刑法追究其刑事责任。

2. 普遍管辖权的确立

一国的法律制度必然镶嵌在一国的政治、经济制度之中，受历史因素的影响，在中华人民共和国成立后的较长一段时间内，我国长期认为普遍管辖权是霸权主义的产物，刑法理论与实务界对其皆持否定态度。因此，我国1979年《刑法》并未规定普遍管辖权。随着国际合作、全球化的进一步发展，我国先后加入并签署了《关于制止非法劫持航空器的公约》(海牙公约)、《关于制止危害民用航空安全的非法行为的公约》(蒙特利尔公约)、《禁止并惩治种族隔离罪刑国际公约》《反对劫持人质国际公约》《海洋法公约》等，[①] 而这些公约大多涉及普遍管辖。随着改革开放的进一步发展，我国开始逐渐认识到在刑事管辖权方面进行国际合作的重要性，为了国际社会的和平与安全，采取普遍管辖原则是有必要的。并且签署的公约规定，缔约国应采取必要的措施，无论犯罪人是否为本国人、犯罪地是否为国内，都应对国际罪行行使管辖权。由于我国1979年《刑法》并未规定普遍管辖权的内容，为了履行公约缔约国应承担的义务，1987年我国第六届全国人民代表大会常务委员会第21次会议在批准加入规定有普遍管辖条款的《关于防止和惩处侵害应受国际保护人员包括外交代表的罪行的公约》的同时，作出了《中华人民共和国对于其缔结或者参加的国际条约所规定的罪行行使刑事管辖权的决定》，该决定明确表明：对于中华人民共和国缔结或者参加的国际条约所规定的罪行，中华人民共和国在所承担的条约义务范围内，行使刑事管辖权。该决定的确立表明中国刑法对普遍管辖权的认可，为之后的刑事立法准备了充足的条件。此外，1990年通过的《关于禁毒的决定》进一步在实体法层面确认了我国刑法的普遍管辖权。为了使国内刑法与履行国际义务相一致，我国1997年《刑法》第9条完全吸收了上述关于普遍管辖的规定："对于中华人民共和国缔结或者参加的国际条约所规定的罪行，中华人民共和国在所承担条约义务的范围内行使刑事管辖权的，适用本法。"《刑法》第9条规定了普遍管辖权使用的条件，相较于普遍管辖原则，其他管辖原则具有优先于该原则适用的特性。《刑法》第9条的规定标志着我国刑法典正式确立了普遍管辖原则。

① 参见李希慧主编：《刑法修改研究》，武汉大学出版社2011年版，第51—52页。

(二) 犯罪主体的修订完善

1979 年《刑法》中的犯罪主体只涉及自然人，且自然人犯罪中并未对老年人犯罪问题作出规定，1997 年《刑法》调整了未成年人承担刑事责任的范围，而《刑法修正案(八)》首次对老年人犯罪作出了特殊规定。由于我国在新中国成立初期法人制度建立得不完善，法人单位实施犯罪现象较少，因而，1979 年《刑法》中的犯罪主体并未囊括单位，而 1997 年《刑法》明确规定了单位犯罪。

1. 未成年人作为犯罪主体的修正

目前，我国的刑事责任年龄分为三个阶段：未满十四周岁的未成年人所从事的任何行为均不承担刑事责任；已满十四周岁未满十六周岁的未成年人只对特定的几类严重犯罪承担刑事责任；而已满十六周岁为完全刑事责任年龄阶段。就刑事责任年龄阶段而言，1979 年《刑法》与 1997 年《刑法》并无差别，两者最为重要的区别在于相对刑事责任年龄的刑事责任问题。

中国 1979 年《刑法》第 14 条规定："已满十六岁的人犯罪，应当负刑事责任。已满十四岁不满十六岁的人，犯杀人、重伤、抢劫、放火、惯窃罪或者其他严重破坏社会秩序罪，应当负刑事责任。"即相对刑事责任年龄人只有进行杀人、重伤、抢劫、放火、惯窃罪或者其他严重破坏社会秩序罪时，才须承担刑事责任。但对于"其他严重破坏社会秩序罪"并无确切的标准，在司法实践中往往会产生分歧，甚至将盗窃犯罪、强奸犯罪等作为其他严重破坏社会秩序的行为而追究相对刑事责任年龄人的刑事责任。这不仅违背了未成年人保护原则，也不利于实现司法公正。而理论界对该问题也没有统一的标准，有学者认为 1979 年《刑法》第 14 条仅仅是指危害公共安全罪和妨害社会管理秩序罪；而有的学者认为应当运用"同类解释"对第 14 条中的"其他严重破坏社会秩序罪"进行阐述，即该行为必须是故意实施的相当于 1979 年《刑法》第 14 条中所列举的具有严重社会危害性的行为；也有一部分学者认为 1979 年《刑法》第 14 条中所指的犯罪，既包括故意犯罪又包括过失犯罪。[①]无论理论界还是实务界对于该问题都无定论，据此，中国 1997 年《刑法》删除了 1979 年《刑法》中"其他严重破坏社会秩序罪"的表述，明确规定为："已满十四

① 参见赵秉志主编：《刑法争议问题研究(上卷)》，河南人民出版社 1996 年版，第 237—238 页。

周岁不满十六周岁的人，犯故意杀人、故意伤害致人重伤或者死亡、强奸、抢劫、贩卖毒品、放火、爆炸、投毒罪的，应当负刑事责任。”即相对刑事责任年龄人除了上述列举的犯罪行为外，其他任何行为均不负刑事责任。这样的规定符合罪刑法定原则的要求，使相对负刑事责任的犯罪范围明确具体。

2. 老年人犯罪问题

与未成年人犯罪从宽制度有明确的立法规定不同，在《刑法修正案（八）》以前，我国刑法并未对老年人犯罪作任何特殊规定。随着自然人进入老年后，其生理功能和思维能力逐渐衰退，与之同步的是人的辨认、控制能力。随着成年人逐渐进入老年阶段，其责任能力也逐渐减弱，这一现象符合自然规律的发展。考虑到这一因素，在《刑法修正案（八）》出台以前，我国刑事司法实践中也对老年人犯罪采取了从宽的做法，这也符合我国宽严相济刑事政策的要求。2006 年 12 月 28 日，最高人民检察院通过的《关于在检察工作中贯彻宽严相济刑事司法政策的若干意见》在一定程度上体现了对老年人的从宽精神；而 2010 年 2 月 8 日，最高人民法院出台的《关于贯彻宽严相济刑事政策的若干意见》第 21 条明确规定：“对老年人犯罪要酌情予以从宽处罚。”虽然这一规定并非刑法上明确具有的，但它反映了我国刑法对于老年人犯罪的态度，是我国司法实践中对老年人犯罪的长期做法，具有十分积极的意义。①2011 年 2 月 25 日通过的《刑法修正案（八）》对老年人犯罪从宽作出了明确规定：“已满七十五周岁的人故意犯罪的，可以从轻或者减轻处罚；过失犯罪的，应当从轻或者减轻处罚。”这是我国刑法立法的又一次重大改革。但从立法过程来看，《刑法修正案（八）》有关于老年人犯罪的这一立法在讨论的过程中经历了一定的变化。《刑法修正案（八）（草案）》对老年人犯罪规定的是一概免死，并未因犯罪的危害程度而进行区分。但在审议、征求意见的过程中，考虑到在年满七十五周岁的老年人中，有相当多的老年人仍有犯罪能力。对这些人一概免死，后果不堪设想。为此，最后通过的《刑法修正案（八）》便采纳了对老年人犯罪作一些例外规定的主张，即在一般情况下，对老年人可以免死，但老年人实施故意杀人罪的除外。②

---

① 参见赵秉志、袁彬：《论特殊群体从宽制度的完善——以〈中华人民共和国刑法修正案（八）（草案）〉为视角》，《法学杂志》2010 年第 12 期。

② 参见袁彬：《论老年人犯罪从宽暨免死的年龄标准与立法模式——以〈刑法修正案（八）〉为视角》，《西北大学学报（哲学社会科学版）》2012 年第 2 期。

3. 单位犯罪的立法化

单位能否成为犯罪的主体在我国也经历了否定到肯定的曲折发展过程。[①]新中国成立后的相当一段时间内，经济管理体制实行的是高度集中的计划经济模式，在当时的环境下，法人单位极少实施犯罪行为。因此，我国1979年《刑法》没有确立单位犯罪，这是一部以自然人为对象的刑法。20世纪80年代初期，随着我国改革开放和商品经济的迅猛发展，单位犯罪的现象日益突出，表现尤为明显的是走私活动，这使得我国原有的刑法体系面临着巨大的挑战。对单位犯罪的打击就是从打击走私犯开始的，1987年《海关法》第47条规定："企业事业单位、国家机关、社会团体犯走私罪的，由司法机关对其主管人员和直接责任人员依法追究刑事责任；对该单位判处罚金，判处没收走私货物、物品、走私运输工具和违法所得。"[②]该法首次将单位规定为走私罪的主体。随后，我国自1988年至1997年《刑法》修订前，先后通过了12个单行刑法对单位犯罪予以规定，这些单位犯罪的立法内容不仅为我国新刑法的立法打下了良好的基础，同时也为司法机关如何惩治单位犯罪提供了宝贵的经验。但是单行刑法的出台几乎都是为了应对当时的治安状况，这种"救急"的立法不可避免的出现疏漏。宏观上而言，没有一个单行刑法对单位犯罪的总则性问题作出了规定；从微观上考察，各个单行刑法对单位犯罪的规定（如单位犯罪主体的表述、单位犯罪的处罚原则等问题）没有形成一个规范的刑法用语。单位犯罪应否法典化，曾是中国刑法理论界争论的焦点。1997年通过的《刑法》借鉴世界各国关于单位犯罪的规定，结合我国的实际情况，于《刑法》第30、31条对单位犯罪的概念及其处罚原则作了较为明确的规定。至此，单位犯罪以一个普遍的原则写入了我国刑法典。

4. 正当防卫制度的完善与发展

正当防卫是我国刑法中正当化事由的一种，其赋予公民个人的自卫权利。1979年颁布的《刑法》第17条规定："为了使公共利益、本人、他人的人身和其他权利免受正在进行的不法侵害，而采取的正当防卫行为，不负刑事责任。正当防卫行为超过必要限度造成不应有的危害的，应负刑事责任；但

---

① 参见高铭暄主编：《新中国刑法学研究综述（1949—1985）》，河南人民出版社1986年版，第68页。

② 参见杜文俊：《单位人格刑事责任研究》，黑龙江人民出版社2008年版，第18页。

是应当酌情减轻或者免除处罚。”该条规定使得正当防卫制度在法律上得以明确，但1979年《刑法》所规定的正当防卫存在许多缺陷，给司法实践带来了诸多难题，同时引起了学术界广泛的关注。

1979年《刑法》中有关规定并未明确正当防卫的概念，法条中直接出现的“正当防卫”并没有一个法律上的定义，如此，在分析其构成要件时也会存在一定的障碍，该条款的表述没有非常明确的指示意义。在司法实践中对于正当防卫的把握只有依靠司法解释和司法工作人员的判断来确定其标准。正当防卫概念的模糊导致其明确性与可操作性亟待进一步加强。该条规定的“正当防卫超过必要限度造成不应有的危害的，应当负刑事责任”中的“必要限度”与“不应有的危害”的内涵和外延模糊不清，在法律上没有明确的标准。对此，当时学术界对防卫限度的理解争议较多：有观点认为，防卫是否过限需要依据防卫行为的性质、手段、后果等进行判断，与不法侵害的手段、后果等应基本相适应。有观点主张，应以是否有效制止不法侵害判断防卫行为是否过限。只要防卫行为是制止不法侵害所必需的，无论其手段、结果都应当认定为正当防卫。另一种观点是上述两者的结合，即主张原则上以防卫行为足以制止正在进行的不法侵害为必要限度，同时必须考虑防卫与侵害双方的性质、手段、后果等因素是否基本相适应。①司法实践中对于行为属于正当防卫还是防卫过当需要司法工作人员根据自己的理解进行判定，这易导致司法实践中的混乱局面。此外，该条进一步规定：“正当防卫行为超过必要限度造成不应有的危害的，应负刑事责任；但是应当酌情减轻或者免除处罚。”“酌情”的表述导致司法实践中防卫过当的标准宽严不一，导致同案不同判的现象时有发生。大多数司法机关对于正当防卫的标准掌握过严，致使一些本应作为正当防卫处理的案件，却以防卫过当追究行为人的刑事责任。因此，1997年《刑法》对正当防卫作了进一步的完善。

首先，明确了正当防卫的概念。1997年《刑法》第20条第1款规定：“为了使国家、公共利益、本人或者他人的人身、财产和其他权利免受正在进行的不法侵害，而采取的制止不法侵害的行为，对不法侵害人造成损害的，属于正当防卫，不负刑事责任。”对比1979年《刑法》，1997年《刑法》在保护利益的主体方面增加了“国家”，与此同时，保护利益的对象也从“人身和其

---

① 参见赵长青主编：《新世纪刑法新观念研究》，人民法院出版社2001年版，第163页。

他权利”明确为“人身、财产和其他权利”，也进一步将防卫对象明确规定为“不法侵害人”。1997年《刑法》关于正当防卫的定义显然比1979年《刑法》更为科学、具体，更具指导性意义。

其次，1997年《刑法》进一步明确正当防卫的限度。对防卫限度的考量，1997年《刑法》采用了上述第三种观点，即必要限度的掌握和确定，应当以防卫行为是否能制止住正在进行的不法侵害为标准，同时考察所防卫的利益的性质和可能遭受损害的程度，同不法侵害人造成损害的性质、制度大体相适应。①1997年《刑法》第20条第2款规定：“正当防卫明显超过必要限度造成重大损害的，应当负刑事责任，但是应当减轻或者免除处罚。”条文对于“酌情”二字予以删除，明确了构成防卫过当的两个必备条件：其一，防卫行为明显超过了必要限度（从行为的性质、手段等方面进行考虑）；其二，行为造成了重大的损害。正当防卫限度的明确有利于进一步规范司法工作人员的判定，进而保障公民的权利。

最后，1997年《刑法》对严重的暴力犯罪增设特殊防卫权。当时刑法学界，对于是否增设特殊防卫权的规定有着不同的见解。有学者面对当时犯罪现象日益严峻的情况，提出对暴力犯罪实行正当防卫不存在防卫过限的立法建议：“从打击犯罪，扶持正义，净化社会风气，维护社会秩序这一立法本意说，法律应明确规定，对具有紧迫性、暴力性的严重刑事犯罪实行防卫不负刑事责任，对防卫案件中的过当行为，在处罚时采取宽容开脱政策，即除少数属故意性质的犯罪人外，一概免除刑事责任，以这种办法调动群众的防卫积极性。”②为避免防卫权的滥用，稳定社会秩序，也有人认为正当防卫的限度条件可以适当放宽，但特殊防卫权却不能合法化：“设立无限防卫权的规定，无异于以‘私力’侵犯‘公力’，不但有悖于刑法对正当防卫立法的宗旨，而且极易破坏法治。”③立法机关权衡后，最终在1997年《刑法》第20条中规定：“对正在进行行凶、杀人、抢劫、强奸、绑架以及其他严重危及人身安全的暴力犯罪，采取防卫行为，造成不法侵害人伤亡的，不属于防卫过当，不负刑事责任。”

---

① 高铭暄：《刑法肄言》，法律出版社2004年版，第380页。

② 陈康伯、薛满果：《关于完善正当防卫的建议》，载高铭暄主编：《刑法修改建议文集》，中国人民大学出版社1997年版，第266—271页。

③ 参见赵秉志：《刑法改革问题研究》，中国法制出版社1996年版，第175页。

1997年《刑法》对于正当防卫的修订，有利于纠正司法实践部门对正当防卫案件把握过严，对防卫人要求过于苛刻的做法，而特殊防卫权的确立是我国对于正当防卫立法思想的重大突破，其理论意义与实践价值不应低估。

二、刑罚体系的科学化修正

有学者认为，人类社会在不断的发展过程中将经历五个刑罚结构时期：一是以死刑为中心的结构，即死刑或者肉刑在该结构中占据的比例最大；二是以死刑、自由刑为中心模式，剥夺犯罪人的生命或者自由作为惩罚犯罪的主要手段；三是以自由刑为中心，在这种结构状态中，死刑不再是作为惩治犯罪的重心；四是以自由刑、非监禁刑为中心；五是以非监禁刑为中心。由第一种至第五种呈现出从重刑结构向轻刑结构发展的趋势，而目前大多数国家属于第三种、第四种结构模式甚至向第五种模式发展。刑罚体系的发展不仅反映一个社会对犯罪的态度，也体现了一个社会的文明程度。

（一）死刑的修正

我国《刑法》中配置死刑的犯罪数比例正在呈逐渐下降趋势，由1979年的29.3%下降至9.7%，虽然我国刑法学界对于是否废除死刑存在争议，但是，从《刑法修正案（九）》来看，降低死刑在刑罚修订中的地位将是我国刑法努力的方向之一。

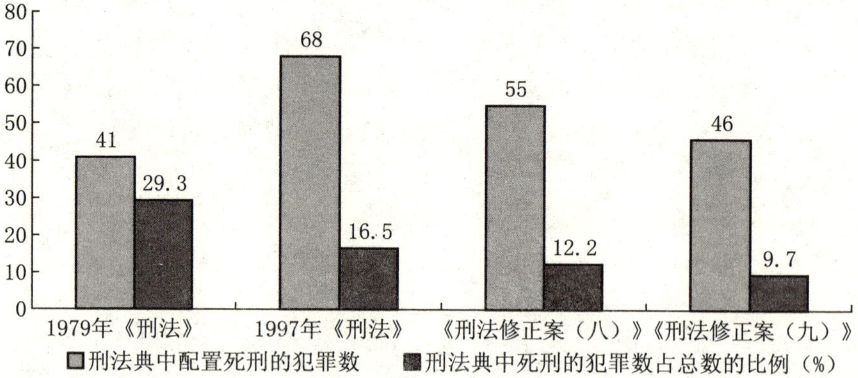

图2-1 1979年《刑法》至《刑法修正案（九）》配置死刑的犯罪数及所占比例示意图

1. 1997 年《刑法》对死刑的完善

1979 年《刑法》规定了 28 个死刑罪名，总体而言，当时立法机关秉持着“慎用”原则对其进行立法。然而，由于社会治安形势严峻，“严打”政策的出台使得死刑立法开始膨胀，分则条文中对死刑的适用标准也逐渐降低。在之后的修订过程中，最高立法机关对死刑规定作了慎重的考虑，结合当时的社会治安形势及现实可能等多种因素，在无法大量削减死刑的情况下，立法机关在 1997 年《刑法》中对死刑制度做了相当程度的变动。①

在死刑的适用范围上，1979 年《刑法》规定死刑只适用于“罪大恶极”的犯罪分子，但 1997 年《刑法》将其修改为“罪行极其严重的”，此处的“极其严重”不仅仅包括行为性质与危害后果，还可理解为犯罪的主观恶性特别巨大。这样的法律用语符合一般的国际标准，同时也明确了适用死刑的实质标准。此外，1997 年刑法在分则部分进一步明确了可以适用死刑的属于“罪行极其严重”的犯罪情节。

另一方面，也对死刑的适用对象作了进一步的限制，1979 年《刑法》规定：“已满十六岁不满十八岁的，如果所犯罪行特别严重，可以判处死刑缓期二年执行。”而死缓是死刑的执行制度，并非独立于死刑的刑种，换言之，1979 年《刑法》对不满十八周岁的人也可以适用死刑。作为《儿童权利公约》的缔约国，公约明确规定未满十八周岁的人不适用死刑，我国在加入该公约时也并未提出保留。据此，当时刑法学界大力主张删除该规定。1997 年《刑法》采纳了该建议，明确对未满十八周岁的人不适用死刑（包括死刑立即执行和死刑缓期二年执行）。该修订不仅顺应了国际进步潮流，表明了我国对未成年人犯罪坚持以教育为主的坚定立场，对于进一步限制和减少死刑具有非常积极的作用。

此外，1997 年《刑法》进一步修改死缓执行死刑的实体性要求与程序性要求。1979 年《刑法》将死缓减为无期徒刑的条件限定为“确有悔改”，将死缓减为有期徒刑的条件限定为“确有悔改并有立功表现”。这种限定导致司法实践中对于案件的处理容易出现于法无据的情况。因此，1997 年《刑法》放宽了死缓减为其他刑罚的条件，将 1979 年《刑法》中死刑缓期执行期满后减为其他刑罚的条件修改为是否有“故意犯罪”发生，即如果没有故意犯罪，

① 参见高铭暄、赵秉志：《中国刑法立法之演进》，法律出版社 2007 年版，第 74 页。

二年期满后，应当将死刑减为无期徒刑或有期徒刑，而不应当执行死刑。在死刑的具体执行程序方面，将“由最高人民法院裁定或者核准”修改为“由最高人民法院核准”。

与1979年《刑法》相比，1997年《刑法》在分则中削减了部分死刑罪名。原来规定最高刑可适用死刑的投机倒把罪和流氓罪在1997年《刑法》中被废除。对于创制时其科学性有待考究且实践效果不理想的或基本不用死刑的罪名予以删除。例如，原先第一章中的组织、利用封建迷信、会道门进行反革命活动罪被修订为组织、利用会道门、邪教组织或者利用迷信破坏法律实施罪，且取消了死刑规定。另一些死刑罪名被加以合并，或通过技术处理删除了某些能够以其他死刑条款包含的死刑条文。例如，拐卖妇女、儿童罪与绑架妇女、儿童罪被合并为一罪，从而削减了一个死刑罪名。①

2.《刑法修正案(八)》对限制死刑的探索

《刑法修正案(八)》中有关于死刑制度的规定是本次修正中最大的亮点之一，其一举废除了走私文物罪，走私贵重金属罪，走私珍贵动物、珍贵动物制品罪，走私普通货物、物品罪，票据诈骗罪，金融凭证罪等13个经济性非暴力犯罪的死刑。将中国刑法中配置死刑的罪名数量从68个减少为55个，开创了中国废除死刑的新局面，是我国刑法改革历史上的一个突破性举措。按照《刑法修正案(八)(草案)》的说明，废除死刑的13个罪名，其死刑配置在司法实践中较少适用或基本未适用过，废除与否对司法实践不会产生过多的实质性影响，不会给社会稳定大局和治安形势带来负面影响。②尽管《刑法修正案(八)》所废除的13个死刑罪名都是经济性的非暴力犯罪，但其所具有的重大意义是不容忽视的，13个死刑罪名的废除为我国死刑制度的发展与完善起到了承前启后的推动作用，这无疑彰显了生命至高无上的价值，也是社会发展和法治文明的进步的表现。③

此外，《刑法修正案(八)》对死刑的执行、减刑以及假释方面也有所调整，限制了对被判处死刑缓期执行犯罪分子的减刑，区分特殊死缓犯与一般死缓犯，延长了减刑、假释情况下刑罚的最低实际执行期限。这一系列的调

---

① 参见高铭暄、赵秉志：《中国刑法立法之演进》，法律出版社2007年版，第76—77页。

② 庄永廉、郑赫南、宋识径、谢文英：《〈刑法修正案(八)(草案)〉八大亮点引人关注》，《检察日报》2010年8月24日。

③ 参见王强军：《〈刑法修正案(八)〉理性辨思》，知识产权出版社2011年版。

整反映我国现阶段公正与效率兼顾的立法理念，有利于实现报应刑与目的刑的有效统一。

3.《刑罚修正案（九）》对死刑制度的进一步限制

2015 年 8 月 29 日第十二届全国人民代表大会常务委员会第十六次会议通过了《刑法修正案（九）》，《刑法修正案（九）》的内容对刑罚修订的影响较大。《刑法修正案（九）》相对于《刑法修正案（八）》而言，死刑的比重有所下降。尤其值得关注的是，《刑法修正案（八）》废除死刑的 13 个犯罪全部属于非暴力性犯罪，而 2015 年通过的《刑法修正案（九）》已不仅仅局限于非暴力性犯罪，已经把废除死刑的触角伸向了暴力性犯罪，如组织卖淫罪、强迫卖淫罪等已废除死刑。

此外，《刑法修正案（九）》在《刑法修正案（八）》的基础上对死刑制度作出进一步的修改，从以下两个方面进一步严格限制死刑：其一，进一步提高死缓变更执行死刑的门槛，将死缓变更执行死刑的条件通过立法的形式将“故意犯罪”限定在“情节恶劣”的范围内；其二，修改绑架罪、贪污受贿罪的绝对死刑模式。《刑法修正案（九）》的出台是我国现阶段死刑立法改革的又一重大进步，不存在步子迈得过大的问题，不仅是罪责刑相适应、刑罚个别化等原则的必然要求，也有利于推动司法实践中对死刑适用的严格限制。①

（二）自由刑的修订

顾名思义，自由刑即为以限制自由为主要内容的刑罚。自由刑的完善基本遵循三条线索向前发展：一是针对自由刑种的多样化而进行的自由刑种的单一化；二是针对长期自由刑的弊端而寻找合理的自由刑执行方法；三是针对短期自由刑的弊端而寻求限制短期自由刑适用的有效途径。②为实现我国刑罚体系的科学化发展，立法机关在进行刑事立法时对自由刑作了积极的调整，主要涉及刑罚制度和执行手段的改善。下文仅就无期徒刑、有期徒刑、管制以及拘役进行阐述。

1. 无期徒刑的改革

无期徒刑的严厉程度仅次于死刑，因此，只有刑法分则中的严重犯罪才

---

①　参见赵秉志、徐文文：《〈刑法修正案（九）〉死刑改革的观察与思考》，《法律适用》2016 年第 1 期。

②　马克昌主编：《刑法通论》，武汉大学出版社 2007 年版，第 140 页。

适用无期徒刑，并且往往与死刑并列规定为选择刑种。但在实际的运行过程中无期徒刑存在实际羁押期限过短的问题。被判处无期徒刑的犯罪分子，通常仅被执行14—15年后即可重获自由。[①]据此，《刑法修正案（八）》着重进行了两方面的调整：一方面将无期徒刑作了更为细致的分类，包括被减为无期徒刑的重罪死缓犯，被减为无期徒刑的普通死缓犯，重罪无期徒刑犯以及普通无期徒刑犯；另一方面，针对不同的情况，对无期徒刑减刑后的实际服刑期限作了不同的调整。对于重罪死缓犯，在限制减刑的情况下，实际服刑期不得少于25年，其他三类无期徒刑犯实际执行的刑期不得少于13年。

2. 有期徒刑的完善

在我国的刑法体系中，有期徒刑应居于中心位置。我国《刑法》分则中，根据犯罪行为的严重程度，规定了不同的最高刑与最低刑。在《刑法修正案（八）》出台以前，刑法分则中有关于有期徒刑的最高法定刑是15年，数罪并罚的上限是20年，减刑假释的实际执行期限不得少于原判刑期的二分之一。对此，《刑法修正案（八）》作了些许调整，在一定条件下，提高了数罪并罚的最高年限，即数罪并罚，有期徒刑总和刑期在35年以上的，决定执行的刑期最高不超过35年；而对被判处死缓及一些特定的暴力性犯罪，也相应地提高了其减为有期徒刑的最低服刑期限，即缓期执行期满后依法减为25年有期徒刑的，最低执行刑期不能少于20年。

3. 拘役刑的立法沿革

我国立法机关在1979年正式将拘役刑规定在《刑法》第37条中，拘役的期限为15日到6个月。1979年《刑法》第38、39条规定拘役由公安机关执行，被判处拘役的犯罪分子每月可以回家1天到2天，拘役刑期从判决执行之日起计算，判决执行前先行羁押的一日折抵刑期一日。1997年《刑法》并未对1979年《刑法》第38、39条进行修改，但其将拘役的最低期限由15日提升至1个月，最高期限未做任何调整，仍为6个月，从而与有期徒刑的最低期限6个月相衔接。目前，我国刑法规定可以适用拘役的罪名占全部罪名的86.2%，分布于分则的各章，其适用范围较为广泛。[②]

---

① 参见高铭暄：《略论中国刑法中的死刑替代措施》，《河北法学》2008年第2期。

② 房清侠：《刑法变革探索》，法律出版社2013年版，第112页。

4. 管制刑的发展

1979年《刑法》首次将管制确定为主刑，该法典在总则中涉及管制刑的有八个条文，以较为系统化的形式规定了管制刑的地位、期限、执行机关刑期计算等内容。1997年《刑法》涉及管制刑的仍是八个条文，但根据社会变革的现实情况，以及司法实践的反馈，对其作了适当的修改，如将原来规定的“迁居或者外出须报经执行机关批准”改为“离开所居住的市、县或者迁居，应当报经执行机关批准”，明确了报经批准的条件。1997年《刑法》加大了管制刑的惩罚力度，有利于在执行期间的监督与教育，更为重视对犯罪人的特殊预防作用。而《刑法修正案(八)》进一步修改了管制的执行机关与具体操作，从三个方面增强了管制刑的执行性。在执行方式上，由公安机关负责执行修改为由社区矫正形式进行；明确管制刑的禁止内容，法院在判决中可对管制刑罪犯适用三种禁止令：禁止从事特定活动；禁止进入特定区域、场所；禁止接触特定的人；此外，也规定了违反禁止令的处罚措施，即由公安机关依据《治安管理处罚法》处罚。而《刑法修正案(九)》进一步明确了有期徒刑、拘役、管制在数罪中同时出现的适用原则：“数罪中有判处有期徒刑和拘役的，执行有期徒刑。数罪中有判处有期徒刑和管制，或者拘役和管制的，有期徒刑、拘役执行完毕后，管制仍须执行。”这些规定缓解了管制刑的不足，进一步强化了管制刑对犯罪人的教育改造功能。

(三) 财产刑的改革探索

财产刑也是我国刑法体系中一种重要的刑罚方法，主要包括罚金和没收财产。随着世界各国的刑罚日益走向轻缓化，西方许多国家逐渐实现了由以自由刑为中心的刑罚体系向以自由刑和财产刑为中心的刑罚体系的转变。废除或限制死刑、改进自由刑、扩大财产刑适用已经成为各国刑罚发展的基本趋势。

1. 罚金刑的立法扩张

虽然罚金刑在我国刑法典中一直处于附加刑的地位，但是，近年来配置罚金刑的犯罪数呈现不断的上升趋势。《刑法修正案(九)》的一大亮点就是扩大了罚金刑的适用。在1979年《刑法》中规定罚金刑的条款只有20条，配置罚金的犯罪仅有21个，占全部罪名的不足15%。随着改革开放的不断深入，市场经济的快速发展，“经济”“成本”“效益”等概念快速渗透到刑罚领域，为适应这种变化，1997 年《刑法》中配置罚金的犯罪数增加至 152 个，扩大了罚金刑的适用，逐渐改变我国传统的以自由刑与生命刑为犯罪基本刑种的状况。至《刑法修正案(九)》通过时，配置罚金的犯罪数已多达 212 个(详情见图 2-2)。当然，在配置罚金的同时也会予以没收财产的处罚。

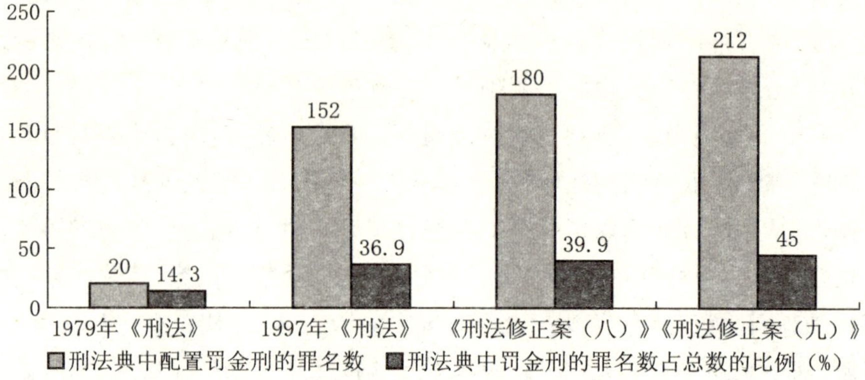

图 2-2　1979 年《刑法》至《刑法修正案(九)》配置罚金刑的罪名数及所占比例示意图

从图 2-2 可以看出，罚金刑在我国刑罚中所占的比例不断上升是个不容置疑的事实，即使在我国罚金刑仅仅作为附加刑也无法否认我国刑法发展过程中立法者对其的关注度在不断上升。但是，同我国刑罚中的自由刑相比，罚金刑的配置比重仍较小。从《刑法修正案(九)》来看，我国的刑罚结构将继续沿着提高罚金刑地位的方向发展。①

2. *没收财产刑的发展*

1979 年《刑法》正式肯定了没收财产的附加刑地位，在总则中对没收财产的概念及方式方法等作出相关规定，分则中进一步明确没收财产的适用方式，将其分为并科制与选科制。但 1979 年《刑法》将 3 年以下自由刑与没收财产搭配，设置较低的没收财产刑的门槛。1997 年《刑法》也在总则和分则中对没收财产作了规定，总则从三个方面对没收财产刑作了修改：首先，将没收财产的范围限定为除“犯罪分子个人及其扶养家属必需生活费”外的全部财产，相较于 1979 年《刑法》，这一限制更为严格；其次，更为合理地规定了没收财产偿还债务的问题，保障了第三人的合法债权；最后，1997 年

① 参见赵秉志主编：《刑法学总论研究述评(1978—2008)》，北京师范大学出版社 2009 年版，第 507 页。

《刑法》规定:"承担民事赔偿责任的犯罪分子,同时……被判处没收财产的,应当先承担对被害人的民事赔偿责任。"这一规定明确了民事赔偿优先原则。分则部分立法者进一步扩大了没收财产刑的适用范围,涉及没收财产刑的条文增加至86个,罪名增加到71个。[①]可见,1997年《刑法》对没收财产刑持完全肯定态度,以适用广泛、适用强制性高为特点。

随着我国刑法的不断发展,刑罚结构也在不断进行着调整。从1979年《刑法》至《刑法修正案(九)》,我国配置死刑的罪名数在犯罪总数中的比例一直处于下降状态。特别是《刑法修正案(九)》对于暴力性犯罪的死刑予以废除的突破是我国刑罚改革的一大亮点。与此同时,配置罚金刑的罪名数比例一直处于上升状态,虽然目前在我国刑罚结构中罚金刑的地位低于自由刑,但从立法者的态度来看,对罚金刑的关注度将持续呈现上升趋势。这一切表明,我国的刑罚修订也不断地进行着调整,轻缓化也终将是我国刑罚结构的归宿。

刑罚的发展必定随着社会的改变而变化,而刑罚的修订也会随着刑事政策和社会价值观的变化而调整。当今国际社会的刑罚发展主要呈现轻缓化及两极化趋势,为发挥刑罚的鼓励、教育功能,刑罚轻缓化已是大势所趋。随着我国"宽严相济"刑事政策的提出,"整体趋轻"是我国刑罚修订的方向之一。目前我国刑罚结构仍属于重刑模式,重刑在刑罚体系中居多。因此,"两极发展"模式并不符合我国国情,我国应将侧重点放在轻刑问题上。在"整体趋轻、单极发展"模式下,我国刑罚应进一步限制死刑,扩大管制刑的适用,逐步提高罚金刑的地位以实现刑罚的科学化改革。

三、刑法分则的改革与完善

自1997年《刑法》颁布施行以来20多年来,刑法以平均两年一修的频率在修改着,修改幅度比较大的多达十次,包括一部单行刑法与十个刑法修正案。回溯20多年来刑法修正的轨迹,总体围绕着增设删减条款、修改个罪构成要件来进行犯罪圈的修正。

---

① 参见赵秉志主编:《刑罚体系结构的改革与完善》,北京师范大学出版社2012年版,第172—178页。

(一) 增设删减分则个罪罪名

1997年《刑法》规定了413种犯罪。随着经济和社会的发展，我国先后通过了十个刑法修正案，截至目前，刑法分则共有468个罪名，其中，新增罪名64个，43个罪名被修改，增设新罪的内容往往以第某某条之一的形式表现出来。《最高人民法院、最高人民检察院关于执行〈中华人民共和国刑法〉确定罪名的补充规定》(以下简称《罪名的补充规定》)增加罪名11个，修改罪名13个，增设的新罪名为：资助恐怖活动罪(第120条之一)，盗窃、抢夺枪支、弹药、爆炸物、危险物质罪(第127条第1款、第2款)，抢劫枪支、弹药、爆炸物、危险物质罪(第127条第2款)，隐匿、故意销毁会计凭证、会计账簿、财务会计报告罪(第162条之一)，伪造、变造、转让金融机构经营许可证、批准文件罪(第174条第2款)，编造并传播证券、期货交易虚假信息罪(第181条第1款)等。而投毒罪则被修改为投放危险物质罪，相应的过失投毒罪被修改为过失投放危险物质罪，非法制造、买卖、运输、储存危险物质罪替代原先的非法买卖、运输核材料罪，取消徇私舞弊造成破产、亏损罪罪名，将其修改为国有公司、企业、事业单位人员失职罪、滥用职权罪，而第397条的国家机关工作人员徇私舞弊罪则被修改为滥用职权罪、玩忽职守罪，此外，第229条、第236条、第342条、第397条、第399条以及第406条的罪名都作了相应的更改。

《罪名的补充规定(二)》只对4个罪名进行了修正，同时增加了三个新罪名：第244条之一被定为雇佣童工从事危重劳动罪，第399条第3款为执行判决、裁定失职罪与执行判决、裁定滥用职权罪；同时，取消走私固体废物罪，非法采伐、毁坏珍贵树木罪罪名以及非法收购盗伐、滥伐的林木罪罪名，分别将其改为走私废物罪，非法采伐、毁坏国家重点保护植物，非法收购、运输、加工、出售国家重点保护植物、国家重点保护植物制品罪以及非法收购、运输盗伐、滥伐的林木罪。

《罪名的补充规定(三)》根据《刑法修正案(五)》与《刑法修正案(六)》的内容对相关罪名作了如下补充与修改：新增强令违章冒险作业罪，大型群众性活动重大安全事故罪，不报、谎报安全事故罪，虚假破产罪以及背信损害上市公司利益罪等14个罪名，同时修改提供虚假财会报告罪，公司、企业人员受贿罪，操纵证券、期货交易价格罪等8个罪名。

《罪名的补充规定(四)》依据《刑法修正案(七)》新增利用未公开信息交

易罪，组织、领导传销活动罪，出售、非法提供公民个人信息罪等 9 个罪名，同时修改 4 个罪名。《罪名的补充规定（五）》则是依据《刑法修正案（八）》的内容对相关罪名作了改动，新增 7 个罪名，包括危险驾驶罪（第 133 条之一），对外国公职人员、国际公共组织官员行贿罪（第 164 条第 2 款），虚开发票罪（第 205 条之一），持有伪造的发票罪（第 210 条之一），组织出卖人体器官罪（第 234 条之一第 1 款），拒不支付劳动报酬罪（第 276 条之一）以及食品监管渎职罪（第 408 条之一）；修改 3 个罪名，分别将生产、销售不符合卫生标准的食品罪，强迫职工劳动罪及重大环境污染事故罪修改为生产、销售不符合安全标准的食品罪（第 143 条），强迫劳动罪（第 244 条）及污染环境罪（第 338 条）。

《罪名的补充规定（六）》是目前修改罪名最多的一部司法解释，新增 20 个罪名，取消原先 11 个罪名并对其作了修正，同时彻底取消了嫖宿幼女罪这一罪名。新增罪名在恐怖主义与极端主义领域最为突出，在《刑法修正案（九）》中即增加 5 个与恐怖主义、极端主义相关的新罪名，刑法几乎评价了这一犯罪的各个阶段。而组织考试作弊罪、代替考试罪等新罪名的增加也进一步扩大了犯罪圈。最值得注意的是《刑法修正案（九）》取消了嫖宿幼女罪，将其视同奸淫幼女从重处罚。修改的 11 个罪名大多从一定的程度上扩大了犯罪圈，如取消强制猥亵、侮辱妇女罪罪名，将其修改为强制猥亵、侮辱罪；取消伪造、变造居民身份证罪罪名，修改为伪造、变造、买卖身份证件罪。

表 2-1 刑法罪名修正情况表

刑法修正案	增加条数		修改条数	
	条数	具体条文	条数	具体条文
《关于惩治骗购外汇、逃汇和非法买卖外汇犯罪的决定》、《刑法修正案》、《刑法修正案（二）》、《刑法修正案（三）》	11	第 120 条之一、第 127 条第 1 款、第 2 款、第 162 条之一、第 174 条第 2 款、第 181 条第 1 款、第 2 款、第 182 条、《决定》第 1 条、第 291 条之一	13	第 114 条、第 115 条第 1 款、第 115 条第 2 款、第 125 条第 2 款、第 168 条、第 229 条第 1 款、第 2 款、第 3 款、第 236 条、第 342 条、第 397 条、第 399 条第 1 款、第 2 款、第 406 条
《刑法修正案（四）》	2	第 244 条之一、第 399 条第 3 款	3	第 152 条第 2 款、第 344 条、第 345 条第 3 款

（续表）

刑法修正案	增加条数		修改条数	
	条数	具体条文	条数	具体条文
《刑法修正案(五)》、《刑法修正案(六)》	14	第134条第2款、第135条之一、第139条之一、第162条之二、第169条之一、第175条之一、第177条之一第1款、第2款、第185条之一第1款、第2款、第262条之一、第303条第2款、第369条第2款、第399条之一	8	第161条、第163条、第164条、第182条、第186条、第187条、第188条、第312条
《刑法修正案(七)》	9	第180条第4款、第224条之一、第253条之一第1款、第2款、第262条之二、第285条第2款、第285条第3款、第375条第3款、第388条之一	4	第151条第3款、第201条、第337条第1款、第375条第2款
《刑法修正案(八)》	7	第133条之一、第164条第2款、第205条之一、第210条之一、第234条之一第1款、第276条之一、第408条之一	3	第143条、第244条、第338条
《刑法修正案(九)》	20	第120条之二、第120条之三、第120条之四、第120条之五、第120条之六、第260条之一、第280条之一、第284条之一第1款、第2款、第3款、第4款、第286条之一、第287条之一、第287条之二、第290条第3款、第4款、第291条之一第2款、第307条之一、第308条之一第1款、第3款、第390条之一	11(删除1个罪名)	第120条之一、第237条第1款、第2款、第253条之一、第280条第3款、第283条、第300条第1款、第302条、第311条、第350条、第381条、第410条(取消第360条第2款的罪名)
《刑法修正案(十)》				第299条中增加一款作为第2款

（二）修改个罪构成要件

通过刑事司法实践的反馈及刑法学界的探讨，人们逐渐对刑法分则原有的犯罪构成要件有了更进一步的认识，有些犯罪的犯罪主体设置的较为狭窄，而随着社会的不断发展，新的犯罪行为方式出现，因而现有刑法条文无法评价该类行为，同时某些行为的行为对象也不再局限于特殊主体。因此，立法机关除了增设删减个罪罪名外，都或多或少的对刑法分则原有犯罪构成要件作了进一步的调整，通过修改犯罪主体，扩大客体保护范围，增设犯罪行为方式，完善犯罪主观方面等方式进一步完善刑法分则条文。

1. 犯罪主体范围的扩充

犯罪主体是我国传统四要件的要素之一，是与犯罪行为相对应的一个概念。我国犯罪主体一般分为自然人主体与单位主体，某些犯罪还必须具有特殊身份。我国刑法对于犯罪主体的扩充主要通过扩大特殊主体的范围以及增加单位犯罪等方式来实现的。

自 1997 年《刑法》颁布以来，我国十个刑法修正案大多都对刑法分则个罪中的犯罪主体作了规定，拓宽了处罚范围，充分发挥了刑法的保护功能。以《刑法修正案（九）》为例，2015 年 11 月，《刑法修正案（九）》将负有监护、看护职责的人虐待未成年人、老年人、患病的人、残疾人等被监护人、被看护人的行为纳入虐待罪的处罚范围，而原来虐待罪的主体仅仅局限于具有家庭关系的成员。虐待罪主体的扩充使得幼儿园教师、养老院职工等都能成为该罪评价的对象，此外，《刑法修正案（九）》还在主体上增加了单位作为犯罪主体，进一步扩大了虐待罪的处罚范围。2009 年颁布的《刑法修正案（七）》首次对侵犯个人信息的行为规定予以处罚，但一直以来学界及司法实践对其所规定的出售、非法提供公民个人信息罪中主体的范围理解存在分歧。《刑法修正案（九）》直接将《刑法》第 253 条之一中的对于主体的限制条件删除，将《刑法修正案（七）》中对单位特殊限定取消，明确规定本罪的主体既包括一般主体，也包括特殊主体。《刑法修正案（九）》对拒不执行判决、裁定罪的主体作了进一步的规定，增加单位作为该罪的主体，具体表述为"单位犯前款罪的，对单位判处罚金，并对其直接负责的主管人员和其他直接责任人员，依照前款的规定处罚"。此外，《刑法》第 238 条的非法生产、销售间谍专用器材罪，第 285 条非法侵入计算机信息系统罪以及第 286 条的破坏计算机信息系统罪都增加单位作为犯罪的主体。

2. 规范犯罪主观方面

对犯罪主观方面的修正主要从删除"以牟利为目的"等主观要件入手，相应地增加过失犯罪的规定。《刑法》第345条第3款非法收购、运输盗伐、滥伐林木罪从主观上取消了"以牟利为目的"的构成要件，即行为人无须主观上具有牟利目的，只要实施了收购、运输盗伐、滥伐林木的行为，且情节严重的，便可定罪处罚。第168条国有公司、企业、事业单位人员失职罪中的"徇私舞弊"由修改前的构成要件修改为从重处罚的情节。第182条操纵证券、期货市场罪取消了"获取不正当利益或者转嫁风险"的构成要件。[①]《刑法修正案(五)》在第369条中增加过失提供不合格武器装备、军事设施罪，规定："……过失犯前款罪，造成严重后果的，处三年以下有期徒刑或者拘役；成特别严重后果的，处三年以上七年以下有期徒刑。"

3. 犯罪行为方式的增加

《刑法》修订过程中对于罪状的改变往往会通过增设行为方式来实现，而这样的修改几乎涉及刑法分则的每一个条文。《刑法修正案(九)》的出台，继将在道路上醉酒驾驶机动车、情节恶劣的在道路上驾驶机动车追逐竞驶的行为入刑后，又将驾驶机动车从事校车业务或者旅客运输，严重超员载客、严重超速行驶以及违反危险化学品安全管理规定运输危险化学品，危及公共安全的行为纳入"危险驾驶罪"，并且规定对这些行为负有直接责任机动车所有人、管理人按照危险驾驶罪论处。此外，第226条将"强迫他人参与或者退出投标、拍卖"和"强迫他人转让或者收购公司、企业的股份、债券或者其他资产的"这两种在实践中比较突出的行为纳入强迫交易罪的罪状，并增加了"强迫他人参与或者退出特定的经营活动"这一兜底条款。我国的第一个刑法修正案即在1997年《刑法》的基础上，增加"未经国家有关主管部门批准，非法经营证券、期货或者保险业务的"作为其新的限制方式，《刑法修正案(七)》根据司法实践又新增"非法从事资金支付结算业务的行为"。与此同时，在刑法的历次修订过程中，犯罪手段进一步明确。例如，第244条将暴力、威胁纳入强迫职工劳动的手段，增加掩饰、隐瞒作为《刑法》第312条掩饰、隐瞒犯罪所得、犯罪所得收益罪的犯罪手段。

---

① 高铭暄、吕华红：《论刑法修正案对刑法典的修订》，《河南省政法管理干部学院学报》2009年第1期。

4. 拓展行为对象

刑法在修订的过程中，许多个罪被保护的对象范围逐渐扩大。《刑法修正案（九）》将强制猥亵、侮辱妇女罪改为强制猥亵侮辱罪，规定："以暴力、胁迫或者其他方法强制猥亵他人或者侮辱妇女的，处五年以下有期徒刑或者拘役。"显然，猥亵的对象由妇女变为他人，"他人"泛指一切自然人，无性别之分，既保护女性又保护男性。第 280 条第 3 款伪造、变造居民身份证的对象也被扩大至能证明身份的证件，例如护照、社会保障卡以及驾驶证等。第 344 条的对象由珍贵树木被拓展为国家重点保护的其他植物。当然，犯罪对象在修改的过程中也不断扩张，最为典型的便是投毒罪的修改，投放毒害性、放射性、传染病病原体等危险物质都构成投放危险物质罪。第 152 条第 2 款和第 339 条第 3 款走私废物罪的行为对象由修订前的"固体废物"扩大为"固体废物、液态废物和气态废物"，同时明确规定了法定刑。第 164 条将行贿对象由公司、企业的工作人员扩展到所有单位的工作人员。第 312 条掩饰、隐瞒犯罪所得、犯罪所得收益罪的行为对象现在规定为"犯罪所得及其产生的收益"，修改前的行为对象仅仅规定为"犯罪所得的赃物"，很显然，掩饰、隐瞒犯罪所得、犯罪所得收益罪的行为对象在修订的过程中有所拓展。

第三章　应然层面下刑法解释的功能定位

第一节　刑法解释的动因

一、缓和严格规则与自由裁量的紧张关系

严格规则是指刑法适用中对罪刑法定原则的严格遵守。罪刑法定原则是我国刑法基本原则之一,引导我国的刑事司法开展。其不仅是社会文明进步的标志,而且对个人权利保障起着极大的作用。但是恪守规则之下的法律运行却是由具有主观意志的司法工作者引导,在法律运行中始终都体现着司法工作者自由裁量的痕迹,不论是从程序上还是在实体上,司法工作者刑事自由裁量的权能都能够从中得以体现。

规则的遵守与裁量的自由是一种矛盾关系,那么如何平衡罪刑法定原则与自由裁量的关系则成为司法实践需要探讨的问题。面对此问题,刑法解释便成为沟通严格规则与自由裁量的桥梁,起到缓和两者紧张关系的作用。

罪刑法定的含义是:行为是否构成犯罪,构成何罪与科处何刑都由刑法条文具体规定。概言之:“法无明文规定不为罪,法无明文规定不处罚。”[①]这里的“罪”不是个案犯罪行为的具体表述,而是指刑法分则条款对现实社会中各种犯罪行为的高度概括的“类型化罪名”,这里的“刑”指的是具体罪名的种类以及量刑幅度。而“法定”不仅包括刑法典,还指单行刑法和附属刑法。

---

① 高铭暄、马克昌主编:《刑法学》(上编),中国法制出版社 1999 年版,第 28 页。

罪刑法定原则的确立经历了漫长的历史沿革。法国 1789 年的《人权宣言》有规定："法律只应当制定严格地、明显地必需的刑罚，而且除非根据在违法行为之前制定、公布并且合法地适用的法律，任何人都不受处罚。"作为法国大革命纲领性文件的保障人权的内容，其后被法国 1791 年宪法所正式采用，这一原则开始在法律文本中体现。在随后的 1870 年《法国刑法典》中，罪刑法定原则进一步确立，继而罪刑法定原则成为近代刑法的基本原则，为全世界所接受。

罪刑法定思想于清末传入我国，在《钦定宪法大纲》中即规定了"臣民非按照法律规定，不加以逮捕、监察、处罚"。1910 年颁布的《大清新刑律》中也规定了："法律无正条者，不问何种行为，不为罪。"在 1935 年的《中华民国宪法》中虽然作了明确规定，但因为历史的原因并未得到有效贯彻。[①]新中国在 1979 年《刑法》中规定了类推制度，忽视罪刑法定原则的存在，直至 1997 年《刑法》才又废除类推制度，规定："法律明文规定为犯罪行为的，依照法律定罪处罚；法律没有明文规定为犯罪行为的，不得定罪处罚。"[②]此时，罪刑法定原则在中国正式确立。

此处自由裁量围绕法官的自由裁量权展开论述。根据《牛津大词典》的解释，自由裁量权是一种酌情作出在当时情况下是正义、公正、正确和合理的决定的权力。法律常常授予法官以权力或责任，使其在某种情况下可以行使自由裁量权。这种情况有时是根据情势所需，有时则仅仅是在规定的限度内行使。[③]在我国学者中，对自由裁量权的定义不尽相同。有学者认为，法官自由裁量权是指法官在事实认定和法律适用过程中，通过自由心证、法律解释、法律推理等方法，在法律许可的范围幅度内，在可供选择的几种处理方案中，优先选择一种能够最大限度地实现公平和正义、最大限度体现价值和良知方案的权力。[④]也有学者认为：在行使权力时，由于应对的情况十分复杂，法律不可能事无巨细地详作规定，通常是赋予主体一种特殊的权力，使其能够根据情况对相关事项进行斟酌处理，通过这种灵活性，来保

---

① 董玉庭、董进宇：《刑事自由裁量权与刑法基本原则关系研究》，《现代法学》2006 年第 5 期。

② 《中华人民共和国刑法》第三条之具体规定。

③ 《牛津法律大辞典》（中译本），光明日报出版社 1989 年版，第 261—262 页。

④ 李岩峰：《法官自由裁量权论》，中国政法大学博士学位论文 2007 年。

证权力行使的合理性，这种斟酌处理权即为自由裁量权。[①]最高人民法院在2012年2月28日下发的《关于在审判执行工作中切实规范自由裁量权行使保障法律统一适用的指导意见》中对自由裁量权也进行了定义，具体内容为：人民法院在审理案件过程中，根据法律规定和立法精神，秉持正确司法理念，运用科学方法，对案件事实认定、法律适用以及程序处理等问题进行分析和判断，并最终做出依法有据、公平公正、合情合理裁判的权力。这一定义从程序处理、法律适用、事实认定三个方面对自由裁量进行了具体的规定。

在刑事法领域，定罪与量刑是刑事案件审理的两大任务。定罪是指人民法院依法认定被审理的行为是否构成犯罪以及构成什么犯罪，并以刑事判决书（含二审刑事裁定书）形式确定下来的一种分析判断的认识活动。[②]而量刑是指法院基于对犯罪人的定罪而对犯罪人选择适用法定刑中某一具体刑罚的活动。我国刑法对每一种犯罪都规定了相应的法定刑幅度，量刑的任务就是从刑法对该种犯罪规定的刑罚幅度中选择出最适合被定罪者的具体的刑罚，确定为该犯罪人所应受的刑罚处罚。[③]因此在刑事司法中，司法裁量包括对定罪的裁量权与对量刑的裁量权[④]，两者在内容上都包括对定罪情节认定、定罪相关程序的处理的自由裁量以及定罪情节法律适用的自由裁量权。因此笔者认为：司法裁量权指的是司法主体在处理司法案件时，按照法律原则与相关法律的规定，在法律层面对相关问题进行分析与评判，并最终做出裁判与决定的权力。

刑法规范通过文字进行表述，通过文字来规定法律含义，因而文字成为立法机关表达争议理念的唯一工具。然而，在所有传达意思的符号中，文字是最重要的，同时也是复杂的。文字含义的延伸由核心意义向边缘意义扩散，这使得词语的外延意思模糊。不可否认，任何词语都有多重含义，而且随着社会的发展，法律规范所使用的文字还会产生新的含义。又如，我国《刑法》对盗窃罪的规定是：以非法占有为目的，将盗窃公私财物数额较大或者多次盗窃、入户盗窃、携带凶器盗窃、扒窃公私财物的行为定义为盗窃。

---

① 龙宗智：《检察官自由裁量权论纲》，《人民检察》2005年第15期。

② 陈忠林：《刑法总论》，法律出版社2007年版，第28页。

③ 陈忠林：《刑法总论》，中国人民大学出版社2003年版，第267页。

④ 两者存在着逻辑上的前后关系。

虽然刑法明文规定了“财物”，但是当司法实践中出现了窃取财产性利益的时候，因为对“财物”有着不同层次的理解，司法工作者可能出现不同的判决。又如在许霆恶意取款案中，其中争议的一个焦点是自动取款机（ATM机）是否算是金融机构，因为如果一旦认定 ATM 机是金融机构，那么对许霆的行为上升为盗窃金融机构，刑罚也将极为严重。我国《刑法》第 264 条规定了盗窃金融机构，数额特别巨大的，处无期徒刑或者死刑，并处没收财产。但是对于 ATM 机是不是金融机构，并没有明确规定。对于上述情形，刑法条文的语义射程可能游离于其边缘，此时司法工作者的自由裁量便可伸可缩。并且司法工作者无法直接从现行的法律规定中得出答案，因此在司法裁量时可能掺杂自身的价值与经验。这种情况可能会导致司法工作者对裁判定位不准确，更甚会导致司法腐败。

我国是成文法国家，与具有较大司法裁量权的英美法系国家不同。成文法规则之下，要遵守罪刑法定原则。罪刑法定原则最初的提倡者主张绝对的罪刑法定原则，其禁止法官自由裁量。他们认为，如果允许和放任法官进行解释，那么他们在面对与公民生命、名誉与财产相关的犯罪时，可能做出有害于公民的解释。①在这种情况下，法官的司法裁量权被严重限缩。但后来罪刑法定原则也历经演变，由绝对的罪刑法定原则转变为相对的罪刑法定原则，即允许法官在一定限度内具有一定的司法裁量权。

在当代，我国的司法工作者对刑法的司法裁量权也很有限，司法工作者既要对罪刑法定原则严格恪守，也需在实践中进行工作的有效开展，那么需要刑法解释发挥桥梁作用，缓和两者的矛盾。

刑法规范内容以文字表述出来，但文字的特性似乎使得任何用语都是奔着核心意义定义。但是不管核心定义多明确，其语义表达的含义总是有限的，并且总会向边缘扩展，使其外延模糊，需要通过解释界定刑法用语的扩展边际。②立法机关在制定刑法时，对刑法用语进行科学界定，但是“一般而论，科学的定义要比词语的通俗意义狭隘得多，因而实际上也不精确得多，不真实得多”。③

---

① 参见[法]孟德斯鸠：《论法的精神》（上册），张雁深译，商务印书馆 1961 年版，第 12 页。
② 张明楷：《刑法学》，法律出版社 2015 年版，第 33 页。
③ [法]基佐：《欧洲文明史》，程洪逵、沅芷译，商务印书馆 1988 年版，第 7 页。

刑法条文亦通过文字表达含义，因为规范性要求，刑法条文的文字力求简短，因此刑法所规定的各种犯罪类型，都是对犯罪现象进行抽象的结果，而不可能详尽叙述各种犯罪的具体表现，但是现实的案件都是具体的，于是刑法规定与个案之间便存在距离。在这种情况下，要将刑法规定适用于具体个案，必须依赖解释刑法作为两者的桥梁，具体对条文进行解读，以消解两者之间的差距。①

法律活动不是机械式的程序操作，法官作为具有专业知识和独立意志的司法工作者，法律规定的普遍性与事实之间存在冲突，而刑法解释提供了一个消解矛盾的途径。刑法解释使得刑法条文在解释下得到充实和活化，具体表现为：不管是列举式还是释义性的解释，使得刑法文本含义明确化，这方便了司法工作者在具体案件审判时可以有相对具体的裁量适用标准参考。

二、统一高于正确的价值选择

司法适用中，要理解“统一”与“正确”不同的价值的内涵，就要明晰刑法的解释方法与刑法解释的区别，刑法的解释方法是对刑法规范以某种方法或者规律进行解读，而刑法的解释此处确指刑法的立法解释与刑法的司法解释。

因为，就笔者看来，“统一”是最高人民法院与最高人民检察院对抽象法律条文的进一步明确规定。“正确”指的是司法工作者根据正义理念，通过妥适的解释方法，将抽象的刑法条文加以运用，换言之，“正确”是指一种正确的解释方法的适用。

全国人大常委会《关于加强法律解释工作的决议》《人民法院组织法》和《人民检察院组织法》赋予了最高人民法院与最高人民检察院司法解释权，“两高”在出台司法解释时，司法解释条款一方面可能本身具备创制性质，另一方面其内容也可能是在法律解释方法指导下，对刑法规范进行具体明确的规定。

---

① 张明楷：《刑法学》，法律出版社 2015 年版，第 33 页。

刑法规范具有抽象性，要把一般的刑法规范适用于具体的法律实际，往往需要对法律规范做出一种必要的解释。随着人类社会的演进，作为法律调整对象的社会关系日益复杂，这便更加凸显立法抽象性与司法具体性之间的矛盾，法律解释的重要性也日益突出。

我国刑法条文中存在着大量的模糊性规定，比如刑法条文中出现的“暴力”“公然”等此类内涵与外延规定不明的内容，又如出现了“情节严重”“情节特别严重”等欠缺量化与列举的形式表述；在罪名适用上，大量存在着简单罪状与空白罪状以及高度盖然性条款，因为刑法规定的不明确，容易导致司法不统一的弊端。

众所周知，刑事司法是在遵循刑事逻辑的前提下进行的，贝卡利亚说过：“法官对任何案件都应进行三段论式的逻辑推理。大前提是一般法律，小前提是行为是否符合法律，结论是自由或是刑罚。”①从三段论的推演路径可知对大前提明确性的要求是实现法治的保障。我们现处于一个“司法最终解决”的法治社会，德国社会学家马克斯·韦伯曾经在论述法律的合理性时表述“司法的形式主义使法律体系能够像技术合理性的机器一样运行。这就保证了个人和群众在这一体系内获得相对最大限度的自由，极大地提高了他们预言他们行为的法律后果的可能性”。②只有当法律推理的大前提明确时，法官依此得出来的结论才具有国民可预测性，因而大众服膺从而使其拥有权威性。

法律规则的明确性通过司法解释达成目标。对于司法适用而言，司法解释在一定程度上对定罪量刑进行统一细化标准从而有利于司法实践的准确运用。因此“统一”的价值选择是一种必然趋势。

刑法规范通过立法，将社会中具体的具有纳入刑法规范调整必要的行为上升为抽象的法律规范，这体现的是一种从具体到抽象的归纳过程。但是对刑法规范的适用则是一种从抽象的刑法规范适用到具体司法案件中的过程，这种过程是一种从抽象到具体的演绎过程。规范过于抽象便会增加法官的自由裁量，缺乏统一的司法适用标准，司法实践中司法裁量主观随意成分便会增加，从而导致恣意裁量。因此，为了维护法律规范的统一性，法

① ［意］贝卡利亚：《论犯罪与刑罚》，黄风译，中国大百科全书出版社1993年版，第12页。
② 参见苏国勋：《理性化及其限制》，上海人民出版社1998年版，第223页。

律解释的必要性便不言而喻。

以非法经营罪为例，对于非法经营行为的界定，《刑法》第 225 条前三款分别作以明确界定，[①]但是第四款的规定却带有一种兜底性质，具体规定为："其他严重扰乱社会秩序的非法经营行为。"对于兜底性质的刑法设置，历来饱受学界批判，但我们此处不讨论刑法设置的优劣，仅从刑法规范的适用上考量。在司法实践中，对"其他扰乱社会秩序的非法经营行为"如何统一适用成为难题。

对于刑法条文的适用，司法工作人员根据三段论推演。在非法经营罪中，如果大前提的法律规定不够明确与具体，而司法判决又必须做出具体的判决。即当行为人出现了与非法经营专卖行为、非法经营进出口原产品行为、非法经营期货的行为性质相同的同等社会危害性行为时，该如何处断。如果没有司法解释的具体统一规定，此处的"其他扰乱社会秩序的非法经营行为"将难以有效把握。

为了体现刑法解释的具体统一适用指导，笔者对非法经营罪具体司法适用解释的规定进行了梳理，可以以此看出对其他非法经营行为的统一规定的历史脉络。1998 年 12 月 17 日最高人民法院《关于审理非法出版物刑事案件具体应用法律若干问题的解释》将严重扰乱社会秩序的有关非法出版物的行为规定为非法经营罪。2000 年 4 月 8 日最高人民法院《关于审理扰乱电信市场管理秩序具体应用法律若干问题的解释》第 1 条规定："违反国家规定，采取租用国际专线、私设转接设备或者其他方法，擅自经营国际电信业务或者涉港澳台电信业务进行营利活动，扰乱电信市场管理秩序，情节严重的，依照刑法第二百二十五条第(四)项的规定，以非法经营罪定罪处罚。"2001 年 3 月 29 日最高人民法院《关于情节严重的传销或者变相传销行为如何定性问题的批复》规定："对于 1998 年 4 月 18 日国务院《关于禁止传销经营活动的通知》发布以后，仍然从事传销或者变相传销活动，扰乱市场秩序，情节严重的，应当依照刑法第二百二十五条第(四)项的规定，以非法经营罪定罪处罚。实施上述犯罪，同时构成刑法规定的其他犯罪的，依照

---

① 《刑法》第 225 条具体的规定是："(一)未经许可经营法律、行政法规规定的专营、专卖物品或者其他限制买卖的物品的；(二)买卖进出口许可证、进出口原产地证明以及其他法律、行政法规规定的经营许可证或者批准文件的；(三)未经国家有关主管部门批准非法经营证券、期货、保险业务的，或者非法从事资金支付结算业务的。"

处罚较重的规定定罪处罚。”2002 年 8 月 16 日最高人民法院、最高人民检察院《关于办理非法生产、销售、使用禁止在饲料和动物饮用水中使用的药品等刑事案件具体应用法律若干问题的解释》第 1 条规定:“未取得药品生产、经营许可证件和批准文号,非法生产、销售盐酸克仑特罗等禁止在饲料和动物饮用水中使用的药品,扰乱药品市场秩序,情节严重的,依照刑法第二百二十五条第(一)项的规定,以非法经营罪追究刑事责任。”2004 年 7 月 19 日最高人民法院、最高人民检察院、公安部《关于依法开展打击淫秽色情网站专项行动有关工作的通知》规定了:“对于违反国家规定,擅自设立互联网上网服务营业场所,或者擅自从事互联网上网服务经营活动,情节严重,构成犯罪的,以非法经营罪定罪处罚。”2005 年 5 月 11 日最高人民法院、最高人民检察院《关于办理赌博刑事案件具体应用法律若干问题的解释》第 6 条规定:“未经国家批准擅自发行、销售彩票,构成犯罪的,依照刑法第二百二十五条第(四)项的规定,以非法经营罪定罪处罚。”2009 年 12 月 3 日最高人民法院、最高人民检察院《关于办理妨害信用卡管理刑事案件具体应用法律若干问题的解释》第 7 条规定:“违反国家规定,使用销售点终端机具(POS 机)等方法,以虚构交易、虚开价格、现金退货等方式向信用卡持卡人直接支付现金,情节严重的,应当依据刑法第二百二十五条的规定,以非法经营罪定罪处罚。”2010 年 12 月 13 日最高人民法院《关于审理非法集资刑事案件具体应用法律若干问题的解释》规定:“违反国家规定,未经依法核准擅自发行基金份额募集资金,情节严重的,以非法经营罪定罪处罚。”

这种不断完善的司法解释,将非法经营罪的第四款中“其他严重扰乱社会秩序的非法经营行为”给予明晰规定,对“非法出版物”“非法变相传销”“非法生产、销售禁止性的饲料药品”“擅自从事互联网上网服务经营活动”等行为分别进行具体规定,对统一司法适用起到了重大作用。

司法适用中“正确”的价值选择要求指司法工作者根据正义理念,通过妥适的解释方法,将抽象的刑法条文加以运用,此种做法也是现在对于抽象刑法规范欠缺具体司法解释指导时的普遍做法。这种“正确”是我们理论上对司法工作者进行的最佳估量,但是司法工作者的司法裁量毕竟具有主观性,对刑法规范理解程度也存在着不同的偏差,因此,所谓“正确”只是一种理想中的最优目标。

“统一”高于“正确”的价值选择,是基于司法适用维度的考量。“正确”

是我们司法适用追求的最优目标，但是这种最优目标充满了理想主义色彩，对于过于抽象的刑法规范，[1]如果缺乏了适当“统一”的前提，对抽象的刑法条文进行司法解释时，会因为司法工作人员素养参差不齐而蒙上偏重的主观色彩，有时还会出现严重的偏差。因此，“统一”是我们基于司法实践追求正确评判综合衡量的抉择，是一种相较于“正确”更容易操作以及达到司法统一的选择。

三、缓冲社会发展与法律保守之间的张力

法律应社会需要而产生，“任何一个时代，一个国家都不可能有资格做到使法典都具有优良的品质，它总会有一些缺陷”。[2]由于刑法所调整的对象是复杂的，这便使得刑法自颁布之日起就必然与社会现实之间产生距离。社会生活是不断变化的，自罪刑法定原则确定以来，我们都在此原则下，严格遵守刑法规范的适用。但是刑法条文从颁布之日开始，就具有滞后性。因为刑事法律开始即是根据社会中的现象制定出来的，刑法的稳定性与不断变化的生活行为本身也存在着矛盾，为了使过去的刑法适应不断变化的社会生活的需要，也存在着解释刑法的必要。

法律具有保守性，根据《辞海》的定义，保守有两层含义：(1)保卫坚守，保持不使失去；(2)维持旧状，不求改进。英国保守主义政论家赛西尔曾谈论守旧，他认为：那是一种厌恶变化的心情；它部分地产生于对未知事物的怀疑以及相应地对经验而不是对理论论证的信赖。[3]因而我们常赋予保守一种墨守成规，守旧落后的含义。

法律的保守性是法律所具有的一种性质：首先，法律是人类不断累积经验的一种表达。其次，为了及时适应社会的发展，变革固要进行，但是应当基于现实出发，审慎地对不合理部分进行变革。

法律具有保守的本性。首先，这是因为法律应当具有权威性。法律具

---

① 当刑法条文规定得抽象时，司法的裁量成分必然加大，此时司法工作人员的能力与素养也会影响到司法判决，司法实践中出现大量同案不同判的现象。

② [德]萨维尼：《论当代立法和法理学的使命》，载《西方法律思想史资料选编》，北京大学出版社 1983 年版，第 528—531 页。

③ [英]休・塞西尔：《保守主义》，杜汝楫译，商务印书馆 1986 年版，第 3 页。

有权威性是指法律具有内在的说服力和外在的强制力。法律的权威意味着成文刑法一旦制定，任何组织和个人都必须普遍遵守。这在形式上就要求法律必须是公开而明确的，公开明确的成文法能使人们对自己的行为产生确定的预期，比如我国《刑法》第232条规定："故意杀人的，处死刑、无期徒刑或者十年以上有期徒刑；情节较轻的，处三年以上十年以下有期徒刑。"当对杀人行为以公开明确的方式确定了要施以严重的刑罚时，人们对自己即将实施或者已经实施的杀人行为的惩罚后果心中便已经有了一定的预期。当人们违反成文法律时，国家便会通过强制力方式对触犯者进行惩罚以达到法律的威慑；另一方面，法律在实质内容上又要契合社会的发展，与当代社会的价值取向相匹配。

一个行之有效又富有生命力的法律制度不能被法律的稳定性和确定性所禁锢。法律虽然要求稳定，但是又不可一成不变。因为时代的变迁与社会的发展，新问题层出不穷。法律具有滞后性，法律是对社会现象与人们行为的一种后置性的映射反应。面对新问题的矛盾如果墨守成规，这种固守旧法的行为必然会导致出现与社会不相适应的现象，这样会带来人们对法律自身价值的怀疑。但是如果轻易修改法律容易导致法律丧失权威，后者的负面作用更为巨大。法律应当具有权威性，一旦法律没有了权威性，人们也就丧失了对法律的认同感，继而导致不遵从法律现象的发生。"法"之不依，那么依法治国的根基就会丧失。

其次，这是因为法律应当具有稳定性。张文显教授认为："法律是由一定的物质生活条件所决定的，由国家制定或认可并由国家强制力保证实施的具有普遍效力的行为规范体系。其目的在于维护、巩固和发展一定的社会关系和社会秩序。"[①]法律本质上作为一种行为规范，其目的在于建立一个稳定而可以预测的社会秩序。博登海默教授也认同法律应当具有稳定性，他提出："保守性及侧重过去的特点保证了某种程度的连续性、可预见性"。[②]法律的稳定侧重于社会秩序和社会影响方面，正是这种稳定性的要求使其建立起一种稳定而可以预测的社会秩序，使民众得以心底认同，从而普遍遵守。法律的稳定性反对朝令夕改，要求法律从内容和形式上保持不

---

① 张文显：《法学基本范畴研究》，中国政法大学出版社1993年版，第97页。

② [美]博登海默：《法理学：法律哲学与法律方法》，邓正来译，中国政法大学出版社1997年版，第107页。

变，作为一种行为参照的坐标。人们的行为预期是社会秩序形成的前提，而国家通过制定法律保障社会基本秩序的运行，人们通过国家的法律知道什么能做，什么不能做。预期的形成是在一种长期而稳定的状态下形成的，如果法律总是不断修改，这种情形会破坏人们对法治的预期，因而无所适从。亚里士多德说过："法律所以见效，全靠民众服从。而遵守法律的习性须经长期的培养，如果轻易地对这种或那种法律常作这样或那样的废改，民众守法的习性必然削减，而法律的威信也就跟着削弱了。"①

法律的稳定不仅体现在具体的法律的篇、章、节、条、款、项的布局，还有法律文字的搭配，法律语言的使用。一种法律一经变动，便会牵一发而动周身。

面对法律的保守性，社会的发展却从未停下脚步。社会发展对传统刑法规范带来了巨大的冲击。那么传统刑法规范如何应对社会发展对其带来的严峻挑战，笔者认为应当将发挥刑法的解释功能作为刑法解释的路径。

经过梳理，从1997《刑法》颁布至今，我国的刑事立法总计有十三件，分别是：1997年3月14日的《中华人民共和国刑法》、1998年12月29日的《关于惩治骗购外汇、逃汇和非法买卖外汇犯罪的决定》、1999年10月30日的《关于取缔邪教组织、防范和惩治邪教活动的决定》、2000年12月28日的《关于维护互联网安全的决定》、1999年8月31日的《刑法修正案》、2001年8月31日的《刑法修正案(二)》、2001年12月29日的《刑法修正案(三)》、2002年12月28日的《刑法修正案(四)》、2005年2月28日的《刑法修正案(五)》、2006年6月29日的《刑法修正案(六)》、2009年2月28日的《刑法修正案(七)》、2011年2月25日的《刑法修正案(八)》、2015年8月29日的《刑法修正案(九)》。

立法解释总计十三件。分别是：2000年4月29日全国人大常委会《关于〈中华人民共和国刑法〉第九十三条第二款的解释》(2009修正)、2001年8月31日全国人大常委会《关于〈中华人民共和国刑法〉第二百二十八条、第三百四十二条、第四百一十条的解释》(2009修正)、2002年4月28日全国人大常委会《关于〈中华人民共和国刑法〉第二百九十四条第一款的解释》、2002年4月28日全国人大常委会《关于〈中华人民共和国刑法〉第三

① [古希腊]亚里士多德：《政治学》，吴寿彭译，商务印书馆1965年版，第81页。

百八十四条第一款的解释》、2002 年 8 月 29 日全国人大常委会《关于〈中华人民共和国刑法〉第三百一十三条的解释》、2002 年 12 月 28 日全国人大常委会《关于〈中华人民共和国刑法〉第九章渎职罪主体适用问题的解释》、2004 年 12 月 29 日全国人大常委会《关于〈中华人民共和国刑法〉有关信用卡规定的解释》、2005 年 12 月 29 日全国人大常委会《关于〈中华人民共和国刑法〉有关文物的规定适用于具有科学价值的古脊椎动物化石、古人类化石的解释》、2005 年 12 月 29 日全国人大常委会《关于〈中华人民共和国刑法〉有关出口退税、抵扣税款的其他发票规定的解释》、2014 年 4 月 24 日全国人大常委会《关于〈中华人民共和国刑法〉第三十条的解释》、2014 年 4 月 24 日全国人大常委会《关于〈中华人民共和国刑法〉第一百五十八条、第一百五十九条的解释》、2014 年 4 月 24 日全国人大常委会《关于〈中华人民共和国刑法〉第二百六十六条的解释》、2014 年 4 月 24 日全国人大常委会《关于〈中华人民共和国刑法〉第三百四十一条、第三百一十二条的解释》。

全国人大法工委及其刑法室解释总计有六条，而司法解释数量更是达以百计。这些都是法律对社会发展的有效回应。

社会的发展推动着法律解释的不断更新发展。我们以网络谣言为例，网络谣言是以计算机为网络媒介，但是在计算机出现之初，计算机之间并未联网，当时它们只是作为大型计算机。社会普通民众基本很难见到，因此通过实际的接触进行破坏也是很难实现的。随着社会发展，科技的迅猛进步，互联网从初版的 web1.0 发展到 web2.0，网络之间开始产生交互影响，点对点的互动交流成为基本特征，以此为基础的电子商务等快速兴起。于是网民之间“点对点”地利用网络为工具，通过交互式网络传播谣言成为犯罪的一种新的模式，此时网络谣言的危害性才日益显现。

根据中国互联网络信息中心（CNNIC）在京发布的第 39 次《中国互联网络发展状况统计报告》，截至 2016 年 12 月，中国网民规模达 7.31 亿，互联网普及率达到53.2%。[①]社会的发展的另一面，通过计算机网络实施的具有社会危害性的行为异化泛滥，网络的扭曲使用的影响力对于传统社会治理方式的冲击也极为迅猛。网络犯罪的形式变化和数量增长，远远超出了

① 参见 CNNIC:《2016 年第 39 次中国互联网络发展状况统计报告—网络安全(二)》。

人们的想象和思维预期。

网络的迅猛发展，使得我们传统的在物理空间内的言论在虚拟的网络中进行。继而在网络空间施行的行为是否能为传统刑法规范所评价是值得我们思考的问题。现行的刑法分则的条文体系和罪名体系，经过多次修正后，无论是条文数量还是罪名数量，应当能够满足社会的基本需求，而真正对现行刑法典形成全面挑战的，是在整个社会快速进入信息时代与“双层社会”快速形成的背景下，现行的条文体系和罪名体系能否适用网络空间的问题。

我国现有的规制网络造谣相关的罪名有 15 个。①但是这种旧瓶装新酒的模式，仍然无法应对网络发展对传统规范的巨大冲击。现有的刑法规范已经形成体系，为了缓和社会发展与刑法保守的关系，我们期待刑法解释消解其中的矛盾。而通过梳理，消解这种矛盾的路径探寻一直在进行。从 2011 年《最高人民法院、最高人民检察院关于办理危害计算机信息系统安全刑事案件应用法律若干问题的解释》，该解释系统规定了关于利用计算机进行犯罪定罪量刑标准等问题。2013 年最高人民法院、最高人民检察院联合发布了《关于办理利用信息网络实施诽谤等刑事案件适用法律若干问题的解释》，该解释规定了对利用信息网络编造、散布虚假信息的行为，以寻衅滋事罪处罚。②2015 年《刑法修正案（九）》第 32 条中增设的编造、故意传播虚假信息罪也规定了：“编造虚假的险情、疫情、灾情、警情，在信息网络或者其他媒体上传播，或者明知是上述虚假信息，故意在信息网络或者其他媒体上传播，严重扰乱社会秩序的，处三年以下有期徒刑、拘役或者管制；造成严

---

① 《刑法分则》第一章“危害国家安全罪”中的煽动分裂国家罪，煽动颠覆国家政权罪；第三章“破坏社会主义市场经济秩序罪”中的编造并传播证券、期货交易虚假信息罪，损害商业信誉、商品声誉罪，非法经营罪；第四章“侵犯公民人身权利、民主权利罪”中的诽谤罪，煽动民族仇恨、民族歧视罪；第六章“妨害社会管理秩序罪”中的煽动暴力抗拒法律实施罪，编造、故意传播虚假恐怖信息罪，编造、故意传播虚假信息罪，寻衅滋事罪，组织、利用会道门、邪教组织、利用迷信破坏法律实施罪，组织、利用会道门、邪教组织、利用迷信致人死亡罪；第七章“危害国防利益罪”中的战时造谣扰乱军心罪；第十章“军人违反职责罪”中的战时造谣惑众罪。除此之外，如果行为人以占有为目的，利用相关网络谣言，以敲诈、欺诈等手段非法获取他人财物的，还可能构成敲诈勒索、诈骗等犯罪。参见刘宪权：《网络造谣、传谣行为刑法规制体系的构建与完善》，《法学家》2016 年第 6 期。

② 该解释第 5 条规定：“利用信息网络辱骂、恐吓他人，情节恶劣，破坏社会秩序的，依照刑法第二百九十三条第一款第（二）项的规定，以寻衅滋事罪定罪处罚。编造虚假信息，或者明知是编造的虚假信息，在信息网络上散布，或者组织、指使人员在信息网络上散布，起哄闹事，造成公共秩序严重混乱的，依照刑法第二百九十三条第一款第（四）项的规定，以寻衅滋事罪定罪处罚。”

重后果的，处三年以上七年以下有期徒刑。”

当然，网络正成为我们“社会性”的活动空间，随之带来的，是现代社会中犯罪行为可以在现实与网络两个空间中自由穿梭，即刑法规范是否能够适用双层社会的理论，继而引发“双层空间”（物理空间与虚拟空间）的刑法适用问题探析。①至于如何进行分析，此处不加赘述。

传统犯罪与网络发展的日益深入结合是难以回避的问题，传统犯罪的网络异化也是一个不容忽视的问题。面对社会发展的困境，由此引发的一个传统罪名体系与分则条文的时代生命力不再是一个法理问题，其已经转变成为一个司法抉择。至于如何缓冲社会发展与法律保守之间的张力则有待刑法解释来进行解决。

第二节　刑法解释的外在表现

一、解释条文内容中定性因素

（一）列举行为的表现形式

刑法解释中大量存在着列举式的规定，列举方法是用来揭示表述某种概念时的常用做法。列举是通常以具体相对容易理解的事物或者例子来达到明确外延的一种逻辑方法。司法解释中，列举式体现之处在于对于一犯罪构成中某一具体的犯罪构成要件进行列举。具体表现如：“具有某某情形，可以认定为……”

在刑法解释中，列举的方法常见普遍，经过梳理和比较可以将刑法解释分为不同的类型。

1. 对主体或者对象进行列举

对主体进行分类情况体现在多处，典型的比如对国家工作人员在司法实践中的具体界定。在全国人大常委会关于《刑法》第 93 条第 2 款的解释中，全国人民代表大会常务委员会讨论了村民委员会等村基层组织人员在从事哪些工作时属于《刑法》第 93 条第 2 款规定的“其他依照法律从事公务

① 于志刚：《全媒体时代与编造、传播虚假信息的制裁思路》，《法学论坛》2014 年第 2 期。

的人员”，解释如下：“村民委员会等村基层组织人员协助人民政府从事下列行政管理工作，属于《刑法》第九十三条第二款规定的‘其他依照法律从事公务的人员’：（一）救灾、抢险、防汛、优抚、扶贫、移民、救济款物的管理；（二）社会捐助公益事业款物的管理；（三）国有土地的经营和管理；（四）土地征用补偿费用的管理；（五）代征、代缴税款；（六）有关计划生育、户籍、征兵工作；（七）协助人民政府从事的其他行政管理工作。村民委员会等村基层组织人员从事前款规定的公务，利用职务上的便利，非法占有公共财物、挪用公款、索取他人财物或者非法收受他人财物，构成犯罪的，适用刑法第三百八十二条和第三百八十三条贪污罪、第三百八十四条挪用公款罪、第三百八十五条和第三百八十六条受贿罪的规定”。

在对对象的具体界定中，典型如对“信用卡”的具体规定。全国人民代表大会常务委员会《关于〈中华人民共和国刑法〉有关信用卡规定的解释》（2004 年 12 月 29 日第十届全国人民代表大会常务委员会第十三次会议通过）针对司法实践中遇到的情况，讨论了刑法规定的“信用卡”的含义问题，其具体规定是：刑法规定的“信用卡”，是指由商业银行或者其他金融机构发行的具有消费支付、信用贷款、转账结算、存取现金等全部功能或者部分功能的电子支付卡。

2. 对某一行为特征进行列举

典型如对“挪用资金”的具体认定，2010 年 12 月 13 日最高人民法院《关于审理非法集资刑事案件具体应用法律若干问题的解释》第 1 条的规定：“违反国家金融管理法律规定，向社会公众（包括单位和个人）吸收资金的行为，同时具备下列四个条件的，除刑法另有规定的以外，应当认定为刑法第一百七十六条规定的‘非法吸收公众存款或者变相吸收公众存款’：（一）未经有关部门依法批准或者借用合法经营的形式吸收资金；（二）通过媒体、推介会、传单、手机短信等途径向社会公开宣传；（三）承诺在一定期限内以货币、实物、股权等方式还本付息或者给付回报；（四）向社会公众即社会不特定对象吸收资金。未向社会公开宣传，在亲友或者单位内部针对特定对象吸收资金的，不属于非法吸收或者变相吸收公众存款。”又如在妨害信用卡管理刑事案件中对“非法占有”的具体认定，如 2009 年 12 月 3 日最高人民法院、最高人民检察院《关于办理妨害信用卡管理刑事案件具体应用法律若干问题的解释》第 6 条规定：“持卡人以非法占有为目的，超过规定限额或者规定期限透支，并且经发卡银行两次催收后超过三个月仍不归还的，应当认定为刑法第一百九十六条规定的‘恶意透支’。有以下情形之一的，应当认定为刑法第一百九十六条第二款规定的‘以非法占有为目的’：(一)明知没有还款能力而大量透支，无法归还的；(二)肆意挥霍透支的资金，无法归还的；(三)透支后逃匿、改变联系方式，逃避银行催收的；(四)抽逃、转移资金，隐匿财产，逃避还款的；(五)使用透支的资金进行违法犯罪活动的；(六)其他非法占有资金，拒不归还的行为。”

3. 对情节进行列举的行为

对情节进行列举也是刑法解释中的一种常见做法。2007 年 2 月 28 日最高人民法院、最高人民检察院《关于办理危害矿山生产安全刑事案件具体应用法律若干问题的解释》第 6 条就规定了对情节严重的认定：“在矿山生产安全事故发生后，负有报告职责的人员不报或者谎报事故情况，贻误事故抢救，具有下列情形之一的，应当认定为刑法第一百三十九条之一规定的‘情节严重’：(一)导致事故后果扩大，增加死亡一人以上，或者增加重伤三人以上，或者增加直接经济损失一百万元以上的；(二)实施下列行为之一，致使不能及时有效开展事故抢救的：1.决定不报、谎报事故情况或者指使、串通有关人员不报、谎报事故情况的；2.在事故抢救期间擅离职守或者逃匿的；3.伪造、破坏事故现场，或者转移、藏匿、毁灭遇难人员尸体，或者转移、藏匿受伤人员的；4.毁灭、伪造、隐匿与事故有关的图纸、记录、计算机数据等资料以及其他证据的；(三)其他严重的情节。具有下列情形之一的，应当认定为刑法第一百三十九条之一规定的‘情节特别严重’：(一)导致事故后果扩大，增加死亡三人以上，或者增加重伤十人以上，或者增加直接经济损失三百万元以上的；(二)采用暴力、胁迫、命令等方式阻止他人报告事故情况导致事故后果扩大的。”

刑法条文多以精炼简洁语言对犯罪进行表述，为了缩小刑法抽象规定与具体司法实践的差距，常常需要以一种易于理解的方式来达到具体指引。以上述第一种情形而言，在对主体的界定中，国家工作人员作为贪污贿赂以及渎职类犯罪中的主要主体，在具体司法解释没有出台之前，《刑法》第 93 条规定：“本法所称国家工作人员，是指国家机关中从事公务的人员。国有公司、企业、事业单位、人民团体中从事公务的人员和国家机关、国有公司、企业、事业单位委派到非国有公司、企业、事业单位、社会团体从事公务的人员，以及其他依照法律从事公务的人员，以国家工作人员论。”那么，对于基层具有类似国家工作人员的权限的人员，司法实践中该如何界定就成为需要解决的问题。“两高”通过列举的形式，规定基层组织的人员在从事特定工作时可以依照其他从事公务的人员予以同等对待。在列举的事项中，明确而具体，因为基层村委会人员的事项本身就琐碎繁杂。在对基层村委干部进行处理的时候，因为没有具体的司法解释的指引，对相关人员或枉或纵，司法效果不佳。而列举式的刑法解释，明确而具体的司法指引，为司法实践的判决起到了关键作用。

当然我们不能忽略一个问题，司法解释的列举行为本身是对刑法条文具象化表述，但是其中仍会出现兜底性质的解释，比如《关于办理妨害信用卡管理刑事案件具体应用法律若干问题的解释》第 6 条规定，持卡人以非法占有为目的，超过规定限额或者规定期限透支，并且经发卡银行两次催收后超过 3 个月仍不归还的，应当认定为《刑法》第 196 条规定的“恶意透支”中的第 6 项规定：其他非法占有资金，拒不归还的行为。

在刑法分则中，本身存在着一种兜底条款，以“其他……”这种方式对所列举的项作总括性的规定。对于社会的进步和复杂化，在立法上有利于增加规范的概括性和应对能力。[①]刑法条文可以将类似情形划入刑法打击的范围之中，比如《刑法》第 95 条对重伤的规定，具体条文为：“本法所称重伤，是指有下列情形之一的伤害：(一)使人肢体残废或者毁人容貌的；(二)使人丧失听觉、视觉或者其他器官机能的；(三)其他对于人身健康有重大伤害的。”在这一条款的表述中，第(一)(二)项是对所造成伤害类型化的列举，第(三)项规定的便是一种兜底条款。这是一种对事物类型化的侧面抽象描述，当无法用文字列举穷尽而又避免刑法条文本身产生规制上的遗漏，因而采取的一种立法技术。兜底条款在司法实务中常常出现模糊性的指导，因为对“其他”范围难以精准把握。在司法裁量时，对兜底条款适用的范围与程度的认定，必须是要与已经列举项限定的程度相等或者相似或者类同。兜底条款表现为堵截的构成要件，具有堵截功能与补充法规则，[②]这种堵截作用是刑法条文局限而作出的选择，因而对兜底条款本身就应该予以应然

---

① 参见[法]米海依尔·戴尔玛斯·马蒂：《刑事政策的主要体系》，卢建平译，法律出版社 2000 年版，第 63 页。

② 王安异：《对刑法兜底条款的解释》，《环球法律评论》2016 年第 5 期。

的限制。

但是对于刑法解释而言，则要避免“口袋化”倾向，维护明确性原则，对于刑法解释而言，自身的定位是对刑法条文在司法实践中出现的具体问题作以具象化的规定，在刑法解释中，如果刑法条款进行列举性的表述，就要尽可能地明确具体，如果对本身就有不明确的刑法条文再以类似兜底性质的表述，再次模糊化的做法实属不可取。

（二）细化具体适用标准

谈论细化具体的使用标准，就不得不涉及对刑法规范立法“明确性”与“模糊性”的探讨。笔者认为，对于法律规范而言，“明确性”是要求立法以及对规范的解释相对具体明确，而“概括性”则是立法以及规范相对笼统概括。

在《春秋·左氏传·正义》中记载：“不预设法，告示下民，则不测其深浅，常畏威惧罪”，古代立法模式常常具有一种“刑不可知，则威不可测”的做法，这种立法模式可以被视为“概括性”模式，但是现在却被视为落后愚昧，专治擅断的典型代表，因而遭到排斥。但是此处探讨的“概括性”限于当时人们有限的认识水平以及封建君主专制的思想的影响，因而采取一种模糊性与不可预测的范式进行立法活动。

而现在我们立法中也采取有“概括性”方式，但这种概括性的立法区别于传统模式，古代立法是一种统治手段的延伸，而现代立法是在现代民主法治思想下侧重于一种立法技术的表述。

概括性的方式在立法中通常以“类比型”与“兜底型”两种，类比型的特点是通常采用“以及其他”“或者其他”的方式进行表述。如《刑法》第一百一十四条规定：“放火、决水、爆炸以及投放毒害性、放射性、传染病病原体等物质或者以其他危险方法危害公共安全，尚未造成严重后果的，处三年以上十年以下有期徒刑。”此条就以类比方式界定了以危险方法危害公共安全罪的界限，以其他方法危害公共安全的，其限度必须达到与放火、决水、爆炸以及投放毒害性、放射性、传染病病原体等物质等危害相当的行为。这种具有概括性的词语将类似的情形划入刑法打击圈，使之语义外延具有开放性，以此来延伸犯罪构成涵摄非法行为的范围。这种类比的用法常常用于犯罪对象、手段、主体等。

而另一种的“兜底型”，在我国《刑法》条文中，兜底型的犯罪规定如第225条非法经营罪中第4项规定的：[①]其他严重扰乱市场秩序的非法经营行为。兜底型立法方式虽然在措辞上有时也包括“其他”等用语，但其最主要的特点是以兜底式条款对可能涉及的情况以无限方式扩容。

“法律作为一种行为指南，如果不为人知而且也无法为人知，那么就会成为一纸空话。”[②]因此，相较于“概括性”，法律规范对“明确性”有着更大的追求。明确性的规定能够在民众中建立起相对可以预测的“行为与结果相应联接的法律预期，明确性是法律规范在时间轴上某一点的、静态层面特征的个体描绘”。[③]

当我们采用一种定义式的立法方式时，立法者采取这种立法方式通常是给予刑法规范一个缜密而冗长并为大众所接受的定义。比如《刑法》第十三条规定的犯罪的含义：“一切危害国家主权、领土完整和安全，分裂国家、颠覆人民民主专政的政权和推翻社会主义制度，破坏社会秩序和经济秩序，侵犯国有财产或者劳动群众集体所有的财产，侵犯公民私人所有的财产，侵犯公民的人身权利、民主权利和其他权利，以及其他危害社会的行为，依照法律应当受刑罚处罚的，都是犯罪，但是情节显著轻微危害不大的，不认为是犯罪。”

但是基于法律调整对象的复杂性与抽象性。加上法律概念本身具有的不特定性特征与刑法类罪化的设定方式，“明确性”的立法追求在技术上是难以实现的。因为当我们用一种精确的语言对刑法概念或术语进行明确而精准的表述时，用来消除所涉及模糊性术语的本身所采用的词语又常常具有模糊性质，由于语言的特点，我们不能消除术语模糊性，因此，我们的现实中的立法策略目标是无限接近于消除模糊性。[④]

---

① 《刑法》第225条规定：“违反国家规定，有下列非法经营行为之一，扰乱市场秩序，情节严重的，处五年以下有期徒刑或者拘役，并处或者单处违法所得一倍以上五倍以下罚金；情节特别严重的，处五年以上有期徒刑，并处违法所得一倍以上五倍以下罚金或者没收财产：(一)未经许可经营法律、行政法规规定的专营、专卖物品或者其他限制买卖的物品的；(二)买卖进出口许可证、进出口原产地证明以及其他法律、行政法规规定的经营许可证或者批准文件的；(三)未经国家有关主管部门批准，非法经营证券、期货或者保险业务的；(四)其他严重扰乱市场秩序的非法经营行为。”

② [美]E.博登海默：《法理学：法律哲学与法律方法》，邓正来译，中国政法大学出版社1999年版，第326页。

③ 杨书文：《刑法规范的模糊性与明确性及其整合机制》，《中国法学》2001年第3期。

④ [美]威廉·阿尔斯顿：《语言哲学》，牟博、刘鸿辉译，生活·读书·新知三联书店1998年版，第206页。

另外，我国的犯罪概念不同于西方国家对犯罪概念的定义，西方国家对犯罪概念的定义仅仅规定了定性因素，而我国犯罪概念的规定，不仅规定了定性因素，还包括定量因素。定量言外之意就是要求我们对影响犯罪构成的“量”作以准确规定。但是由于我国幅员辽阔，省份众多，各地经济发展不均，因此“概括性”立法似乎更具有现实的基础。

如果对刑事立法进行概括，“明确性”和“概括性”能为我们考量的两大标准。由于在立法上，我们对刑法文本很难做到“明确性”规定，既然为了保证在司法实践中对法律规定适用上进行统一明确性的规定，尽量避免出现模糊或者歧义，那么刑法解释就应当对此承担当仁不让的角色。

比如我国2000年4月29日通过的全国人民代表大会《关于刑法第九十三条第二款的解释》对“其他依照法律从事公务的人员”是否包括村民委员会等基层组织人员作了明确规定。这是我国立法机关首次以立法解释的方式对刑法规范作以明确的规定，由此可以看出“明确性”的一种解释倾向。在现有的司法解释中，有通过采用细化具体适用标准的做法来达到对犯罪构成要素的标准的统一适用。

以2012年最高人民法院《关于审理盗窃案件具体应用法律问题的解释》为例，其采用下定义的方法对扒窃的具体适用标准作了明确化细分。其具体规定如下：“扒窃是指在公共场所或公共交通工具，对被害人随身携带的财物进行盗窃”。又如2002年7月24日全国人大常委会法制工作委员会《关于已满十四岁不满十六岁的承担刑事责任范围具体问题的答复意见》中对规定的八种犯罪，其规定：“刑法第十七条第二款规定的八种犯罪，是指具体犯罪行为而不是具体罪名。”[①]此明晰了已满十四周岁不满十六周岁的未成年人所承担刑事责任的具体标准。

又如2000年11月10日最高人民法院《关于审理交通肇事刑事案件具体应用法律若干问题的解释》第4条规定：“交通肇事具有下列情形之一的，属于‘有其他特别恶劣情节’，处三年以上七年以下有期徒刑：(一)死亡二人

---

① 对于《刑法》第十七条中规定的“犯故意杀人、故意伤害致人重伤或者死亡”，是指只要故意实施了杀人、伤害行为并且造成了致人重伤、死亡后果的，都应负刑事责任。而不是指只有犯故意杀人罪、故意伤害罪的，才负刑事责任，绑架撕票的，不负刑事责任。对司法实践中出现的已满十四周岁不满十六周岁的人绑架人质后杀害被绑架人、拐卖妇女、儿童而故意造成被拐卖妇女、儿童重伤或死亡的行为，依据刑法应当追究其刑事责任的。

以上或者重伤五人以上，负事故全部或者主要责任的；（二）死亡六人以上，负事故同等责任的；（三）造成公共财产或者他人财产直接损失，负事故全部或者主要责任，无能力赔偿数额在六十万元以上的。”

诸如此种细化标准的刑法解释还有很多，对于细化标准的刑法解释，我们需要把握这种刑法解释中设定的构成要件应当区别于《刑法》文本中规定的构成要件，刑法解释以一种设定构成要件要素的方式对《刑法》文本中符合某一构成要件所具备的条件进行规定。比如对“信用卡”的具体规定，随着社会发展，涉及“信用卡”的犯罪愈演愈烈，因此司法实践在具体的定罪量刑中需要对“信用卡”定义着明确的界定。《全国人民代表大会常务委员会关于〈中华人民共和国刑法〉有关信用卡规定的解释》规定：“刑法规定的信用卡是指由商业银行或者其他金融机构发行的具有消费支付、信用贷款、转账结算、存取现金等全部功能或者部分功能的电子支付卡。”这个解释最大的特点是直接指明解释的对象，解释的内容是对信用卡含义的阐述。这是细化适用标准的特殊方式。

我们认为，面对现实情况以及现实决定的其他法律发生变化，刑法不应当墨守成规，而是要积极地做出回应，否则难以发挥刑法第二位的保障性作用。针对金融业的发展以及相关金融法规发生的变化，全国人大常委会通过立法解释来明确刑法中“信用卡”的含义，属于法律制定后出现新的情况需要解释的情形。但是我们同时也要注意到，刑法解释的明确性是一把双刃剑，过于明确会限缩司法工作者的解释空间，一旦出现没有明确规定的情形，那么司法工作者与普通公民便不知所以，无所适从。我们推崇法律的明确性，但绝对的明确性是极难追求的目标，进而使我们考虑法律“明确性”与“模糊性”的平衡。即使在刑法解释中也要期以达到这两者的平衡。

（三）提示适用刑法总则

我国刑法总则主要被规定在了刑法条文的前四章节中。在我国刑法总则中，第一章规定了刑法的任务、基本原则和适用范围，第二章规定了犯罪和刑事责任、犯罪的预备、未遂和中止以及共同犯罪与单位犯罪，第三章与第四章具体规定了刑罚以及刑罚的具体运用。

刑法总则是对刑法的一般原则、概念的规定。刑法总则对刑法分则以及刑法解释都具有指导作用，《刑法》第 101 条规定：“本法总则适用于其他有刑罚规定的法律，但是其他法律有特别规定的除外。”刑法的分则自当适用于刑法总则的规定，总则与分则之间的关系，属于从属性的指导与被指导、制约与被制约的关系。换言之，总则为体，分则为用。因此对于刑法解释而言，对分则的具体解释也不能与刑法总则规定相抵牾。因此，总则规定的是犯罪的共同要件，而分则规定了犯罪的具体要件。一般来说，总则指导着分则。

刑法总则对刑法解释也具有指导作用。刑法解释在一定程度上也体现了对刑法总则的遵守，分别体现在定罪与量刑两个方面。

在定罪方面，《刑法》第 17 条规定了刑事责任年龄：“已满十六周岁的人犯罪，应当负刑事责任。已满十四周岁不满十六周岁的人，犯故意杀人、故意伤害致人重伤或者死亡、强奸、抢劫、贩卖毒品、放火、爆炸、投放危险物质罪的，应当负刑事责任。”对于刑事责任年龄的细节的具体规定，2006 年 1 月 11 日最高人民法院《关于审理未成年人刑事案件的具体应用法律若干问题的解释》规定：“本解释所称未成年人刑事案件，是指被告人实施被指控的犯罪时已满十四周岁不满十八周岁的案件；刑法第十七条规定的‘周岁’，按照公历的年、月、日计算，从周岁生日的第二天起算。刑法第十七条对刑事责任年龄做了具体规定，已满十六周岁的人犯罪，应当负刑事责任。已满十四周岁不满十六周岁的人，犯故意杀人、故意伤害致人重伤或者死亡、强奸、抢劫、贩卖毒品、放火、爆炸、投放危险物质罪的，应当负刑事责任。已满十四周岁不满十八周岁的人犯罪，应当从轻或者减轻处罚。因不满十六周岁不予刑事处罚的，责令他的家长或者监护人加以管教；在必要的时候，也可以由政府收容教养。”刑事责任年龄的规定在刑法总则中被具体体现，当然作为刑法构成要件要素，对刑事责任年龄的精确把握对司法实践起着至关重要的作用。

在量刑方面，如 2000 年 11 月 15 日最高人民法院《关于适用财产刑若干问题的规定》规定：“刑法规定‘并处’没收财产或者罚金的犯罪，人民法院在对犯罪分子判处主刑的同时，必须依法判处相应的财产刑；刑法规定‘可以并处’没收财产或者罚金的犯罪，人民法院应当根据案件具体情况及犯罪分子的财产状况，决定是否适用财产刑。另外，人民法院应当根据犯罪情节，如违法所得数额、造成损失的大小等，并综合考虑犯罪分子缴纳罚金的能力，依法判处罚金。刑法没有明确规定罚金数额标准的，罚金的最低数额不能少于一千元。对未成年人犯罪应当从轻或者减轻判处罚金，但罚金的最低数额不能少于五百元。还有依法对犯罪分子所犯数罪分别判处罚金的，应当实行并罚，将所判处的罚金数额相加，执行总和数额。”在这个解释中，财产刑的适用，并罚的进行都是刑法总则所规定的。

刑法总则中对量刑规定篇幅较多，因此就刑法解释提示使用刑法总则而言，多体现在量刑情节中，如 2009 年 3 月 12 日最高人民法院、最高人民检察院《关于办理职务犯罪案件认定自首、立功等量刑情节若干问题的意见》就赃款赃物等追缴情形的处理，提出以下意见：“贪污案件中赃款赃物全部或者大部分追缴的，一般应当考虑从轻处罚。受贿案件中赃款赃物全部或者大部分追缴的，视具体情况可以酌定从轻处罚。犯罪分子及其亲友主动退赃或者在办案机关追缴赃款赃物过程中积极配合的，在量刑时应当与办案机关查办案件过程中依职权追缴赃款赃物的有所区别。职务犯罪案件立案后，犯罪分子及其亲友自行挽回的经济损失，司法机关或者犯罪分子所在单位及其上级主管部门挽回的经济损失，或者因客观原因减少的经济损失，不予扣减，但可以作为酌情从轻处罚的情节。”

提示使用刑法总则，是刑法解释的一种方法，当在规定具体立法解释或者司法解释中，其所涉及的内容与总则有关系时，才会出现以“提示”的方法适用刑法总则。比如，2000 年最高人民法院《关于审理拐卖妇女案件适用法律有关问题的解释》第 2 条规定，外国人或者无国籍人拐卖外国妇女到我国境内被查获的，应当根据《刑法》第 6 条的规定，适用我国刑法定罪处罚。这里关于属地管辖的刑法解释以“注意规定”的方式对刑法总则加以体现。这种做法类似刑法中的空白罪状，不直接规定某一犯罪的犯罪构成，而是指明所参照的法律与法规等具体规定，空白罪状需要结合相关的法律法规才能够具体确定该犯罪的特征。

提示使用刑法总则，也包含了刑法体系解释的合理运用问题。刑法的体系解释目的在于保障刑法的整体协调性。对整体的理解离不开对部分的理解，但是对部分的准确把握又离不开对整体的理解。在进行刑法解释时，我们将条文或者用语与刑法总则有机地结合，把它们与刑法总则视为一个完整的系统，从而使刑法条文的具体解释与总则相协调。这样做既保证了刑法解释在形式上对文本逻辑的遵从，也有利于在实质上体现刑法的公平。

反之，当刑法解释对总则没有进行关照与体现时，便会发生一些冲突。

以故意犯罪为例，我国《刑法》中规定了故意犯罪，刑法总则规定故意犯罪的认识因素是“明知”自己的行为会发生危害社会的结果。刑法总则的“明知”是故意的一般构成因素，而分则中的“明知”则是一种特定的构成因素。刑法总则中的明知与分则中的明知都是一种现实的认知，明知是指行为人已经知道某种事实的存在，而不能包括应当知道某种事实的存在，不然将混淆故意与过失的界限。但是在现有的司法解释中，将“应当知道”解释成了“明知”的情形却大有存在。比如《刑法》第一百四十五条将“销售明知是不符合保障人体健康的国家标准、行业标准的医疗器械、医用卫生材料，足以严重危害人体健康的”规定成为犯罪行为。但是最高人民法院、最高人民检察院2001年4月9日《关于办理、销售伪劣产品刑事案件具体适用法律若干问题的解释》第6条第4款指出“医疗机构或者个人，知道或者应当知道是不符合保障人体健康的国家标准、行业标准的医疗器械、医用卫生材料而购买、使用，对人体健康造成严重危害的，以销售不符合标准的医用器材罪定罪处罚”。

又如《刑法》第345条规定了盗伐林木罪，具体规定：“非法收购、运输明知是盗伐、滥伐的林木数量较大的，处三年以下有期徒刑、拘役或者管制，并处或者单处罚金；数量巨大的，处三年以上七年以下有期徒刑，并处罚金。”最高人民法院在2000年11月22日《关于审理破坏森林资源刑事案件具体应用法律若干问题的解释》指出，《刑法》第345条规定的非法收购，运输明知是盗伐、滥伐中的“明知”是指知道或者应当知道。

这种将“明知”解释为“知道与应当知道”的行为属于扩大解释，此时刑法解释是否与刑法规范以及刑法的整体精神相契合与协调值得我们思考。根据刑法总则的解读，“明知”是一种故意的心理，“应当知道”是过失心理，从事实角度分析，“明知”是一种现实情况下的认识，“应当知道”是明知可能性而没有现实的认识。换言之，如果刑法没有明确规定为过失构成犯罪的，只能由故意构成。根据刑法总则原理以及分则的规定，某种犯罪要求行为人明知符合构成要件的事实时，才构成故意犯罪，过失不可能构成该罪。如果将该故意犯罪解释为包含过失犯罪，则违反罪刑法定原则。

如果在解释的时候不考虑刑法总则条款，难免会顾此失彼，导致不协调。因此，在提示使用刑法总则的时候需要用科学的方法。注重刑法解释与刑法总则的内涵符合，在对具体分则做出解释时，不能超越总则的语义射程，更不能做出意思相悖的具体规定，否则有损刑法解释的权威，也不利于司法实践的贯彻实行。

（四）提示使用刑法原则

刑法解释离不了刑法原则的指导，刑法原则对刑法解释的指导贯穿于刑法解释的始末，对刑法解释起着普遍和根本性制约与指导作用，能够反映刑法解释的基本精神。

首先，刑法解释的原则不是刑法解释的具体规则，规则适用的范围是有限的，而原则在适用上具有普适性。刑法解释的基本原则是解释刑法的基本原则，刑法解释的基本原则当然也应当遵守刑法的基本原则。[①]但是刑法解释的基本原则应当考虑解释学自身的特点。总的来说，刑法解释的基本原则是解释刑法时所必须遵循的具有根本性的指导原则。其目的不仅要能体现刑法的基本精神，还要符合不同于一般法律解释的特定要求。

解释的基本原则对解释的方法论具有重大的影响作用，其重在简明而对解释富有指导性，应当具有区别于其他部门法的基本原则的特征且具备刑法解释的明确性要求。[②]刑法解释有一定的明确的方向性和限度，并且有着追求的目标。在我国学术界，关于刑法解释的原则我国学者将其概括为20多项。笔者此处着重对合法性、正当性与技术导向性原则等做以分析。

刑法解释对刑法原则的适用具体如下：第一，合法性原则。合法性原则是指刑法的解释必须符合宪法和法律的要求，[③]合法性是刑法解释的首要原则，不论何种解释主体，不论采取何种解释方式，都应当以遵守宪法和刑法为首要准则。这是法治解释活动对依法治国形式主义的遵守。刑法解释是归属于刑事规范领域的解释，应当坚持罪刑法定主义对刑法解释的指导。这要求刑法解释应以刑法文本为基础，以此展开对刑法规范的解释。

合法性原则的目的在于维护刑法的安定性。合法性原则的内容使刑法解释在合法框架内运行，是刑法解释首要遵守的原则，体现着对形式正义的贯彻。

第二，正当性原则。[④]正当性原则体现的是刑法解释的实质正义的要

---

① 如罪刑法定、刑法适用平等、罪责刑相适应等原则。
② 刘浩：《刑法解释方法论》，中国政法大学出版社2014年版，第76页。
③ 张志铭：《法律解释操作分析》，中国政法大学出版社1999年版，第238页。
④ 正当性原则也称之为合理性原则。

求，正当性是个含混而又抽象的概念，刑法解释的正当性需要有利于实质正义的实现并且在解释背后需要有充分的法理依据作为规范。

法律以追求正义为目标，正当性原则要求解释追求一致性，这种一致性要求有一个统一的标准，那就是刑法的安定性和可预测性，因此减少对刑法认识和理解的偏差成为解释学的根本任务。①解释中的正当性就是要求解释能够达到这种一致性，减少偏差且解释过程与结论具有普遍的可接受性并能够得到广大国民的认可与理解。

合法性与现实世界存在着冲突，合理性此时就充当着消解矛盾的工具。在这个意义层面可以说合理性是合法性的补充。刑法的合理性体现着"正义、平等、公正"理念。具体而言，正义理念要求我们把社会发展变化调整到刑法规范的范围之内。平等理念体现在面对具体个案时，当出现有解释规定时，要对所有案件统一平等对待。解释的公正要求不能偏私，体现刑法解释的效果是罪罚相当，解释时对刑法规范条文内部之间也应协调处理。

第三，技术导向性原则。技术导向性原则是指一项刑法解释满足了合法性原则和合理性原则，然而仍然具有多种解释结论需要取舍，因而有必要采用多种解释方法进行演绎并根据科学的技术甄别出最有效的解释结论。②此原则给合法性与合理性架起了桥梁，技术导向性能让解释者在解释活动中自如根据需求进行取舍，并科学地甄别并选择出最佳的解释方法和结论。

刑法解释在刑法原则的指导下展开，当然，刑法解释中也体现着对刑法原理的适用。因为在刑法分则中，条文规定的局限性导致不能将刑法原理适用涵盖其中。具体如对罪数、溯及力等通过相应的司法解释加以规定。比如，2009 年最高人民法院《关于审理洗钱等刑事案件具体应用法律若干问题的解释》中第 3 条规定："明知是犯罪所得及其产生的收益予以掩饰、隐瞒，构成刑法第三百一十二条规定的犯罪，同时又构成刑法第一百九十一条或者第三百四十九条规定的犯罪的，依照处罚较重的规定定罪处罚。"这条规定是对洗钱罪、掩饰隐瞒犯罪所得罪与窝藏、隐瞒毒品、毒赃罪出现想象竞合的情况下，提示按照想象竞合从一重罪原则处理的典型。③可见对刑法

① 侯俊生：《西方社会理论教程》（第三版），南开大学出版社 2010 年版，第 65 页。

② 刘艳红：《刑法解释原则的确立、展开与适用》，《国家检察官学院学报》2015 年第 5 期。

③ 李翔：《刑法修订、立法解释与司法解释界限之厘定》，《上海大学学报（社会科学版）》2014 年第 5 期。

原理与原则的提示性适用，是刑法解释的重要方式之一。

二、解释规范中的定量因素

定量因素是我国刑法的特色之一。犯罪是一种客观存在，在哲学上体现了质与量的统一。定量体现在对犯罪危害程度的数量化描述。对罪刑评价的模式，我们追寻一种从粗疏到精准，从定性到定量。犯罪定量问题的探讨基于对"社会危害性"程度的界定。

如果偏向立法的考量，对行为人的评价则体现在对性质和程度两方面的评价。对相当多的犯罪来讲，数量要件成为我们区分行为是否构成犯罪以及不同量刑轻重的要素之一。如果偏向司法的考量，在司法实践中会出现一种"立法定性，司法定量"的模式，纵观我国的刑法解释，大多为此类模式，但是不管怎样，定量因素都是重要的衡量标准。

犯罪是国家以明文形式通过刑事立法的方式制定出来的，大多国家对犯罪的规定只是在形式上进行界定犯罪，但是我国采取的是立法既定性又加以定量的模式。我国《刑法》第 13 条规定，一切危害社会、依照法律应当受刑罚处罚的行为都是犯罪，但是情节显著轻微危害不大的，不认为是犯罪。经过分析，我们可以得知此条文对犯罪的界定，前半部分规定的是定性因素，后半部分规定了定量因素。在刑法分则以及刑法解释中我们也可以看到定量因素的存在，比如"情节恶劣""情节严重""数额较大""造成严重后果"等表述大量存在，以其来表明危害程度的规定。这对认定犯罪的意义极大。

从我国古代立法来看，比如在唐律中对盗窃的规定："无赃笞四十、一尺杖六十开始一直规定到四十匹流三千里，五十匹加役流。"这种立法追求刑法的细密化，但是，"此种法律的细则化是着眼于否定自由裁量，有可能导致法律的僵化。一谈周详规定就变得条文繁苛，一谈灵活运用就变得比附失当。这是我国法制建设中的一个怪圈"。①

刑法本身成文的局限性，条文本身具有成文法的局限性。不论如何设计都不可能达到直接适用具体个案的要求，所以，从刑法的局限性考虑，在

---

① 季卫东：《法治秩序的建构》，中国政法大学出版社 1999 年版，第 59—60 页。

立法中，刑法条文的定量很难实现。因此为了司法实践的需要，定量的规定大量体现在司法解释中。

刑法解释中的定量规定大致可以分为几种。第一，对数额的定量。在定量要素中，数额最主要的作用在于对具体罪名成立的确认，构成该罪的基本的起刑点。因为具体的刑法典没有固定认定数额以及起刑的标准，所以具体数额与标准就基本由最高人民法院和最高人民检察院联合颁布的司法解释规定。比如，2014 年 8 月 12 日最高人民法院、最高人民检察院《关于办理走私刑事案件适用法律若干问题的解释》第 13 条对《刑法》第 152 条的适用解释进行了规定："以牟利或者传播为目的，走私淫秽物品，达到下列数量之一的，可以认定为刑法第一百五十二条第一款规定的'情节较轻'：(一)走私淫秽录像带、影碟五十盘(张)以上不满一百盘(张)的；(二)走私淫秽录音带、音碟一百盘(张)以上不满二百盘(张)的；(三)走私淫秽扑克、书刊、画册一百副(册)以上不满二百副(册)的；(四)走私淫秽照片、画片五百张以上不满一千张的；(五)走私其他淫秽物品相当于上述数量的。走私淫秽物品在前款规定的最高数量以上不满最高数量五倍的，依照刑法第一百五十二条第一款的规定处三年以上十年以下有期徒刑，并处罚金。走私淫秽物品在第一款规定的最高数量五倍以上，或者在第一款规定的最高数量以上不满五倍，但属于犯罪集团的首要分子，使用特种车辆从事走私活动等情形的，应当认定为刑法第一百五十二条第一款规定的'情节严重'。"这种对数量的规定已经将淫秽物品数量量化到了具体张数，对司法实践有着极其重要的指导。

第二，对情节的定量。情节的量化体现在"情节严重"的程度上，量化情节的严重程度一般分为三个层次，分别是"情节较重""情节严重"与"情节特别严重"。以贪污罪为例，《刑法》第 383 条对贪污罪处罚的规定："对犯贪污罪的，根据情节轻重，分别依照下列规定处罚：(一)贪污数额较大或者有其他较重情节的，处三年以下有期徒刑或者拘役，并处罚金。(二)贪污数额巨大或者有其他严重情节的，处三年以上十年以下有期徒刑，并处罚金或者没收财产。(三)贪污数额特别巨大或者有其他特别严重情节的，处十年以上有期徒刑或者无期徒刑，并处罚金或者没收财产；数额特别巨大，并使国家和人民利益遭受特别重大损失的，处无期徒刑或者死刑，并处没收财产。"其中三个条款分别规定了"较重情节""严重情节""特别严重情节"。那么对于情节如何做到具体把握，就需要相应的刑法解释规定具体指引。2016 年 3 月 25 日最高人民法院、最高人民检察院《关于办理贪污贿赂刑事案件适用法律若干问题的解释》在第 1 条就规定了如何认定《刑法》第 383 条第 1 款规定的“其他较重情节”，具体规定是：“贪污数额在一万元以上不满三万元，具有下列情形之一的，应当认定为刑法第三百八十三条第一款规定的‘其他较重情节’，依法判处三年以下有期徒刑或者拘役，并处罚金：(一)贪污救灾、抢险、防汛、优抚、扶贫、移民、救济、防疫、社会捐助等特定款物的；(二)曾因贪污、受贿、挪用公款受过党纪、行政处分的；(三)曾因故意犯罪受过刑事追究的；(四)赃款赃物用于非法活动的；(五)拒不交待赃款赃物去向或者拒不配合追缴工作，致使无法追缴的；(六)造成恶劣影响或者其他严重后果的。”在第 2 条中规定了“其他严重情节”，具体规定是：“贪污数额在十万元以上不满二十万元，具有本解释第一条第二款规定的情形之一的，应当认定为刑法第三百八十三条第一款规定的‘其他严重情节’。”在第 3 条中规定了“其他特别严重情节”，具体规定是：“贪污数额在一百五十万元以上不满三百万元，具有本解释第一条第二款规定的情形之一的，应当认定为刑法第三百八十三条第一款规定的‘其他特别严重情节’。”由此可以看出，情节的定量也是司法解释的重要功能。

第三，对后果的定量。在刑法解释中，后果也可以作为单独的定罪要素，我们对此进行评价考量。作为定量要素我们可以从以下几个因素进行分析。(1)身体健康、人员伤亡。比如，在生产、销售劣药罪中“给人体健康造成严重危害”，医疗事故罪中“造成就诊人死亡或严重损害就诊人身体健康”。(2)经济利益。比如，在虚假出资、抽逃出资罪中“给公司、股东、债权人造成直接经济损失累计数额在 10 万元至 50 万元以上”。(3)社会秩序与安宁。比如，聚众扰乱社会秩序罪中“致使工作、生产、营业和教学、科研无法进行”。(4)舆论影响。出版歧视、侮辱少数民族作品罪中“造成恶劣的政治影响，引起民族纠纷”。2008 年 6 月 25 日最高人民检察院、公安部《关于公安机关管辖的刑事案件立案追诉标准的规定(一)》第 1 条中规定：“过失引起火灾，涉嫌下列情形之一的，应予立案追诉：(一)导致死亡一人以上，或者重伤三人以上的；(二)造成公共财产或者他人财产直接经济损失五十万元以上的；(三)造成十户以上家庭的房屋以及其他基本生活资料烧毁的；(四)造成森林火灾，过火有林地面积二公顷以上，或者过火疏林地、灌木林地、未成林地、苗圃地面积四公顷以上的；（五）其他造成严重后果的情形。”可见，刑法解释对后果的规定也是极为重要。

刑法解释中定量因素的存在为司法实践提供了直接参考的具体依据。但定量因素也是利弊兼有。刑法解释大量定量因素的存在是我国面临社会转型期，经济的快速发展与社会的进步在刑事立法和刑法解释中的体现。

定量因素的存在造成了地方之间适用的冲突。比如我国“两高”在发布刑法司法解释的实践中，在涉及定罪量刑的数额、数量问题时，往往只规定一个相对确定的幅度，授权省级司法机关在此幅度内确定一个具体确定的标准。比如，1998 年 3 月 26 日最高人民法院、最高人民检察院、公安部发布的《关于盗窃罪数额认定标准问题的规定》规定，个人盗窃公私财物“数额较大”，以 500—2 000 元为起点；“数额巨大”的，以 5 000—20 000 元为起点；“数额特别巨大”的，以 30 000—100 000 元为起点。与此同时，授权给地方解释权：各省、自治区、直辖市高级人民法院、人民检察院、公安厅可以根据本地区的经济发展状况，并考虑社会治安状况，在上述数额幅度内，共同研究确定本地区执行的盗窃罪“数额较大”“数额巨大”“数额特别巨大”的具体标准，并分别报最高人民法院、最高人民检察院、公安部备案。根据这一授权，各省机关分别制定了各自的具体执行标准。

各省、市、自治区司法机关发布的刑法解释性文件如果在具体犯罪的定罪量刑标准上存在差异，就会导致冲突规范。比如，在具体的刑事案件中会导致现实的规范性文件的冲突。其冲突体现如下：(1)如甲省的人在乙省实施了犯罪，而两个地方的关于盗窃的定罪量刑标准不一（分别为 3 000 元与 2 000 元），那么假如甲省的人 A 在乙省偷取得了他人 2 500 元钱，盗窃行为在当时没有被发现，回到甲省后，因其他犯罪被捕后供述了前面的行为，是刑罚执行完毕之后再交给乙省司法机关追究盗窃罪的刑事责任还是一并处理？如果进行一并处理，应该适用甲省还是乙省的数额标准对其盗窃行为进行处理？(2)犯罪嫌疑人、被告人是跨省的共同犯罪，当其中的一些人来自不同的省份，或者是犯罪行为发生在不同的省份的时候，省级别的司法解释性文件的冲突也会暴露出此问题的存在，此时该采用何省标准也是争议极大的问题。

我国刑法的犯罪构成一部分是由定量因素决定，以上述分析的情况考虑，此时的定量因素就会对定罪量刑产生影响。

首先，定量因素影响定罪。由于最高人民检察院或者最高人民法院的司法解释对同一犯罪的追诉标准不一，导致在一省能够达到追诉范围从而苛以刑责，在另一省因为数额没有达到而免于刑事追责，以一般的违法行为论处。对于一般盗窃罪，其数额较大成为犯罪的构成要件，所以司法解释的模糊规定对罪与非罪的区别极大。

其次，定量因素影响量刑。刑事上的这种省际冲突还会对量刑的轻重带来一定的影响。因为同一罪名在法定刑的设置上会因为省际出现规定的巨大差别而对量刑造成巨大影响。同一犯罪内部，犯罪数额的不同往往也是适用轻重不一的法定刑幅度的重要依据，数额较大，数额巨大还是数额特别巨大就会适用轻重悬殊的刑罚。因此刑法解释的量化就尤为重要。

目前，我国省级司法机关制定刑法司法解释性文件的活动已经成为普遍现象。但值得思考的是，如果此类解释活动缺乏必要的制度制约，就难免会出现违反原先立法解释的真实意思的情况。这就会造成省际司法解释的冲突。

我国《刑法》中也存在着大量的"情节严重""后果严重""致使公共财产、国家和人民利益遭受重大损失"等有待具体化的定罪量刑标准。最高人民法院、最高人民检察院不太可能在刑法制定后立即就这一些问题发布司法解释。在"两高"尚未对这些具体问题作出具体的解释之前，省级司法机关往往就会先行制定一个适用于本省、市、自治区的标准，这也会导致同一犯罪在不同的省、市、自治区适用不同的认定标准的局面。以上说的是正常情况下出现的刑事司法解释性文件的省级冲突，如果省级司法机关制定有违刑法或者"两高"司法解释的解释性文件的，自然也会导致刑法司法解释性文件的省际冲突。

这种问题是刑法解释没有达到相对具体量化而产生的结果。那么如何解决此类问题，笔者认为，比较妥当的做法是最高司法机关不再授权给地方的省级司法机关依据自己经济发展水平制定标准，而是在司法解释中制定统一的适用标准。虽然这样的做法也有一定弊端，但经综合考量，这样做利大于弊。并且我国也存在着大量只是做统一规定而未做具体定量标准的规定，如 2001 年 4 月 9 日最高人民法院、最高人民检察院发布的《关于办理生产、销售伪劣商品刑事案件具体应用法律若干问题的解释》以及 2000 年 6 月 16 日最高人民法院发布的《关于审理破坏土地资源刑事案件具体应用法律若干问题的解释》等。

因此最高司法机关应及时地行使刑事司法解释权，为司法实践提供统一的定罪量刑标准，实现有章可依，从而避免地方司法机关制定相关解释。

三、规定具体制度的执行细则

司法解释对具体制度的执行体现在对刑法条文实施细则的规定上。比如，2010 年最高人民法院《人民法院量刑指导意见(试行)》对交通肇事罪、故意伤害罪、强奸罪、非法拘禁罪、抢劫罪、盗窃罪、诈骗罪等 15 种犯罪的量刑提出了指导意见，另外又对 14 种常见的量刑情节进行了幅度性的规定。

又如，2010 年最高人民法院、最高人民检察院、公安部、司法部《关于对判处管制、宣告缓刑的犯罪分子适用禁止令有关问题的规定(试行)》为了确保管制和缓刑的执行效果，对判处管制、宣告缓刑的犯罪分子适用禁止令的有关问题做了详细规定。其中第 1 条规定："对判处管制、宣告缓刑的犯罪分子，人民法院根据犯罪情况，认为从促进犯罪分子教育矫正、有效维护社会秩序的需要出发，确有必要禁止其在管制执行期间、缓刑考验期限内从事特定活动，进入特定区域、场所，接触特定人的，可以根据刑法第三十八条第二款、第七十二条第二款的规定，同时宣告禁止令。"

又如，2012 年最高人民法院、最高人民检察院、公安部、司法部《社区矫正实施办法》也作出细则性规定，比如其中第 6 条规定："社区矫正人员应当自人民法院判决、裁定生效之日或者离开监所之日起十日内到居住地县级司法行政机关报到。县级司法行政机关应当及时为其办理登记接收手续，并告知其三日内到指定的司法所接受社区矫正。发现社区矫正人员未按规定时间报到的，县级司法行政机关应当及时组织查找，并通报决定机关。"

这些具体的细则规定增加了司法实践中的可操作性，对统一司法操作具有重要的引导意义。与细则性相反的是宏观刑事政策，刑事政策对整个刑法解释也具有重要的导向作用。此处我们有必要对刑事政策与刑法解释的相关问题进行分析。刑事政策对刑事立法与刑事司法有着很大的影响，因而"在执行刑法时也必须考虑制定时所依据的刑事政策的精神"，在进行刑法解释时，充分考虑刑事政策就必不可少，其中作为重要的考量因素的是发挥刑事政策对刑法解释的作用。

刑事政策是指国家处理犯罪、对待犯罪时的政策或者策略,它代表了国家在特定阶段对某种特定类型的犯罪所秉持的犯罪理念。司法工作者在司法实践中固然该坚持公正平等的法治理念,但也离不开刑事政策的指导。

刑事政策对刑法立法解释具有指导作用。刑法立法解释的出台本身就意味着社会产生了对相应刑法规范予以明确性阐明的刑事政策。刑法立法解释在对刑法条文做出具体解释时已经包含了立法者的价值选择,“刑法立法解释正是这种刑事政策得以表达和实现的工具”。①

比如,2002 年 8 月 29 日全国人民代表大会常务委员会《关于〈中华人民共和国刑法〉第三百一十三条的解释》中,全国人民代表大会常务委员会讨论了《刑法》第 313 条规定的“对人民法院的判决、裁定有能力执行而拒不执行,情节严重”的含义问题。该解释具体规定为:“(一)被执行人隐藏、转移、故意毁损财产或者无偿转让财产、以明显不合理的低价转让财产,致使判决、裁定无法执行的;(二)担保人或者被执行人隐藏、转移、故意毁损或者转让已向人民法院提供担保的财产,致使判决、裁定无法执行的;(三)协助执行义务人接到人民法院协助执行通知书后,拒不协助执行,致使判决、裁定无法执行的;(四)被执行人、担保人、协助执行义务人与国家机关工作人员通谋,利用国家机关工作人员的职权妨害执行,致使判决、裁定无法执行的;(五)其他有能力执行而拒不执行,情节严重的情形。”

这条立法解释的出台是因为“欠债不还现象的普遍存在引起了中央领导同志的高度重视,为解决欠债不还问题寻找法律对策也是司法机关普遍关心的议题”。②但是单纯根据文意解释刑法条文可能导致对犯罪的放纵,因而对这种拒不执行行为采取的政策取向是一种重点治理的思维模式,所以政策的需要推动了刑法立法解释出台。

刑事政策对刑法司法解释具有指导作用。最高司法机关在行使刑事司法权的过程中必然也离开不了对刑事政策的体现。

2003 年 5 月 14 日最高人民法院、最高人民检察院《关于办理妨害预防、控制突发传染病疫情等灾害的刑事案件具体应用法律若干问题的解释》

---

① 时延安、阴建峰:《刑事政策在刑法有权解释中的功能》,《南都学坛(人文社会科学学报)》2005 年第 2 期。

② 黄太云:《关于〈中华人民共和国刑法〉第三百一十三条的解释的理解与适用》,《人民检察》2002 年第 10 期。

颁布。此司法解释颁布的目的是："为依法惩治妨害预防、控制突发传染病疫情等灾害的犯罪活动，保障预防、控制突发传染病疫情等灾害工作的顺利进行，切实维护人民群众的身体健康和生命安全，根据《中华人民共和国刑法》等有关法律规定，现就办理相关刑事案件具体应用法律的若干问题解释。"

此时正值"非典"肆虐，维护社会稳定，消灭非典疫情，保护人民的生命安全成了党和政府关心的头号大事。此时的政策导向是对破坏"非典"防治工作的人予以严惩。

刑事政策对刑法司法解释的作用体现在其可能导致犯罪圈的扩张或者收缩。"随着社会条件的变化，不同社会发展阶段的刑事政策可能会导致对相同刑法条文的含义、范围等产生不同影响。"①比如，在预防突发性传染病中的一般违法行为，随着新的司法解释的出台而被犯罪化。

刑事政策对刑事司法的作用是巨大的，在刑法尚未完备之时，刑事政策可以直接成为定罪量刑的工具，在刑事法治已经基本确立的今天，刑事政策对刑事司法仍然具有重要的指导功能。

---

① 时延安、阴建峰：《刑事政策在刑法有权解释中的功能》，《南都学坛（人文社会科学学报）》2005年第2期。

第四章　实然层面下刑法修订与刑法解释之现实纠缠

第一节　修订机关自降身价任意解释

一、解释性条文内容增设之否定

众所周知，刑法是规定犯罪与刑罚的法律，而在其中，还有一类不同于普通条文的存在，即解释性条文。所谓解释性条文，从字面意思理解就是以解释为其主要功能的条文，其解释的内容既可以是某些领域的专业名词，也可以是刑法中使用的一些专有名词。从形式和内容上看，解释性条文都具有其独有的特征：形式上，解释性条文以两种形式存在——独立的一条或独立的一款；内容上，解释性条文是对特定术语的解释说明或对特定范围的界定，而不涉及一般条文中规定的定罪与处罚的内容。解释性条文并不是刑法修改的产物，而是在 1997 年《刑法》颁布的时候就已经存在，并且发挥着重要的作用。然而，现在刑法修改中对于解释性条文的非必要性增设，不但不能发挥原有的解释性条文所有的重要功能，反而会对现有的刑法体制造成一定的干扰，故对此应予以否定。

（一）原有解释性条文及其存在价值

在我国 1997 年《刑法》条文中，就已有数个关于总则和分则的解释性条文存在，它们或是对整个刑法条文中出现频率较多的名词加以诠释，或是对某些具体章节内涉及次数较多的名词加以定义，以单独条文或一款的形式将刑法条文中关键的词汇予以解释说明。在 1997 年《刑法》实施 20 多年来，原有解释性条文发挥了重大的作用。

1. 刑法总则中的解释性条文

《刑法》总则部分以单独列条的形式对在整个刑法中出现频率较大的词汇作出了具体的阐释说明，具体内容包括：第 91 条对“公共财产”的含义加以说明，第 92 条对“私人所有财产”的含义加以说明，第 93 条对“国家工作人员”的含义加以说明，第 94 条对“司法工作人员”的含义加以说明，第 95 条对“重伤”的含义加以说明，第 96 条对“违法国家规定”的含义加以说明，第 97 条对“首要分子”的含义加以说明，第 98 条对“告诉才处理”的含义加以说明，第 99 条对“以上、以下、以内”是否包括本数予以说明。综合而言，“公共财产”“国家工作人员”以及“重伤”等词语都是在刑法规范中出现频率大且对定罪量刑有着本质影响的专有名词，《刑法》在总则中对它们加以解释，是必要且意义重大的。

2. 刑法分则中的解释性条文

《刑法》分则中的解释性条文可以分为两大类：

其一是界定名词的范围，譬如第 141 条第 2 款是对“假药”的范围界定，第 142 条第 2 款是对“劣药”的范围界定，第 186 条第 4 款是对“关系人”的范围界定，第 330 条第 3 款是对“甲类传染病”的范围界定。

其二是对名词直接进行解释说明，具体分为两种情况，一种是对该条文内容中出现的名词加以解释，譬如第 196 条第 2 款是对“恶意透支”的概念说明，第 219 条第 3 款是对“商业秘密”的概念说明，第 219 条第 4 款是对“权利人”的概念说明，第 240 条第 2 款是对“拐卖妇女、儿童”的概念说明；另一种是对该章节内多次出现的名词加以解释，譬如第 357 条是对“毒品的定义与数量计算”的解释，第 367 条是对“淫秽物品”的界定，第 451 条是对“战时”的解释。这些解释性条文对于具体的某个犯罪或某类犯罪起到了解释说明作用，虽然未能体现出刑法定罪量刑的功能，但也是为其他条文实现该功能起到奠基作用。

3. 原有解释性条文存在的价值

刑法中设置解释性条款主要是基于以下几个方面的原因：一是有些条文中涉及的概念比较生僻，只为专业人员所掌握，不为一般人所熟知，从而有必要在立法中加以明确解释。二是有些概念虽然为日常所用，但是其含义比较模糊，不易确定，故在立法中加以确定，作出明确的解释。三是有些术语的含义在实践中容易发生歧义，故也有必要加以明确。四是其他一些术语的含义不够明确，不便于司法操作，因而在法律中作进一步的解释。①

（二）解释性条文的增设

《刑法》原有的解释性条文对于个罪的定罪量刑、类罪的认定和辨别乃至整个刑法的运行起到了接洽作用，且这种解释已经可以满足刑法实施中遇到的相关问题。然而，除1997年《刑法》规定的解释性条文外，立法机关在此后的法律修订过程中逐渐偏离了正确的轨道，出现了增设不必要解释性条文的现象。这种立法活动从其表象上来看是对刑法条文中具体名词的解释，但在实质上往往不具有立法的必要性，而是可以通过对法律的解释予以实现。具体包括两种情况：吸收司法解释中的解释性条文和不必要的增设解释性条文。

1. 吸收刑法解释中的解释性条文

司法解释的功能定位在于统一司法尺度，统一不意味着创制标准，而是基于现有条文对标准进行精细化、明确化。大量司法解释条文结合总则规定，将总则的规定运用到分则具体适用中，也有大量规定，通过刑法基本原理，对分则适用加以明确，通过横向列举和阐释，纵向深入和细化，让法律规范适用得更为精准。这些解释行为的实施者应当是司法机关，立法机关不能自降身价以立法手段进行解释。②在我国，立法机关同时也承担着立法解释的任务，而刑法条文和立法解释在某些方面又有着共通之处，故而，通过立法中增设原已通过立法解释加以规定的解释性条文和通过立法解释增设原已通过司法解释加以规定的解释性条文，都是应该加以制止的行为。

比如，《刑法修正案（八）》第43条对《刑法》第294条黑社会性质犯罪的修改内容，直接吸收了全国人大常委会2002年4月28日《关于〈中华人民共和国刑法〉第二百九十四条第一款的解释》的内容，对于为何将立法解释上升为刑法修正案，参与刑法修订的全国人大法工委领导同志指出："出于其是以立法解释的形式存在，容易被忽视，有些地方的司法机关仍以本部门

---

① 参见李富友：《试析我国刑法中的解释性条款——兼评刑法总则第五章规定之失当》，《云南大学学报（法学版）》2002年第1期。

② 李翔：《刑法修订、立法解释与司法解释界限之厘定》，《上海大学学报（社会科学版）》2014年第5期。

的司法解释作为认定黑社会性质的组织的依据，导致对黑社会性质的组织犯罪的认定上出现分歧。”①然而，抛开刑事立法吸收刑法解释这一不恰当的形式，单就《刑法》中增加对“黑社会性质的组织应当同时具备以下特征”这一解释性条款而言，既然已经通过立法解释规定了该内容，就不应再将其上升到立法的高度，如果为了寻求重视就将其放入刑法条文中，那么在司法实践中，需要司法机关高度重视的内容还很多，顾此失彼岂不是更不利于法律的实施。

再比如，全国人大常委会 1998 年 12 月 29 日出台的《关于惩治骗购外汇、逃汇和非法买卖外汇犯罪的决定》第 4 条关于非法买卖外汇依照《刑法》第 225 条非法经营罪论处的规定，在最高人民法院 1998 年 8 月 28 日颁布的《关于审理骗购外汇、非法买卖外汇刑事案件具体应用法律若干问题的解释》中已有规定，并不是对刑法的修改补充，而是一种解释性的规定。②立法解释与司法解释设立的目的和作用均不相同，倘若一条款可以在司法解释与立法解释之间自由地变换，那么两者的差异从何体现，分设司法解释和立法解释也就没有了实际价值。

2. 解释性条文的不必要增设

基于刑法解释与刑事立法的不同功能，对于一些可以通过刑法原理加以解释或是通过刑法解释加以规定就能得到正确的结论的问题，没有将其提高至刑事立法的必要。而解释性条文的不必要增设可以分为两种情况：将可利用刑法原理解释的问题升级至立法行为和将可使用司法解释解决的问题升级至立法解释乃至立法行为。

例如，《刑法修正案（八）》对原《刑法》第 63 条第 1 款的内容进行了修正，修正后的条文表述为：“犯罪分子具有本法规定的减轻处罚情节的，应当在法定刑以下判处刑罚；本法规定有数个量刑幅度的，应当在法定量刑幅度的下一量刑幅度内判处刑罚。”其中，“本法规定有数个量刑幅度的，应当在法定量刑幅度的下一量刑幅度内判处刑罚”为《刑法修正案（八）》新增内容。在“二次量刑”过程中，第一次量刑仅是概括性的刑罚裁量，即对刑种或法定刑期幅度的选择。其裁量的结果是将某一刑种或某一刑期幅度确定为“基准刑”，即《刑法》第 63 条第 1 款所指的“法定刑”。而第二次量刑则是在此

①② 牛克乾：《1997 年刑法修订以来规范性刑法解释状况述评》，《法律适用》2015 年第 4 期。

“基准刑”的下一量刑幅度选择宣告刑。[①]在“二次量刑”的理论下，通过解释即可对减刑后的量刑幅度加以明确。

对现有法条适用的提示性解释不需要立法解释，只要采取司法解释方法即可。例如，在全国人大常委会《关于〈中华人民共和国刑法〉第三百一十三条的解释》中，对国家机关工作人员参与拒不执行判决裁定行为如何定罪进行了规定：国家机关工作人员有上述第四项行为（被执行人、担保人、协助执行义务人与国家机关工作人员通谋，利用国家机关工作人员的职权妨害执行，致使判决、裁定无法执行的），以拒不执行判决、裁定罪的共犯追究刑事责任。这一规定显然是刑法总则共同犯罪原理在分则上的具体应用，也丝毫未对共犯理论进行颠覆，这种单纯对司法适用进行提示的规定，显然不具备动用立法解释的必要性。[②]

（三）解释性条文增设之否定

如上所述，解释性条文的增设不仅未能发挥原有解释性条文的功能，反而多此一举使得修法机关“自降身价”并混淆了立法与解释的关系。对解释性条文增设之否定主要从以下几个方面考量：

1. 增设必要性缺失

正如上文所述，必要的解释性条款在1997年《刑法》公布之初就已经恰如其分的存在于刑法条文中，而现今无论是将司法解释中的解释性条文吸收到刑法修订中，还是将本可以通过刑法原理加以解释的条文纳入刑法修正案中，都缺少增设的必要性。解释性条款的功能在于明确必要名词、短语在《刑法》中的含义，从而明确法条所要表述的真实含义。而现今增设的解释性条款，却多是已有规定的简单重复，对刑法条文的实施无法起到帮助作用。《刑法》一经出台应当具有稳定性，不能朝令夕改，任意增减条文内容，对于条文中出现的重要概念的界定，与其通过继续修改法律增加解释性条款的方式来对其含义加以明确，不如选择利用立法解释对其加以规定。[③]

---

① 李翔：《论我国刑法中的减轻处罚——兼评修正后〈刑法〉第63条第1款》，《中国刑事法杂志》2012年第9期。

②③ 李翔：《刑法修订、立法解释与司法解释界限之厘定》，《上海大学学报（社会科学版）》2014年第5期。

2. 立法权与解释权混淆

在实然的角度上，权力本身的扩张性导致了在司法实践中，刑法修订和刑法解释僭越了自身的权力范围，因此，需要明确修订和解释“不可以做什么”。[①]将法律条文与法律解释相区分，是由于两者具有不同的作用与功能。《刑法》条文具有的规制功能、法益保护功能和权利保障功能等都决定了其站在统领全局的高度限制刑法解释的边界。而刑法解释具有的阐释说明、追求个案正义等功能决定了刑法条文可以得到正确的落实。不必要的解释性条文的出现，使得法律条文与法律解释之间的界线变得不清晰。

按照《全国人民代表大会常务委员会关于加强法律解释工作的决议》和《人民法院组织法》的规定，最高人民法院对于在审判过程中“具体应用法律、法令”的问题进行解释。这些法律的规定告诉我们以下两点：其一，我国法院系统中行使法律解释权的主体只能是最高人民法院，其他任何法院和法院系统中的任何人员都无权解释法律；其二，最高人民法院的法律解释权仅仅限于对法律、法令的具体应用问题进行解释，也就是说它的解释仅仅限于针对在具体案件中的情况而对法律、法令的含义作出说明。而最高人民法院的实际做法却不是严格按照法律规定进行的，导致我国当前的司法解释违背了法律的初衷，出现了严重的错位，具体表现为司法解释的“立法化”“集权化”和“泛滥化”等方面。[②]司法解释的错位本就已经是违背刑法基本原则的现象，倘若将如此产生的解释性条款再用修订刑法的方式在法律条文中加以肯定，岂不是立法对于司法擅自“立法”产物的认可，这将导致司法机关再次干涉立法的恶性循环。

3. 增设实践性缺失

《刑法》需要有一定的稳定性，而人类语言表达的局限性和社会发展的未知性又会导致《刑法》规范落后于社会现状的情形出现。故而，《刑法》在立法中存在很多概括性、有一定解释空间的词语，让司法机关能够根据社会的发展适应新的罪行。如若《刑法》修订机关将解释的权力据为己有，在一定时期内可能有利于相关规定的实施，而随着社会的再发展，当该解释不能

① 李翔：《刑法修订、立法解释与司法解释界限之厘定》，《上海大学学报(社会科学版)》2014年第5期。

② 魏胜强：《司法解释的错位与回归——以法律解释权的配置为切入点》，《法律科学》2010年第3期。

适应新情况时，增设解释性条款的弊端就会暴露，是再次修法，还是让刑法解释机关对解释性条款再次解释？相反，如若通过司法解释或者刑法原理解释的方法解决该问题，不仅能够达到相同的效果，还能保持《刑法》体系的稳定。我国把法律解释单列相对独立于立法权和法律实施权的现行制度下，刑法的立法解释和司法解释实际上更多的是与个案相分离的带有“准立法性”的具有中国特色的刑法解释制度，与西方通行的只与个案相关的“刑法解释”的含义是有很大区别的。①也就是说，我国的刑法解释具有普适性，能够承担起解释相应刑法术语及解决刑法实施中具体问题的责任。

二、修正案移植现有解释之批判

刑法修正案与刑法解释之间的关系向来是修正案出台在先，解释紧跟其后，然而，纵观整个刑法规范体系，却出现了解释在先，修正案在后的不合理现象。这种前后倒置的法律匹配，一方面是解释机关脱离解释范围的“肆意妄为”，另一方面是修订机关承认解释机关越权解释的“助纣为虐”。

（一）修正案移植现有解释之现状

已经出现的刑法修正案移植现有解释现象大体上可分为两种情况，一是刑法修正案直接吸收已有法律解释的内容，将刑法解释上升至刑法条文；另一种是刑法修正案依照已有刑法解释所规定的内容和精神，增加相应的法律条文来与之呼应。

1. 修正案对解释的直接吸收

《刑法修正案(八)》第 43 条对《刑法》第 294 条黑社会性质犯罪的修改内容，即增加第五款“黑社会性质的组织应当同时具备以下特征：(一)形成较稳定的犯罪组织，人数较多，有明确的组织者、领导者，骨干成员基本固定；(二)有组织地通过违法犯罪活动或者其他手段获取经济利益，具有一定的经济实力，以支持该组织的活动；(三)以暴力、威胁或者其他手段，有组织地多次进行违法犯罪活动，为非作恶，欺压、残害群众；(四)通过实施违法犯罪活动，或者利用国家工作人员的包庇或者纵容，称霸一方，在一定区域或

---

① 参见张志铭：《法律解释操作分析》，中国政法大学出版社 1999 年版，第 238 页。

者行业内，形成非法控制或者重大影响，严重破坏经济、社会生活秩序”。就是全盘吸收了全国人大常委会2002年4月28日出台的《关于〈中华人民共和国刑法〉第二百九十四条第一款的解释》的相关内容。正如上文所述，这种不必要的解释性条款本就不应在《刑法》中增设，更不用说是对已有立法解释的全盘吸收了。从节约立法资源的角度来看，这种吸收显然意义不大，在立法解释已经充分发挥其解释效能且其解释的内容并未超过刑法条文应有含义，只是对现有概念做出细化规定的情况下，这种解释并不属于创设性解释，因此也不需要刑法修订将其纳入刑法典当中。此外，用刑法修正案的方式吸收立法解释内容，还存在为什么吸收这个立法解释不吸收那个立法解释的疑问。①

2. 修正案对解释内容的呼应

2013年9月，最高人民检察院、最高人民法院联合出台《关于办理利用信息网络实施诽谤等刑事案件适用法律若干问题的解释》，该解释是我国应对随着网络社会发展，社会危害性不断凸显的网络造谣等行为采取的对策，但因部分内容存在越权的过度解释而备受诟病。为解决该问题，《刑法修正案（九）》增设的“编造、传播虚假信息罪”，试图将该解释的内容正式纳入法律当中。②由于刑法解释较刑法修订更具有时效性，故而刑法解释者有时会越俎代庖，扮演立法者的角色过度地进行刑法解释，出现了刑法解释超越其权限等问题。当该解释条文的发布引发了广泛质疑时，刑法修订者就通过立法修订方式将越权解释加以法律化，以减少冲突。虽然某些解释确实对社会中出现的新型犯罪提供了刑法规范，然而这种“妥协”并非填补法律漏洞的良策。

（二）修正案移植现有解释之弊端

语言的局促、社会的发展、表意的模糊，种种因素决定了立法机关和解释机关都无法制定出完善的法律法规和法律解释。刑法修正案和刑法典之间尚且会有前后冲突、语意不详的矛盾，加之刑法解释又常常为理论界和实务界所诟病，将刑法解释移植到修正案中，成为我国《刑法》的一部分，与之

---

① 李翔：《论刑法修订的体系化》，《学术月刊》2016年第2期。

② 袁彬：《全媒体时代虚假信息犯罪的刑法治理——兼议〈刑法修正案（九）〉的立法选择》，《内蒙古社会科学》2014年第3期。

而来的问题必然更加严峻。

1. 刑法修正案自身缺陷

我国采用修正案的形式对《刑法》进行修订始于1999年，其立法背景和原因是：国务院在全国人大常委会第十次会议上提出了《关于惩治违反会计法犯罪的决定（草案）》和《关于惩治期货犯罪的决定（草案）》，其他部门和一些人大代表也提出立法建议，立法机关认为：(1)立法建议的内容与刑法典的内容许多方面具有相似之处，并且各个建议的内容关系不大；(2)一部统一的刑法典不仅便于司法机关适用，同时便于广大群众学习和掌握，不宜再单独制定两三个决定或者补充决定；(3)不论修改或者补充多少内容，均可一次或者多次修正原有规定，增加条文的，可以在内容相近的刑法条文之后，作为某条之一、之二。如果修改条文，就直接修改，其优越性在于不改变刑法的总条文数，有利于维护刑法典的完整和稳定。①

整体而论，以修正案形式修改《刑法》在实际操作中具有很大现实意义，也适时地对某些条文进行了删改和增加，提高了《刑法》与社会发展的适应性。然而，其中仍有些问题有待解决，比如刑法修正案修改分则内容与总则产生冲突，或是修改了某些分则条款而对相近的其他条款未加改动。《刑法修正案（三）》将刑法条文第114条、第115条第1款修改为："放火、决水、爆炸以及投放毒害性、放射性、传染病病原体等物质……"相应地，2002年3月15日最高人民法院、最高人民检察院《关于执行〈中华人民共和国刑法〉确定罪名的补充规定》将刑法条文原第114条、第115条第1款（《刑法修正案（三）》第1条、第2条）规定为投放危险物质罪，而取消投毒罪罪名。但《刑法》第17条第2款中关于投毒罪的规定并没有修正。②再比如，《刑法修正案（八）》第23至25条、第27条，《刑法》第141条、第143条、第144条、第153条进行了修改，将具体的一定范围限制的罚金数额去掉，改为"并处罚金"。但是，类似有数额范围的罚金规定，如刑法第145条、第162条等却并未一并去掉罚金的范围，有法条之间关系不协调之嫌。③修订后条文之间逻辑合理、无矛盾冲突是对立法修订的最低要求，如此看来，刑法修正案自身仍有很多缺陷有待改进。

---

① 黄太云：《中华人民共和国刑法修正案的理解与适用》，《刑事审判参考》2000年第1辑。

② 黄华平、梁最源：《试论刑法修正案的立法模式》，《中国人民公安大学学报》2005年第3期。

③ 李翔：《论刑法修订的体系化》，《学术月刊》2016年第2期。

2. 刑法解释固有缺陷

不同于刑事立法，刑法解释的产生往往有特殊的事件推动，或是刑法修正案的颁布，或是典型犯罪的发生，而在其制定过程中，舆论导向和刑事政策的影响又间接地决定了最终文件的主旨精神。掺杂的社会因素越多，解释机关就愈发不能单纯地从法律适用的角度解释刑法条文，从而致使刑法解释存在其固有的缺陷。如前文所述，刑法解释制定的时效性使得解释机关往往为了追求案件的"有法可依"却忽视了解释内容是否超越了其权限。在解释权限上，1954 年《宪法》第 27 条规定，全国人民代表大会行使修改宪法和制定法律的权力；第 31 条规定，全国人民代表大会常务委员会行使解释法律和制定法令的权力。1975 年《宪法》和 1978 年《宪法》亦维持了这一规定，这也引发了对于最高人民法院和最高人民检察院是否有刑法解释权的争议。有学者认为"两高"的司法解释权不仅越权且有违宪之嫌。其理论依据主要是：其一，根据我国宪法规定，解释法律是全国人大常委会的职权，宪法中没有全国人大常委会可以授权其他单位以制定强制性规范的形式进行法律解释的规定；其二，2000 年《立法法》明确规定，法律解释权属于全国人大常委会，"两高"只是有权"向全国人民代表大会常务委员会提出法律解释要求"，尽管最初规定最高人民法院司法解释权的《人民法院组织法》也是全国人民代表大会制定的，但是该规定从来没有得到宪法的正式认可，特别是《立法法》颁布后，根据新法优于旧法的原则，"两高"似乎也不应该有以制定强制性规范的方式来解释刑法的权限。①

3. 修正案移植现有解释之弊端

刑法修正案与刑法解释本就是两种不同的规范形式，其也发挥着各自独特的作用。即使是权力主体相同、法律效力级别相同、时间效力相同的刑法修正案和立法解释，也有着性质上和体系上的差异。刑法修正案在其制定颁布之日起，就附属于刑法典的具体条文中，即其内容就成为刑法典的一部分，并插入原有的刑法典条文中以作为充实有关犯罪与刑罚规定的内容。而立法解释的内容并不影响刑法典本身的条文结构。②修正案将刑法解释中的内容全盘吸收，看似将其上升至法律的高度，更利于在实践中应用，实

① 陈忠林主编：《刑法（总论）》，中国人民大学出版社 2003 年版，第 20—21 页。
② 黄华平、梁晟源：《试论刑法修正案的立法模式》，《中国人民公安大学学报》2005 年第 3 期。

则是对刑法解释的单纯复述，并没有实际价值，且以上位法的形式替代了下位法的内容，使得相应的刑法解释没有了存在的价值。而将司法解释中本为越权的内容以修正案的形式加以肯定，无疑是对该越权行为的鼓励，即使是有立法的迫切需要，也应在废除越权司法解释的前提下重新立法。

（三）修正案移植现有解释之批判

立法与解释，是完全不同的两种活动：立法，是对法律规范的立、改、废，其最明显的表现是对法律规范的直接更新，对法条内容的直接增加和减少；而解释，是建立在不对现有条文作任何改动的前提下，以法律规范为文本，对其文本中的内容进行阐明，这种阐明必须在法条的词语内涵和外延之内进行。①即便是产生于同一机关的修正案与立法解释也不能例外。而修正案对现有解释的移植，一方面违背了《宪法》规定立法机关与解释机关的初衷，另一方面使刑法的立法与解释关系倒置，违背正常的刑法体系。

1. 违背《宪法》初衷

《宪法》第 62 条规定，全国人民代表大会行使修改宪法和制定法律的权利；第 67 条规定，全国人民代表大会常务委员会行使解释法律和制定法令的权利。同时，《立法法》《全国人大常委会关于加强法律解释工作的决议》《人民法院组织法》等法律对立法解释和司法解释都有专门明确规定：全国人大常委会行使立法解释权、最高人民法院和最高人民检察院行使司法解释权。这样设立的原因在于，全国人民代表大会代表的是人民的意志，我国社会主义国家的性质决定了人民意志在法律制定与修改上具有决定权。而最高人民法院和最高人民检察院分别是我国的司法审判、司法监督机关，对具体案件如何应用法律有着专业水准上的发言权。同时，当立法机关和解释机关迫于舆论导向和政策的压力时，出台司法解释来解决问题往往是首选，而非将其上升到立法、修法的高度。由此，刑法解释很大程度上掺杂了其他社会因素，假使修正案对解释的移植恰逢此类情况，岂不是修法跳过了民意表决的步骤，则会侵犯《宪法》赋予人民的立法、修法权。

2. 违背法律体系

刑法修正案是由国家立法机关制定颁布的对刑法典某一条文或某一部

---

① 李翔：《刑法修订、立法解释与司法解释界限之厘定》，《上海大学学报（社会科学版）》2014 年第 5 期。

分进行修改或补充的规范性文件。这里的“修改”是指对刑法典中原有的过时的或者不适合现实需要的刑法条文加以改正；这里的“补充”是指对刑法典中已有内容的缺漏或不完备之处加以补正或完备。[①]由此，修正案增加内容应以《刑法》中有内容的缺漏为前提，对于诸如“黑社会性质特征”之类的解释性条款，本就没有必要进入修正案中，更不必说是从立法解释中全盘引进了。而对于司法解释“先行一步”超越了解释权限来提出的弥补法律漏洞的条款，修正案将其纳入其中虽满足了法律漏洞的填补，却带来了更加严峻的问题——对司法解释越权行为的放任，得不偿失。

三、非必要性条文频繁变动之弊

从现有刑法修正案来看，刑法修订缺乏连续性，大量法条被多次修订。尽管立法者无法突破自我认知的局限性，超越当前的社会背景对未来的立法环境加以预测。但是，这些因素并不能成为立法者抛弃前瞻性、高频率修法的理由。对于同一个法条在短时期内反复多次修改，本身就是缺乏立法前瞻性的表现。立法者在修订刑法时，应当广泛加以论证，而不能将每次立法行为都作为一种对未来立法活动的试探，似乎每一次修订都是为了下一次修订做铺垫。[②]如果说必要条文的修订是对《刑法》漏洞的填补和完善，那么，不必要条文的频繁变动，不仅没有实现其法律层面的价值，反而会成为今后法律实施的阻碍。

(一) 修正案修法之频繁

1. 修正案修订刑法现状

从1999年第一部《刑法修正案》问世，到2017年11月4日《刑法修正案(十)》出台，短短18年，1997年《刑法》就已被修订10次之多，共有171个修订条款颁布并实施，如此修订之频繁、规模之浩大，不知其必要性又有几分。从《刑法修正案》至《刑法修正案(五)》，修订条款尚能维持在10条之内，[③]而《刑法修正案(六)》《刑法修正案(七)》就已增加至两位数，[④]到《刑

① 黄华平、梁最源：《试论刑法修正案的立法模式》，《中国人民公安大学学报》2005年第3期。

② 李翔：《论刑法修订的体系化》，《学术月刊》2016年第2期。

③ 分别为9条、1条、9条、9条和4条。

④ 分别为21条、15条。

法修正案（八）》和《刑法修正案（九）》，条文数目均已达到半百之多。①若依照此种态势，后续刑法修正案所涉数量之多已不敢预测。这种广泛的修订，且不说是针对维护社会最后一道防线的刑法，即使是对相对活跃的民商事法律，也会造成莫大的影响。

除了数量上“可观”的增长，刑法修正案在内容上也从最初的只针对刑法分则具体罪名逐步扩张到同时修订刑法总则与分则条款；在修订方式上也由最初几次的修改或增加条文发展到对条款立、改、废兼顾。修订范围的扩大、方式的增加无疑会变相促进刑法修正案条款总量的上升，这样刑法修订体系内的“微循环”就只会如滚雪球般不断扩大，最终导致我国刑法体系的庞杂与混乱。

2. 对同一罪名重复修订

在已有的十个修正案中，有十个分则罪名条文被修订过两次：(1)《刑法》第 133 条之一“危险驾驶罪”在《刑法修正案（八）》中新设，由《刑法修正案（九）》又作修改，新增两种作犯罪化评价的行为；(2)第 151 条由《刑法修正案（七）》修改为“走私禁止出口的货物、物品罪”，由《刑法修正案（八）》废除了该条第 2 款的死刑；(3)第 162 条由《刑法修正案》修订，新增“隐匿、故意毁坏会计凭证、会计账簿、财务会计报告罪”作为第 162 条之一，由《刑法修正案（六）》修订，新增“虚假破产罪”作为第 162 条之二；(4)第 180 条规定的“内幕交易、泄露内幕信息罪”由《刑法修正案（七）》修订，仅修改了罪状，未调整罪名；(5)第 182 条由《刑法修正案》将原来的“操纵证券交易价格罪”修订为“操纵证券、期货交易价格罪”，《刑法修正案（六）》进一步修订为“操纵证券、期货市场罪”；(6)第 185 条由《刑法修正案（六）》增设“背信运用受托财产罪”作为第 185 条之一第 1 款、“违法运用资金罪”作为 185 条之一第 2 款，由《刑法修正案（七）》修订，细化了“挪用资金罪”“挪用公款罪”的主体；(7)第 191 条规定的“洗钱罪”由《刑法修正案（三）》《刑法修正案（六）》修订，增加了洗钱罪的上游犯罪；(8)第 225 条规定的“非法经营罪”由《刑法修正案》修订，增加一种非法经营的行为方式，由《刑法修正案（七）》修订，扩大了该罪的处罚范围；(9)第 262 条“拐骗儿童罪”由《刑法修正案（六）》新增“组织残疾人、儿童乞讨罪”作为刑法第 262 条之一，《刑法修正案（七）》修订

① 分别为 50 条、52 条。

新增“组织未成年人进行违法活动罪”作为刑法第262条之二；(10)第399条由《刑法修正案(四)》将原来的“徇私枉法罪、枉法裁判罪”修改为“执行判决、裁定失职罪”，由《刑法修正案(六)》新增“枉法仲裁罪”作为第399条之一。

在此十个罪名中，既有值得修订的方面，如《刑法修正案(八)》对《刑法》第151条“走私禁止出口的货物、物品罪”适用死刑的废除，顺应了我国逐步废除死刑的立法精神。也有修订不完善的情况，如《刑法修正案(九)》第8条，对《刑法修正案(八)》中新设的《刑法》第133条之一“危险驾驶罪”又作修改，新增两种作犯罪化评价的行为，而对于此前呼声较高的吸毒后驾驶机动车的行为并未纳入修正案，依照当前刑法修订的趋势来看，极有可能出现该条连续三修的可能，这种频繁的修订，凸显了刑法修订的前瞻性不足，立法者对同一法条的频繁修订，会破坏刑法的稳定性，削弱刑法的权威性。[①]在之后的刑法修订中，立法者应当加强立法前瞻性和科学性，在每一次修订前都对现有条款和相应的社会情况充分论证并在适度的范围内加以预测，对二次修订条文保持谨慎，避免或减少对同一条文数次修订。

(二) 非必要性条文变动之弊

1. 刑法需要稳定才能扎根社会

“轻易地改变法，另制新法的做法，实为一种削弱法根本性质的方法。”[②]“一旦法律制度设定了一种权利和义务方案，那么为了自由、安全和预见性，就应当尽可能地避免对该制度进行不断的修改和破坏。”[③]亚里士多德和博登海默的话都肯定了稳定在法律规范中的重要性。刑法作为我国法律规范体系中重要的部门法之一，其稳定性一方面有利于维持整个法律体系的稳定，另一方面也是维持社会秩序稳定的重要因素。虽然法律条款本身能够通过法定的程序，或依附政府的推动力量在较短的时间内完成变动，但是每个法律条文背后编织起来的法律秩序却需要长时间的稳定环境来促进其生长。同时，法律秩序的优劣在很大程度上是由其中法律规范的质量决定的，希冀拥有良好的法律秩序，就需要建立符合社会现实和事物发

---

① 李翔：《论刑法修订的体系化》，《学术月刊》2016年第2期。

② 参见刁容华主编：《中西法律思想论集》，台湾台北汉林书局1984年版，第165页。

③ [美]E.博登海默：《法理学：法律哲学与法律方法》，邓正来译，中国政法大学出版社1999年版，第402页。

展的客观规律的法律体系。如若不能维持法律条文的相对稳定，则不能建立良好的法律秩序，法治社会的宏伟大业也就无从谈起。纵观中国的法制建设，从立法之初，到如今法律体制的基本健全，其中经历了大量的“立、改、废”，并且这种“立、改、废”的局面仍在持续且将在短时期内一直持续，这种立法的不稳定无疑是不利于建立良好的法律秩序的。

从社会因素来看，且不论 1997 年《刑法》颁布之初，之后每一部《刑法修正案》的制定及实施想要在社会中引起法学界之外的社会人员关注都需要相当长的时间。不同于封建制专制统治社会“平民不知何为法”的时代，将法律条文制定并公之于众就是为了让广大人民知法懂法，从而发挥法律的威慑作用。倘若刑法条款修订频率太高，则普通公民尚未熟悉前面的法律规定，就会得知法律又被修改了，久而久之，势必会丧失法律在民众心中的威慑力。

2. 法外因素制约刑法修订

违法与犯罪之间的关系就像是前置法与刑法，违法的行为不一定是犯罪，违反前置法的行为也不一定违反刑法。在制约刑法修订的众多因素中，前置法、移植法和刑事政策都对刑法修订有着较为突出的影响。刑法中的犯罪可以分为法定犯与自然犯，不同于自然犯有着社会公众均能够感知的明显违反伦理道德的特性，法定犯的危害则需要通过法律规定的形式来告知民众。试想，何种行为构成法定犯本就是立法机关决定的，倘若修订机关对此频繁修改，岂不是既体现出立法机关界定犯罪的反复不定，又有一丝将民众“玩弄于股掌之间”的意味。事实上，刑法修正案对法定犯的犯罪构成修改已然较为频繁，其原因在于：首先，当今社会，随着高新科技的不断发展，人类本身所面临的潜在危险不断增多，公众的整体不安感增强，对刑罚的依赖程度加深，要求刑法保护的范围不断扩大。同时，科学技术的发展使得许多犯罪行为一旦得逞，便可能造成不可估量的侵害结果或重大损失，不能等到造成侵害结果后再处罚，而要对法益进行提前保护。因此，刑事立法中呈现出刑罚早期化、重罚化的倾向。其次，立法者对法定犯进行规定时，多采用叙明罪状或空白罪状。叙明罪状对犯罪构成要件的表述通常较为复杂、详细，无论采用列举式规定还是例示式规定，条文表述非常具体，这导致对其进行解释的余地和空间十分有限。当新的行为方式、对象不断涌现，现有刑法规定无法适应新形势下打击犯罪的要求时，某些内容复杂、表述具体、详细的条款只能被修改。最后，由于法定犯的成立都以违反一定的行政经济法规为前提，当前置性法律规范发生变动或调整时，会导致刑法规定与前置性法律的相关规定不完全一致。为了适应社会的不断发展，保持法律规定的严密、完整，刑法随之不断扩张自己的调整范围，加快犯罪化进程，进一步强调刑法的保障功能。[①]但这之中引发的问题在于，前置性立法尤其是经济方面的规范在社会经济发展如此迅猛的时代，其修订之频繁可想而知，面对如此的前置法规范，刑法也要亦步亦趋地始终紧随其步伐吗？除却法定犯的修订问题，我国刑事立法在很大程度上会受到刑事政策的影响，而刑事政策往往具有阶段性，会在实施一段时间后由后续政策予以替代，但是刑事立法却无法这般自如地变更，这在一定程度上也影响了法律的修订。

3. 频繁变动增加刑法解释负担

刑事法律与刑法解释的关系本应是抽象与具体，由刑事法律规定基本的罪与非罪界线、此罪与彼罪的界线，由刑法解释来将其具体适用在司法实务中，刑事法律立法与修订中存在的不完善也将影响刑法解释的具体运作。法条频繁修改的过程中，立法者修订刑法的体系化思考不足，直接影响了立法质量，使得司法者在适用法律过程中出现错乱，最后不得不依靠创设性解释来填补法律漏洞。《刑法修正案（五）》中增设的“妨害信用卡管理罪”中将信用卡与空白信用卡进行区分的规定，造成了对伪造金融票证罪中伪造信用卡行为是否包括伪造空白信用卡的新疑问。在司法实践中，伪造空白信用卡行为的社会危害性应高于持有、运输伪造的空白信用卡的行为，但依据现有法条规定，伪造信用卡中显然无法包括伪造空白信用卡的行为，产生了法条适用难以协调的困惑。[②]法律的一次修订尚且会给司法带去难以解决的问题，那么遭受刑事法律频繁修订的条款在适用过程中将会给司法实践部门带来怎样的难题？

非必要性条文在整个刑法体系中所处地位本就不高，其在司法实践中适用的频率也较小，对此类条文屡次通过刑法修订的形式加以调整，不仅是对立法资源的浪费，也会对之后的司法工作造成一定的阻碍。为了减少法条变动，保持整个刑法体系的稳定性，节约立法和司法资源，对于此类条文

① 王玉珏、曲玉梁：《论刑法修正案对法定犯之修订》，《法学》2011 年第 4 期。
② 李翔：《论刑法修订的体系化》，《学术月刊》2016 年第 2 期。

的变动，由立法解释或司法解释直接进行更为妥当。

第二节　解释机关越组代庖创设立法

一、创设性规范解释之非

（一）创设性刑法规范解释概念之提出

1. 创设性刑法规范解释之实质

在刑法解释目标问题上，主观解释论认为，刑法解释的目标在于探究立法者的意图。极端的主观解释论主张立法时（历史的）立法原意，温和的主观解释论则主张当下的立法原意，即采取换位思考，用时下立法者的意志取代以往立法者的意志。[①]客观解释论则试图脱逸立法意图而主张刑法文本背后独立的客观目的。纯粹的客观解释论放弃立法原意的标准地位，而以刑法规范的当下目的取而代之。有限的客观解释论倡导刑法规范客观目的的合理实现，却并不推翻立法原意补充性的标准地位，也不能全然不顾法条文字的形式制约而无限突破。[②]在笔者看来，极端的主观解释论追求立法者固化的、静态的历史意图以保证刑法安定性之目标固然理想，在现实中却面临重重困难。立法原意是否真正存在？解释者如何能排斥自身主观价值判断而完全站在立法者立场？纯粹的客观解释论过于放大法官的自由裁量权，易致突破法条文字的形式制约，因而在刑法解释中同样已无市场；温和的主观解释论的暧昧态度则给人以欲遮还羞之感：没有当下立法又何来当下的立法原意？其解释立场的虚设性实已反映出立法原意面罩之下的客观解释论的实质内容。综上，在刑法规范解释的限度问题上，笔者赞成有限的客观解释论，即“刑法司法解释的创造性发挥到极致也不过就是：对刑法规范现在的、客观的含义进行阐述”。[③]

在法律解释方法问题上，多数学者认为，法律解释方法基本遵循文义解

---

① 参见赵运锋：《刑法解释立场在形式主义与现实主义之间》，《东方法学》2011年第4期。

② 参见王凯石：《刑法适用解释》，中国检察出版社2008年版，第274页。

③ 陈兴良、周光权：《刑法司法解释的限度——兼论司法法之存在及其合理性》，《法学》1997年第3期。

释、体系解释、历史解释、目的解释至比较解释之位阶次序。[①]事实上，在刑法解释领域，“文本的含义构成了解释者的出发点和界限”。[②]因此，无论刑法解释的目标与方法如何成为刑法解释学中的焦点问题，其解释结论的最终归属仍应表现出内容上的一致性：解释结论应尊重文本文义原则。

在法律解释学中，立法者、法律文本与解释者组成其主体基本构架。如何看待刑法领域三者间的交互关系——刑法文本和解释者的关系、刑法文本和立法者的关系、立法者和解释者的关系——是把握刑法解释限度的前置性问题。事实上，刑法解释学中主观解释论、客观解释论与折衷论的纷争也始终围绕以上关系而展开。有论者指出：“从根本上应该肯定立法者和法律文本之间的关系是一种创制和被创制、源和流的关系。”“法律文本和解释者之间的关系是一种制约和被制约、主导和从属的关系。”“立法者和解释者之间的关系则是一种创制和适用、传递和接受的关系。”[③]上述论述给我们带来启示：法律文本起到沟通立法者与司法者的桥梁作用，其一方面直接制约解释者，另一方面也是立法者传递给解释者的媒介物，亦即，解释者适用与解释的对象是法律文本而非立法原意。尽管如此，立法原意与解释结论之间源与流的关系却始终得以保持。其共同点在于，法律文本构成对解释的直接制约，解释结论不能超出刑法文本现在的、可能的文义。

由上可知，无论采取何种解释方法，无论遵循何种解释目标，是否超越刑法文本的可能文义是判断创设性刑法规范解释的基准，而突破立法者所确立的刑法条文背后的刑法规范则为创设性刑法规范解释之实质。

2. 刑法规范解释中的漏洞补充与价值补充

第一，刑法规范解释反对漏洞补充。漏洞补充，“系指法律对于应规定之事项，由于立法者之疏忽、未预见或情况变更，致就某一法律事实未设规定，应由司法者予以补充而言”。[④]这里不得不首先谈起刑事法律与其他法律（以民事法律为例）的价值取向及司法适用方式的区别。“民法中的法官

---

① 参见梁慧星：《民法解释学》，中国政法大学出版社 1995 年版，第 243—245 页；张志铭：《法律解释操作分析》，中国政法大学出版社 1999 年版，第 174—175 页；[德]卡尔·拉伦茨：《法学方法论》，陈爱娥译，商务印书馆 2003 年版，第 219—221 页。

② [德]卡尔·拉伦茨：《法学方法论》，陈爱娥译，商务印书馆 2003 年版，第 43 页。

③ 张志铭：《法律解释原理》，《国家检察官学院学报》2007 年第 6 期。

④ 杨仁寿：《法学方法论》，中国政法大出版社 1999 年版，第 100 页。

不得借口法律没有规定而拒绝裁判，但是，刑法却受罪刑法定的制约，法官在法无明文规定的情况倒是必须拒绝有罪裁判。基于这个特点，刑法中的'漏洞'在某种程度上必须被尊重。"①

刑法规范解释只是一种将刑法文本框架的细则化、明确化，不能用于补充法律的漏洞。法律解释应当取狭义的概念在法律规则的意义射程内，依据司法之实体法渊源对法律规则的意义进行扩张或限缩，并不涉及法律漏洞问题。所谓法律漏洞，是指当我们以司法之实体法渊源为参照，认为某一案件事实应当具有某种法律意义，但却无法在其意义射程内，通过对相关法律规则的合法性与妥当性解释，获得一个有效的司法三段论推理之大前提，同时法官又没有非法律的正当理由拒绝对该案件作出裁判时，所彰显的法规范的不圆满性。②这种法律漏洞属于法律规定的盲区，应当通过立法的方式予以解决，而不能够进行创设性的解释，否则会造成以解释替代立法。从法律漏洞产生的原因看，主要根源于两方面：一方面是由于立法的滞后性。受限于立法当时的状况以及立法者认识的局限性，成文规范只是对既有社会关系的调整，无法全面认识到未来可能出现的新情况，因而会出现法律调整的盲区。另一方面是由于语言表达的局限性。语言具有一定的抽象性、模糊性与变迁性，这可能会导致不同的人对刑法产生不同的认识，出现法律调整的盲区。

法律漏洞的存在具有一定的必然性，也正是逐渐认识到法律漏洞，立法得以修改。应当说，"坚持形式理性的立场，对于法无明文规定但实质上值得科处刑罚的行为不予处罚，正是实行罪刑法定原则的必要代价"。③尽管自树立罪刑法定原则之日起，人们应当对以上的代价有所预期。然而在面对罪刑法定原则的代价时，司法实践总显得心有不甘。从其制定的为数不少且以应受刑法惩罚性为主导观念的入罪化创设性刑法规范解释中可见一斑。

然而，寄希望通过创设性的规范解释来补充刑法漏洞是一种舍本逐末的做法。当立法的代价最终由司法者填充，罪刑法定原则也就名存实亡了。

第二，刑法规范解释允许价值补充。价值补充，"介乎狭义的法律解释

① 邓子滨：《中国实质刑法观批判》，法律出版社 2009 年版，第 160 页。
② 吴丙新：《修正的刑法解释理论》，山东人民出版社 2007 年版，第 252 页。
③ 陈兴良：《形式解释论的再宣示》，《中国法学》2010 年第 4 期。

与漏洞补充之间，乃系对不确定法律概念及概括条款之一种解释方法”。[①]与国外大多数国家刑法“立法定性、司法定量”模式不同，在社会危害性理念引导下，我国刑法采用的是“立法定性加定量”的模式，即罪质因素与罪量因素均在刑事立法中得以体现。“数额犯”“情节犯”“结果犯”等在我国刑法分则中普遍分布。定量因素在刑法分则中大部分都是以表示定量因素的模糊性词语如“数额较大”“数额巨大”“情节严重”“情节特别严重”“情节恶劣”“后果严重”“后果特别严重”等予以体现。这些模糊性用语关涉犯罪界限与法定刑升格，在司法实践中需要被进一步解释。

司法解释通过细则化规定，担负起协调刑法规范“明确性”与“妥当性”之重任。这种具有中国特色的以规范性文件确立的诸多罪量具体化解释，如我国最高司法机关大量的对于数额犯、情节犯、结果犯的追诉标准、量刑情节的具体化规定，系对刑法条文中不确定概念的进一步细化规定，其解释具有条文文义上的依据，系最高司法机关对于可罚违法性程度的整体性的有权把握。因此，刑法规范解释中的价值补充是允许的，并非属于创设性刑法规范解释。

（二）刑法规范解释之创设性症候

创设性刑法规范解释概念之提出，旨在揭示违背刑法规范解释最低要求——合法性要求的现象。创设性刑法规范解释存在于现有刑法解释法律文件之中，考虑到篇幅以及在某些问题尚有较大争议，本书择其典型，重点加以列举与阐释。

1. 违反适用体例的创设性规范解释

不可否认的是，以有权刑法解释为内容构建起来的一套“副法体系”已成为司法适用的规范框架。“刑事司法解释已经不仅仅成为对刑法的解释这样一种附属性的体系而存在，而是作为一种相对独立的规范体系而存在。”[②]事实上，如果说创制程序主动性、创制形式规范化（抽象化）、创制形式条款式等仅仅是刑事司法解释成为副法体系的一种表象，刑事判决援引化则是其成为副法体系的实质理由。可以说，刑法司法解释伴随着刑事判决援引的认同而正式跨入刑法副法体系之列。1986 年 10 月 28 日最高人

① 杨仁寿：《法学方法论》，中国政法大学出版社 1999 年版，第 99 页。
② 林维：《刑法解释的权力分析》，中国人民公安大学出版社 2006 年版，第 441 页。

民法院《关于人民法院制作法律文书如何引用法律规范性文件的批复》规定，最高人民法院提出的贯彻执行各种法律的意见以及批复等，应当贯彻执行，但不宜直接引用。现如今，刑事司法解释在司法文书中的援引化早已成为实践中的制度化规定。2006年5月10日《最高人民检察院司法解释工作规定》第5条指出："最高人民检察院制定并发布的司法解释具有法律效力。人民检察院在起诉书、抗诉书等法律文书中，可以引用司法解释的规定。"2007年4月1日《最高人民法院关于司法解释工作的规定》第27条规定："司法解释施行后，人民法院作为裁判依据的，应当在司法文书中援引。人民法院同时引用法律和司法解释作为裁判依据的，应当先援引法律，后援引司法解释。"刑事司法解释在刑事判决文书中"应当援引"的确立，意味着刑事司法机关裁断的依据来源于自己制定的刑法解释，尽管司法机关是在依据刑法的名义之下行使制定司法解释的权力，但作为一种被赋予自主权力且解释内容又极为专业的刑事司法解释是相对专业化、独断化的。

2. 僭越立法罪名设置权限的创设性规范解释

从广义上而言，创设性刑法规范解释均存在僭越立法之嫌疑。当然，此处所言之僭越立法权限设置，仅是就罪名设置而言。目前，由"两高"出台确定罪名的司法解释已成为一种司法惯例。

依据我国《宪法》及《立法法》规定，关于犯罪与刑罚事项为法律绝对保留事项，即司法机关不应也不能对该方面事项进行调整与规定。而罪名性质理应属于"犯罪与刑罚事项"，为法律绝对保留事项。如果说犯罪事项仅仅包括犯罪事项内容即罪状，而不包括犯罪事项的名称，则是解释不通的。与之相对应的，刑罚事项则不仅包括刑罚种类名称而且包括具体刑罚的内容。罪状是对犯罪行为的表述，而罪名是对罪状的抽象，是对犯罪的本质特征的概括，是统一刑事体制的主要工具之一，即"罪名比罪状的层次更高，罪名理应也完全能够由立法加以解决"。①而我国目前刑事立法对罪名并无规定，只有司法解释来确定刑法的具体罪名，致使司法部门的解释超越了其应有的权力范围，造成立法和司法双重的失范状态。②

---

① 陈兴良、周光权：《刑法司法解释的限度——兼论司法法之存在及其合理性》，《法学》1997年第3期。

② 参见艾小乐、王耀忠：《论真正的罪名法定化——罪刑法定主义之本义》，《当代法学》2003年第5期。

3. 违反刑法总则规定的创设性规范解释

最高人民法院、最高人民检察院2001年11月15日颁布的《关于审理交通肇事刑事案件具体应用法律若干问题的解释》第5条第2款规定:“交通肇事后,单位主管人员、机动车辆所有人、承包人或者乘车人指使肇事人逃逸,致使被害人因得不到救助而死亡的,以交通肇事罪的共犯论处。”由此,司法解释以规范形式承认了交通肇事共同犯罪的成立,无疑与刑法总则共犯原理相悖。有观点对此进行辩解:“《刑法》第一百三十三条将这种故意实施的行为(即逃逸致人死亡的行为)规定为交通肇事罪加重处罚的情节,而且在肇事后逃逸的问题上,肇事人主观上是故意的,而且逃逸行为与被害人死亡具有因果关系,符合共犯的构成条件。”①在笔者看来,这一辩解将行为的故意等同于犯罪的故意,逃逸的故意并不意味着对行为人死亡结果持故意心态。交通肇事后,单位主管人员、机动车辆所有人、承包人或者乘车人指使肇事人逃逸,同样可能对被害人死亡抱有过失心态。另有观点认为,《刑法》第133条“因逃逸致人死亡”不仅包含过失致人伤亡,也包含故意致人伤亡的情形,以此试图证明该条司法解释并不违背刑法总则的共犯原理。笔者认为,这一看法并不完全妥当。鉴于许多“因逃逸致人死亡”案件中,行为人对被害人死亡的心态没有任何证据可以证明,尽管确实可能存在间接故意致人死亡之情形,然从证据学上有利于被告原则出发,认定为交通肇事罪并无不当。由此,在实体上,我们仍应坚持交通肇事罪之基本犯与情节加重犯的过失犯属性,如果将故意致人死亡也理解为该规定之范围内,无疑破坏了分则条文的协调性,严重违背了罪责刑相适应原则,混淆了故意杀人罪与交通肇事罪的构成。②

4. 突破犯罪构成要素文义的创设性刑法规范解释

此类创设性刑法规范解释常为关于刑法分则的刑法解释。实践中,刑法分则的规范性解释有利于明确罪与非罪的标准,使犯罪界限更加明晰,然而其解释限度确实很难把握,乃至无形中突破犯罪构成要素用语含义而作出的扩大犯罪圈的规定。该类解释在创设性刑法规范解释中占有较大比例,既包括司法解释也包括个别立法解释。笔者挑取几例加以研讨:

---

① 陈国庆主编:《刑法司法解释及规范性文件适用精解》,中国人民公安大学出版社2012年版,第410页。

② 肖中华:《刑法目的解释和体系解释的具体运用》,《法学评论》2006年第5期。

2002年12月28日第九届全国人大常委会《关于〈中华人民共和国刑法〉第九章渎职罪主体适用问题的解释》规定："在依照法律、法规规定行使国家行政管理职权的组织中从事公务的人员，或者在受国家机关委托代表国家机关行使职权的组织中从事公务的人员，或者虽未列入国家机关人员编制但在国家机关中从事公务的人员，在代表国家机关行使职权时，有渎职行为，构成犯罪的，依照刑法关于渎职罪的规定追究刑事责任。"依据我国刑法规定，渎职罪的主体为国家机关工作人员。《刑法》第93条对此有明文规定，国家机关包括国家权力机关、行政机关、审判机关、检察机关、军事机关。如果说"虽未列入国家机关人员编制但在国家机关中从事公务的人员"尚且可以认定为"在国家机关工作人员"而尚未突破"国家机关工作人员"语义范围的话，那么将另外两种在非国家机关里工作的人员认定为国家机关工作人员则有突破文义之嫌。尽管肯定该立法解释论者可以列举"职能论"学说予以佐证：在我国，无论是理论还是司法中都逐步以行为人所从事的是否属于国家机关的相关公务、一般公务活动来作为"国家机关工作人员""国家工作人员"的认定标准，且扩大渎职罪主体也符合从严治吏的刑事政策。然而笔者认为，"职能论"作为一种实质判断标准，在解释时更应当坚守文义的边界。具体而言，《刑法》第93条第2款关于"……以及其他依照法律从事公务的人员，以国家工作人员论"之表述，旨在阐明该款为拟制规定，只要是依照法律从事公务的人员，均被拟制为国家工作人员。而从该条第1款规定来看，并未有对"国家机关"或者"国家机关工作人员"的拟制规定，因此，仍应遵循其语义的刚性边界。因此，以"职能论"作为"国家工作人员"认定标准，并不脱逸于语义，但是若将其作为"国家机关工作人员"认定标准，则并不见得合适。

再如，我国《刑法》第145条规定了生产、销售不符合标准的医疗器械罪，无论从其罪名还是罪状表述来看，该罪客观行为是"生产"与"销售"。但是2001年4月10日最高人民法院、最高人民检察院《关于办理生产、销售伪劣商品刑事案件具体应用法律若干问题的解释》第6条第4款规定："医疗机构或者个人，知道或者应当知道是不符合保障人体健康的国家标准、行业标准的医疗器械、医用卫生材料而购买、使用，对人体健康造成严重危害的，以销售不符合标准的医用器材罪定罪处罚。"支撑该条解释的理由是："第一，从事经营性服务的医疗机构或者个人，其购买、使用医用器材的行为属于以牟利为目的的经营行为，与销售医用器材的行为无异……第二，《产品质量法》[①]有类似规定。”[②]该观点是解释论上从“购买、使用”到“销售”的衔接。

5. 混淆此罪与彼罪的创设性刑法规范解释

此类创设性刑法规范解释表现为，在此罪与彼罪问题上持与刑法条文相矛盾之立场。例如，《刑法》第 196 条第 3 款规定：“盗窃信用卡并使用的，依照本法第二百六十四条的规定定罪处罚。”尽管实践中对该条规定存有争议，然不管是基于刑法理论抑或是法律拟制规则，既然刑法已对此作出法律上的确认，对上述行为就应当认定为盗窃罪而非信用卡诈骗罪。2009 年 12 月 3 日《关于办理妨害信用卡管理刑事案件具体应用法律若干问题的解释》规定：“刑法第一百九十六条第一款第（三）项所称‘冒用他人信用卡’，包括以下情形：……（三）窃取、收买、骗取或者以其他非法方式获取他人信用卡信息资料，并通过互联网、通讯终端等使用的。”依据该司法解释，窃取他人信用卡信息资料并通过互联网、通讯终端等使用的行为不构成盗窃罪，而为信用卡诈骗罪中“冒用他人信用卡”情形。可以看出，司法解释实质上将《刑法》第 196 条第 3 款中的信用卡进行限缩解释，将“他人信用卡信息资料”排除于“信用卡”含义。然而，其并没有为将“他人信用卡信息资料”又解释为“冒用他人信用卡”中的“信用卡”提供充足理由，诚如有学者指出上述解释的矛盾之处：“不能认为，冒用他人信用卡时，其中的信用卡包括信用卡信息资料，而盗窃信用卡时，其中的信用卡必须是包含了信用卡信息资料的有体物。”[③]上述解释立场与刑法条文的不一致，突破了刑法条文所规定之罪的原有界限，导致盗窃罪、信用卡诈骗罪间此罪与彼罪的混淆。

（三）创设性刑法规范解释之不当性分析

1. 社会法治环境对创设性刑法规范解释的容忍度减小

综观我国建国以来的法治建设状况，可以发现，“创设性刑法规范解释”

---

① 《产品质量法》第 62 条规定：“服务业的经营者将本法第四十九条至第五十二条规定禁止销售的产品用于经营性服务的，责令停止使用对知道或者应当知道所使用的产品属于本法禁止规定销售的产品的，按照违法使用的产品的货值金额，依照本法对销售者的处罚规定处罚。”

② 陈国庆主编：《刑法司法解释及规范性文件适用精解》，中国人民公安大学出版社 2012 年版，第 466 页。

③ 张明楷：《刑法分则的解释原理》，中国人民大学出版社 2011 年版，第 23 页。

功能经历正价值向负价值的转换。其负价值只有在刑事法治社会环境中才得以凸显，法治社会的文明程度也与其对“创设性刑法规范解释”的容忍度成反比。

根据司法解释的功能特性，容忍度可以划分为以下几个阶段：第一阶段，即“解释政策为主、创制法律为主”阶段，自新中国成立初期至1954年第一届全国人民代表大会召开之前，由于这段时期，立法工作尚在起步阶段，人民法院审理刑事案件依据的主要是政策，这时刑事司法解释主要是对政策而非法律的解释，甚至司法解释本身就是为刑事立法创造条件的。第二阶段，即“创制法律为主、解释政策为辅”阶段，自1954年至1978年期间，由于人民法院面临的任务产生了新的变化，这时期内法律的缺失与滞后成为迫切需要解决的问题，总结司法经验，并为立法创造条件，成为司法解释发挥作用的新趋势。第三阶段，即“解释法律为主、创制法律为辅”阶段，自1978年党的十一届三中全会以来，司法解释的基本对象已经不是政策而是法律，是对已经制定的基本法律的含义进行明确或填补其漏洞。[①]

在前两个阶段，由于刑事法律缺失，刑事司法解释主要功能就在于解释政策、填补法律的功能缺失。到了刑事法治建设的第三阶段，1979年《刑法》的颁布弥补了刑事法律缺失的空白。此后，刑法解释开始主要围绕刑法在司法实践中的适用问题。如果说1979年《刑法》中立法者有意为之的粗疏规定与类推解释的允许，仍为创设性刑法规范解释提供了发挥空间的话，那么1997年《刑法》则大大压缩了创设性刑法规范解释的生存空间。在法制体系业已形成、社会法治环境大为改善的今天，“创设性刑法规范解释”之负价值逐步显露。

2. 创设性立法解释混淆了解释与立法

对于创设性的司法解释，学者大多持反对态度，认为其是对立法权的侵犯。但是对于立法解释是否可以超越刑法的规定进行创设性的解释，学界的态度则不甚明朗。有学者认为，在我国，刑法的立法解释是由全国人大常委会进行的。立法机关所作的解释仍然是立法权的延伸，其实质还是立法，只是在这里借用了“解释”一词的象征意义。将刑法立法解释作为一种补充

---

① 参见董皞：《新中国司法解释六十年》，《岭南学刊》2009年第5期。

性的立法。[1]本书认为，虽然立法解释由立法机关作出，但仍不能改变其作为“解释”的性质，仍然要有一定的限度，不能超越立法的规定。

首先，刑法立法权与刑法解释权是两种不同的权力，必须严格区分。刑法立法权是指立法机关对刑法进行制定、修改和废止的权力。立法权是立法者根据社会境况运用法律语言而形成的表明法律规范的法律载体的权力，重心在于构建共性的法律，形成法律文本。[2]根据《宪法》第 67 条规定，刑法立法权应当属于全国人民代表大会。而在全国人民代表大会闭会期间，全国人大常委会可以部分补充和修改刑法，但不能与刑法的基本原则相违背。刑法解释权是指解释机关针对刑法条文作出具有法律效力的解释的权力。刑法立法解释权是对立法机关所形成的法律文本的一种阐释和说明，目的在于刑法规范的正确适用，重心在于关注共性法律与事实的互动关系。[3]根据《宪法》第 67 条以及《立法法》第 42 条的规定，在我国享有刑法解释权的机关为全国人民代表大会常务委员会、最高人民法院和最高人民检察院。可见，刑法解释权既不同于刑法立法权也不同于刑法司法权，应当是独立于立法权与司法权之外的权力。刑法立法权与刑法解释权的宗旨不同，前者的宗旨在于设立、变更和废止刑法规范，而后者则在于在刑法规范内部对规范的含义予以进一步明确，既不能变更、废止已有的规范，也不能创设新的规范。[4]但是也必须看到刑法解释权要依附于刑法立法权，要以刑事立法为解释对象，否则刑法解释权也成为无源之水、无本之木。基于以上分析，必须要严格区分刑法立法权与刑法解释权，两者应各尽其能，共同发挥作用。创设新的法律规范应当并且只能通过立法权的行使来实现，解释权应定位于对刑法规范进行明确性、可操作性的阐释，以刑法规定为限，不能进行创设性的规定。

其次，要对全国人大常委会的立法权与解释权进行严格区分。虽然根据《宪法》和《立法法》的规定，全国人大常委会同时具有部分补充和修改刑法的权力与解释刑法的权力，但是不能因为主体的同一而将两种权力、两种功能混淆。一方面，两者的行使程序不同。《立法法》对全国人大常委会的

---

①　参见陈金钊：《法律解释的哲理》，山东人民出版社 1999 年版，第 44 页。

②③　徐岱：《刑法的立法解释三论》，载赵秉志、张军主编：《中国刑法学年会文集（第一卷）》，中国人民公安大学出版社 2003 年版，第 398 页。

④　参见赵秉志、陈志军：《论越权刑法解释》，《法学家》2004 年第 2 期。

立法权与解释权分别设定了不同的运作程序。从《立法法》的规定看,两者在提案主体与审议程序方面都有严格的区分。[①]全国人大常委会进行立法解释的程序比进行立法修改的程序要简单得多,而且全国人大常委会的立法修改权在实体内容上也是不完全的,仅具有部分修改权。如果允许创设性立法解释的存在,那么全国人大常委会就可以通过采取简单的程序对刑法进行创设性解释,从而行使原本并不享有的完整的立法权,致使宪法对于立法权的规定流于形式。

此外,刑事立法与立法解释的生效时间不同。刑事立法的生效日期一般规定比较明确,或者自公布之日起生效,或者规定特定日期生效。而立法解释的时间效力目前没有明确的规定,根据《立法法》第 47 条的规定,“全国人民代表大会常务委员会的法律解释同法律具有同等效力”,即立法解释自法律生效之日起生效。同时,我国目前已经制定的 9 个立法解释均未对生效日期作出规定,也说明其默认与刑法生效日期相同。如果允许有创设性的立法解释存在,其生效时间与刑法同步,[②]就会存在以下情况:某行为根据刑法的规定并不是犯罪,而之后通过创设性立法解释将其规定为犯罪,这明显是违背罪刑法定原则的。

3. 创设性司法解释僭越了刑事立法权

创设性的司法解释是对已经建立的立法权与司法权的界限的超越,如果任由这种趋势发展下去,将会导致立法权的萎缩与司法权的过度膨胀,司法机关实际上集创设规范与适用规范的权力于一身,司法擅断将重新抬头。罪刑法定原则这一现代刑事法治的根基也将被动摇。从这个意义上,刑法司法解释必须遵循一定的限度,不能超越刑事立法做创设性的规定。

---

① 根据《立法法》第 24 条的规定,有权提出刑法修改草案的主体为全国人大常委会委员长会议、国务院、中央军事委员会、最高人民法院、最高人民检察院、全国人大各专门委员会;《立法法》第 42 条规定,有权提出刑法解释草案的主体为国务院、中央军事委员会、最高人民法院、最高人民检察院、全国人大各专门委员会以及省、自治区、直辖市人大常委会。在审议程序方面,刑法修正案草案与其他法律草案一样,原则上须经常委会会议三次审议后才能交付表决,而对刑法解释草案则没有关于审议次数的规定。

② 对于刑法立法解释是否存在溯及力的问题,尚未达成统一观点。本文认为刑法立法解释依附于刑法规范,其本身不具有独立的时间效力,刑法的效力期间即为立法解释的效力期间,因此刑法立法解释通常情况下不存在溯及力的问题。只有在对同一问题有新旧两个立法解释的时候才涉及溯及力的问题。具体论证参见赵秉志、杨丹:《试论我国刑法立法解释的效力问题》,载赵秉志、张军主编:《中国刑法学年会文集(第一卷)》,中国人民公安大学出版社 2003 年版,第 373—374 页。

创设性刑法规范解释也易导致立法虚置。创设性规范解释的不当性不只在于其内容上的违法性，还在于其与刑事立法具有相同的表现形式，即都以一种具有广泛适用性的法律规范的形式表现出来。本书认为，恰恰正是后者使创设性规范解释引起了人们的注意，并将其作为批判对象。我们仅需做一个简单的对比即可发现这个问题。如果一个法官在个案判决时，超越法律规定的含义进行适用解释，超越刑法本身的含义范围将不是犯罪的行为认定为犯罪，最多只会认定为错案，而不会被指为僭越立法权。而一旦将相关的内容作为立法解释或者司法解释规定出来，问题就不再是个别的了。

因此，规范解释与刑事立法在表现形式上的同一性决定了规范解释必须有一定的限度，不能超过刑事立法做创设性的解释。只有围绕立法进行规范解释，使立法通过牵制规范解释来牵制具体的司法活动，才能制约司法权，保证刑法规范的正当适用。

二、当然解释适用之疑问

刑法解释学在当下中国法学发展中正在蓬勃发展，围绕刑法解释的方法也层出不穷，其中“当然解释”的方法历来备受推崇而我国当前刑法中，特别是在教义刑法学解释中，似乎有泛化之嫌疑。其与类推解释的关系以及与罪刑法定的关系如何把握，成为一个重要的问题。“当然解释”不能想当然，否则就有破坏罪刑法定主义的危险。

（一）当然解释的概念及其展开

对于当然解释，不同学者对其概念的阐释略有不同。有学者认为，当然解释本身为刑法解释提供一种理由，其“是以刑法没有明文规定为前提的，即在所面临的案件缺乏可以适用的法条时，通过参照各种事项，从既有的法条获得指针，对案件适用既有法条的一种解释”。①还有的学者认为，当然解释是指刑法条文表面虽未明确规定，但实际上已包含于法条的意义之中，依照当然解释的道理解释法条意义的方法。②而我国台湾地区有的学者则将

① 张明楷：《刑法学中的当然解释》，《现代法学》2012年第4期。

② 参见陈兴良：《本体刑法学》，商务印书馆2001年版，第35页。

当然解释界定为“刑法法规虽未明文规定，但根据法规的宗旨，其行为事实比法律所规定的更有适用的理由，而直接适用该法律规定的解释方法”。[①]上述三位学者对于当然解释的界定表面上看起来差异并不大，然而仔细推敲，三者之间还是略有不同的。而概念之间细微的差别往往蕴含着对事物本质认识的不同，而这种不同会随着概念外延的展开而逐渐放大，所以寻找、比较和分析这些差异是我们借鉴和发展他人学说的必由之路。由此，上述概念界定的细微差异也正好映射了当下理论界认识和运用当然解释的主要分歧所在。

第一，关于当然解释的性质。上述第一位学者将当然解释视为刑法解释的理由，而后两位学者则认为当然解释是一种解释方法。“解释理由”与“解释方法”之间的差异犹如“应然”与“实然”之间的差别。解释理由只是说明某一法条“应当”适用于某一案件事实，或者说某一案件应当按照某一法条进行定罪量刑。当然解释本身即为某一法条的适用提供一定的根据，但这一根据是否充分到得出一个确定的“实然”的解释结论则在所不问。例如，根据《刑法》第263条的规定，冒充军警人员抢劫是抢劫罪的加重犯。依据上述第一种观点，则真的军警人员抢劫由于侵害的法益更加严重，其“当然”“应当”适用抢劫罪加重犯的法律规定，直接在抢劫罪加重犯的法定刑幅度内量刑。然而，这种基于一定“理由”的法条的“应当”适用，是否符合刑法的其他规定则不是当然解释所能包含的内容，而需要在当然解释之外进一步考察。相比之下，后两位学者的观点则将当然解释视为与扩大解释、缩小解释、目的解释等刑法解释方法处于同一位阶的刑法解释方法。运用当然解释所得到的是“实然”的解释结论，而非一种处于中间状态，尚需进一步考察解释可行性的“应然”的解释理由。面对当下教义刑法学中当然解释运用不断随意和泛化的趋势，笔者认为，在“应然”的维度言说事实与规范的对接对于司法实践中刑法规范的准确解释和适用并无多大裨益，将解释的视角重新拉回到实然的层面或许会使讨论更具现实意义。毕竟刑法解释更多的是一种实践活动，是“在适用刑法时，作为认识主体的法官与作为认识客体的刑法文本与法律事实进行交流与对话的活动”[②]。刑法教义学中的刑法

---

① 杨仁寿：《法学方法论》，中国政法大学出版社1999年版，第120页。

② 吴丙新：《罪刑法定与刑法解释的冲突》，《法学论坛》2001年第5期。

解释也应当是时刻围绕刑事司法实践展开的，而不应是漫无边际的、想当然的。法律是一种行为规范和裁判规范，无论是规范行为者还是规范裁判者，对法律文本最终只能有一个被“公认”为正确、合理的理解和解释，否则就无法规范行为，也就无法裁判。[①]当然解释与扩大解释、缩小解释、目的解释一样，也是刑法规范的一种解释方法，其有自己的适用前提和解释依据，并且同样指向一个明确的解释结论，即法律适用。

第二，关于当然解释的适用前提。上述第二位学者认为，当然解释是在刑法规范对于待解释的事项没有“明示”规定的情况下适用，而第一、第三位学者则认为当然解释适用的前提是刑法没有“明文规定”。众所周知，刑法规范的明确性是罪刑法定原则的派生原则。刑事古典学派认为，作为近现代刑法之根基的罪刑法定主义的锋芒所指正是封建法律的不明确性和含混性，其基本要求便是刑法规范必须“意思确切，文字清晰，不容稍有混淆”。[②]然而，刑事实证学派将绝对的、形式意义的罪刑法定原则从概念的天国重新拉回到充满矛盾的现实世界。刑法的明确性也得到了重新的认识，我们逐渐发现，刑法条文某些文字的文义并不是非常清楚明确、毫无争议的，因为文字的含义一般并不是一个具体的点，而是一个意义域。[③]一方面，文字所传达的意义有时本身就不唯一。对此，有学者甚至认为“文字的意义是读者的创造，在一定程度上是由我们赋予文字的，而不是文字或词语的自然产物”，[④]面对同样的法律文本，不同的法规适用者可能出现不同的解读。另一方面，成文刑法的概括性和抽象性决定了规范的明确性是相对的。在成文刑法中，某一法条可能是一类犯罪行为犯罪构成的高度概括。在我国刑法中，在这种框定犯罪构成的法条中，既有对该类犯罪行为罪质的界定，也有罪量限度的要求。对罪质的界定暂且不论，仅是罪量限度的要求即不可能做到绝对的明确。正如有学者所言，不论学者们对于该类犯罪构成中的定量因素研究得多么深入、彻底，也不论立法机关或司法机关将这些定量因素规定得多么细致、具体，具有可操作性，根据模糊论可知，人们不可能将这

---

① 齐文远、周祥：《论刑法解释的基本原则》，《中国法学》2004 年第 2 期。

② 甘雨沛、何鹏：《外国刑法学》（上），北京大学出版社 1984 年版，第 216 页。

③ 参见周光权：《罪刑法定原则的司法适用》，《江汉学刊》1999 年第 6 期。

④ 参见苏力：《解释的难题：对几种法律文本解释方法的追问》，《中国社会科学》1997 年第 4 期。

些定量因素限定为一个个确定的“点”，而只能是一段相对确定的数量“区间”。[①]考虑到刑法规范具有以上两个方面的特点，笔者认为，如果说刑法条文没有“明示”或“明确”规定尚且可以认为某事项在刑法条文中没有被确切而明白地加以显示，处于一种隐而不显的状态，抑或如陈兴良教授所认为的那样，法律明文规定不仅指法律的字面规定，并且指法律的逻辑包括。[②]如果说在罪刑法定原则逐渐由绝对化走向相对化的今天，在法律没有“明确”规定的情况下，将某一法条适用于待解释事项尚且可以认为是打了罪刑法定原则的一个“擦边球”。那么法律没有“明文”规定则直接与“法无明文规定不为罪，法无明文规定不处罚”的罪刑法定原则相抵触。笔者认为，无论是当然解释还是其他的法律解释方法都是对法律条文含义的阐明，其解释对象即为法律条文本身，解释从开始到最后得出结论，都以法律规范的存在为前提，很难想象在“法律没有明文规定”的情况下，当然解释能够得以运用。当然解释的适用前提理应是“法律没有明确规定”，即当然解释仍然应当在符合罪刑法定原则的大前提下展开，而非对该原则的突破。

第三，关于当然解释的依据。学界对于当然解释的依据同样存在不同的认识，有观点认为，当然解释之当然，是事理上的当然与逻辑上的当然的统一，两者缺一不可。事理上的当然是基于合理性的推论，而逻辑上的当然是指解释之概念与被解释之事项间存在种属关系或者递进关系。仅有事理上的当然，而无逻辑上的当然，在刑法中不得作当然解释。[③]而也有观点认为，由于当然解释只是提供一种解释的理由，而非指向之中确定的解释结论，所以刑法中仅依据事理上的当然即可做出当然解释。[④]还有学者或认为当然解释的当然依据是法律规范宗旨的预测可能性，其具体判断标准是事物属性及人的理性，[⑤]或认为当然解释是依据刑法规范的目的、事物属性和形式逻辑所作的合理解释。[⑥]纵观当下各位学者的观点，可以发现，学界认为的可以当然解释的依据主要有以下三种：其一为形式逻辑；其二为事物属

---

① 参见杨书文：《刑法规范的模糊性与明确性及其整合机制》，《中国法学》2001年第3期。

② 参见陈兴良：《罪刑法定的司法适用》，《华东政法学院学报》1998年第1期。

③ 参见陈兴良：《本体刑法学》，商务印书馆2001年版，第35页。

④ 张明楷：《刑法学中的当然解释》，《现代法学》2012年第4期。

⑤ 参见欧阳竹筠、杨方泉：《刑法当然解释略论》，《河北法学》2005年第5期。

⑥ 金泽刚：《罪刑法定原则适用的基本问题》，《华东政法学院学报》2002年第6期。

性;其三为法规宗旨。首先,形式逻辑应当是当然解释的依据。但也有学者对此不以为然,其认为概念之间的递进关系并不存在,而概念之间的种属关系则属于文理解释的范畴。[①]对于概念之间的逻辑关系,笔者认为只有当概念间存在包含关系时才可适用当然解释。例如,《刑法》第219条规定:"有下列侵犯商业秘密行为之一的,处……(一)以盗窃、利诱、胁迫或者其他不正当手段获取权利人商业秘密的……"抢劫权利人商业秘密的行为,虽然不属于利用盗窃、利诱、胁迫手段获取权利人商业秘密的行为,但其比盗窃、利诱、胁迫的方式获取权利人商业秘密的行为性质更加恶劣,所以其"当然"可以包含在该条"其他不正当手段"的概念之中。这即是该法条"当然"适用于此行为的依据之一,而这并非是运用"刑法用语的文义及其通常适用方式阐释刑法意义"[②]的文理解释。将形式逻辑之作为当然解释的依据,更为重要的意义在于限制当然解释的适用范围,防止当然解释的随意和泛化,使当然解释同样具备严格解释的品格。与民事法律解释的自由化运动不同,刑法解释更倾向于严格化。刑法解释是一项决定他人命运的实践活动,解释范围的随意扩张会直接侵害他人合法的人身和财产权益。在罪刑法定原则的制约下,任何刑法解释方法都具有严格解释的品格,即"苟律无明文,即不得深文罗织,以无为有,以轻为重,不然,类推论断,好恶随心,欲加之罪何患无辞,故类推解释殊非刑法所许"。[③]其次,事物属性也同样是当然解释的依据。这一点为学界多数学者认同,正是待解释事项与法条类型化的犯罪行为之间存在某些属性上的一致性或相似性,[④]才为当然解释保留了适用的空间。最后,规范目的并非当然解释的适用前提。规范目的,或者立法目的是目的解释适用的依据或方向。即使在目的解释内部,规范目的的判断标准仍然是模糊的,在解释的过程中难免会融入解释者个人的价值判断,然而这样的价值判断在严格解释的语境内应当越少越好。所以笔者认为,规范目的并非当然解释的依据,当然解释倘若以规范目的为风向标,其也便难免会流于形式,从而汇入目的解释的范畴。

---

① 参见欧阳竹筠、杨方泉:《刑法当然解释略论》,《河北法学》2005年第5期。

② 张明楷:《刑法学》,法律出版社2010年版,第37页。

③ 韩忠谟:《刑法原理》,中国政法大学出版社2002年版,第48页。

④ 如驾车在闹市横冲直撞的行为与放火、爆炸、投放危险物质的行为在"危害公共安全"的属性上存在一致性。

综上，就当然解释的依据而言，笔者认为，“当然解释之‘当然’应当是形式逻辑之当然与事理之当然的统一”的观点更具合理性。事理上的当然只能提供一种解释的理由，唯有同时存在逻辑上的当然时，方可对法条进行当然解释。形式逻辑之当然与事理之当然对当然解释的适用构成了形式与实质、法理与事理的双重限制，从而有效限制了当然解释的适用范围，保障当然解释符合罪刑法定原则的要求。

（二）当然解释与类推解释的关系

1. 当然解释与罪刑法定原则的价值冲突及表现

当然解释是在法律规范“没有明确规定”的情况下，在待解释事项当然包含在规范的法意之内时，根据当然的道理适用法律规范的情形。在当然解释中，为了寻求个案的实质正义，解释者的价值判断成为了法条适用的关键。当一般的、抽象的形式正义遇到个别的、具体的实质正义的时候，取舍之间的价值冲突也就在所难免。在多数情况下，我们努力在“框”的范围内实现当然解释意图追求的实质正义，但现实中并没有真切的“框”加以参考，有时为了个案的公正，解释者也会追寻“当然的道理”在“框”之外去实现所谓的实质正义。这样的当然解释在当今的规范教义学解释中表现尤为突出，并且有进一步泛化的趋势。

例如，根据《刑法》第329条的规定，抢夺、窃取国家所有的档案的，处5年以下有期徒刑，那么抢劫国有档案的行为应如何处理？有学者认为：“抢劫行为已经在符合抢夺、窃取要求的前提下超出了抢夺、窃取的要求，既然如此，当然可以将抢劫国有档案的行为认为为抢夺、窃取国有档案罪。”①又如，根据《刑法》第262条规定，拐骗不满十四周岁的未成年人，脱离家庭或者监护人的，处五年以下有期徒刑或者拘役，则对于抢劫或者抢夺不满十四周岁的未成年人应当如何处理？有学者认为，拐骗儿童罪中的“拐”也不应限于和平的方式，而是应该包含暴力、胁迫等非和平方式，暴力抢夺儿童行为属于拐骗行为。②再如有学者认为真的军警人员抢劫直接适用《刑法》第263条抢劫罪“冒充军警人员抢劫”的加重情节处罚。③类似的事例还有很

---

① 张明楷：《刑法学中的当然解释》，《现代法学》2012年第4期。

② 参见周清水：《以收养为目的采用暴力手段抢走他人婴儿的行为应如何定性》，《中国检察官》2010年第5期。

③ 张明楷：《刑法学》，法律出版社2010年版，第717页。

多，将“抢劫”解释为“抢夺、窃取”，或者将“抢劫、抢夺”解释为“拐骗”，或者将“真的军警人员抢劫”解释为“冒充军警人员抢劫”，姑且不论这些解释在事理上是否存在“当然的道理”，仅从解释的形式规格上，即这些解释是否符合罪刑法定原则，恐怕就不无疑问。罪刑法定的“法定”包括两方面内容：一方面，只有法律将某一种行为明文规定为犯罪的，才能对这种行为定罪判刑，而且必须依照法律的规定定罪判刑；另一方面，凡是法律对某一种行为没有规定为犯罪的，对这种行为就不能定罪判刑。①而刑法分则规范是犯罪构成的表述，犯罪构成是类型化的犯罪行为。以侵犯财产犯罪为例，根据行为人取得财产方式的不同，分为盗窃罪、抢夺罪、抢劫罪、侵占罪等罪名，每一种罪名都是一类财产性犯罪，我们不能将抢劫财产类行为解释为盗窃，这是因为：一方面，两行为类型间存在质的差异，而不存在前者在满足后者条件的基础上，超出后者的行为要求；另一方面，将抢劫类犯罪解释为盗窃，会破坏犯罪构成对行为类型的定型，使刑法的适用出现混乱。即使文字的语义是一个范围，而不是一点，也没有理由将“真的军警人员抢劫”，解释为“冒充军警人员抢劫”。这样的解释显然不在罪刑法定的“框”之内。

综上，当然解释应当符合罪刑法定原则的要求，但是当然解释所追求的个案实质正义与罪刑法定原则暗含的形式正义价值内核之间存在着必然的紧张关系。当然解释要限定在罪刑法定原则的“框”内，在“框”之外，无论存在多么美好的目的，也不能以解释之名，行罪刑擅断之实。

2. 类推解释与罪刑法定原则具有“不可两立”的特点

所谓类推解释，是指对于法律无明文规定的事实，援引相类似的条文而作出的超出该条原意范围的类比阐明。一般认为，类推解释具有以下三个基本特征：第一，解释的事实必须是法律无明文规定的事项；第二，类推解释的实质是以类似性为中介而导出的自一般向个别的推论解释；第三，解释的结果超出法律条文规定的原义范围。②我国 1979 年《刑法》中有类推制度的相关规定，但由于与 1997 年《刑法》规定的罪刑法定原则相抵触，而被禁止适用。不过也有学者认为，当前我国刑法解释中依然存在类推解释的适用空间，这种类推解释以法条中存在某种抽象的、笼统的概括式的规定为前

① 参见胡康生、李福成主编：《中华人民共和国刑法释义》，法律出版社 1997 年版，第 5 页。
② 薛瑞麟：《论刑法中的类推解释》，《中国法学》1995 年第 3 期。

提，如“其他方法”。对此笔者并不认同，“其他方法”是成文刑法立法技术的表现，其是一种兜底性的规定。如《刑法》第 114 条、第 115 条中“以其他危险方法”，即为立法者在列举了“放火”“爆炸”“决水”“投放危险物质”等 4 种危害公共安全的行为后，对于其他与上述 4 种行为相当的危害公共安全的行为的概括规定。当某一行为与这 4 种行为相当，就可以认为该行为是“其他危险方法”，此时法律解释方法为文理解释；当某一行为的客观危害性和主观恶性比上述 4 种行为方式更甚时，依据逻辑上存在的包含关系以及事理上存在的“当然道理”，其同样是“其他危险方法”，此时运用的法律解释方法即为当然解释。无论如何对于“其他危险方法”的解释都与类推解释无关。虽然有些情况下，当然解释与类推解释的界限难以廓清，但两者的解释路径还是存在本质区别的。

首先，两者的适用前提不尽相同。正如前文所述，类推解释是对刑法没有明文规定的事项援引相类似的条文加以适用。也就是说，待解释事项原本不能为法条的含义所包容，仅是依据两者之间存在的类似性而加以适用。而在当然解释中，待解释事项虽未在法条中“明确规定”，但根据逻辑上与事理上存在的当然性，可以认为该事项已为法条的含义所包容。前者的法律适用“于法无据”，而后者则是“依法适用”。例如，由于“冒充军警人员抢劫”的刑法规范无法包容“真的军警人员抢劫”的情形，所以后者适用前者的刑罚规定，显然是“于法无据”的类推解释，而非当然解释。

其次，两者的推理方法也不尽相同。当然解释的推理过程为三段论式的演绎推理，其大前提就是刑法规定，小前提是待解释事项，也就是案件的事实，而结论是确定的刑罚裁量。在该演绎推理的过程中，作为小前提的案件事实与作为大前提的刑法规定之间有包含关系，从而直接得到结论。而类推解释运用的是类比推理，首先寻找案件事实，也就是待解释事项与法律规定之间的相似性，然后以此相似性为依据，推断出案件事实的处断也应当依据该类似法律规定的结论。

最后，两者与罪刑法定原则的关系不同。虽然当然解释存在违反罪刑法定原则的风险，但是可以通过对解释限度的控制使其在罪刑法定原则的范围内进行。然而，类推解释的结果是在“法无明文”的情况下进行的法律适用，其适用前提决定了该结果不可能为罪刑法定原则所包容。类推解释与罪刑法定原则的关系具有“不可两立”的特点。

（三）当然解释的限度

作为一种法律解释方法，当然解释有其内在的合理性，这种合理性体现在演绎推理的过程中，表现为逻辑之当然与事理之当然的统一。此外，当然解释还要接受罪刑法定原则的检验，以不违反罪刑法定原则为其解释的限度。易言之，无论当然解释的依据多么充分，演绎推理多么缜密，当这一当然解释违反罪刑法定原则时，解释结论就不能成立。当然解释是在“法律没有明确规定”的情况下进行的法律适用，作为其合理性重要来源的解释依据是逻辑之当然与事理之当然的统一。对于这一解释依据，在当前的教义解释学研究中，各学者的认识并不统一，存在过度依仗事理上之当然而忽视逻辑当然的情形。尤其在“举轻以明重”的入罪环节，当某一行为的社会危害性比法条明文规定之行为的社会危害性更大时，强烈的善恶观会促使解释者认为对该行为适用相应的刑罚似乎更加“理所应当”。然而，“社会危害性更强”仅为当然解释提供了事理方面的合理性，对于逻辑的当然性的判断，还需我们以中立的目光不断往返于事实与规范之间，去寻求事实之于规范的落脚点。而后一过程才是决定当然解释能否成立的关键。在这里应当强调的是，根据有利于被告人的原则，在认定某一行为不构成犯罪或者应当受到更轻处罚的“举重以明轻”的出罪解释中，对于逻辑当然性的要求可以适当弱化，这种“弱化”符合罪刑法定原则有利于被告人的价值取向，是罪刑法定原则的题中之义。但在入罪“举轻以明重”的当然解释中，必须把握事理之当然与逻辑之当然的统一，强调待解释事项包含在法条规范含义之中，也即在法律规范之中存在待解释事项的“落脚点”。以落脚点是否明确为考察对象，将教义解释学中的当然解释分为以下三种情形：

其一，待解释事项在刑法规范中有明确的落脚点。如《刑法》第 219 条“侵犯商业秘密罪”规定：“有下列侵犯商业秘密行为之一的，给商业秘密的权利人造成重大损失的，处……（一）以盗窃、利诱、胁迫或者其他不正当手段获取权利人商业秘密的……”抢劫权利人商业秘密的行为，由于其比盗窃、胁迫的方式获取权利人商业秘密的行为性质更加恶劣，在事理上当然应当受到刑罚处罚；并且侵犯商业秘密罪的法条规定中存在“其他不正当手段获取权利人商业秘密”的兜底性规定，而“抢劫权利人商业秘密”的行为属于“其他不正当手段”，该行为在此法条中存在落脚点，故而将抢劫权利人商业秘密的行为以侵犯商业秘密罪定罪处罚也存在逻辑上的当然。再如，《刑法》第 358 条第 4 款“协助组织他人卖淫罪”规定：“为组织卖淫的人招募、运送人员或者有其他协助组织他人卖淫行为的，处……”由于存在“或者有其他协助组织他人卖淫行为”的规定，比招募、运送人员性质更为恶劣的行为，如充当打手的行为同样在该条中存在确定的“落脚点”，即逻辑的包容性。所以根据当然解释，为组织卖淫的人充当打手的行为同样可以成立协助组织卖淫罪。相比之下，此种情形的当然解释的合理性与合法性较为明确，是最理想状态的当然解释。

其二，待解释事项在刑法规范中有落脚点，但落脚点不明确。如对于已满十四周岁不满十六周岁的未成年人抢劫枪支的行为应如何定性的问题。根据我国《刑法》第 17 条第 2 款的规定，已满十四周岁不满十六周岁的未成年人抢劫普通财物的行为应当负刑事责任，以抢劫罪定罪处罚。对于抢劫枪支的行为，由于其行为性质更加恶劣，社会危害性更大，相对负刑事责任年龄的人也理应对此承担刑事责任。并且枪支同样可以解释为抢劫罪犯罪对象的“公私财物”，相对负刑事责任年龄的人抢劫枪支的行为在抢劫罪中存在“落脚点”，由此解释的结论似乎理所当然地指向了抢劫罪。然而，笔者认为，这样的当然解释依然是片面的。根据 2003 年 4 月 18 日最高人民检察院研究室《关于相对刑事责任年龄的人承担刑事责任范围有关问题的答复》中的相关规定，相对负刑事责任年龄的人实施了《刑法》第十七条第二款规定的行为，应当追究刑事责任的，其罪名应当根据所触犯的刑法分则具体条文认定。该答复强调了“行为”与“罪名”之间的区别。《刑法》第 17 条第 2 款规定的是相对负刑事责任年龄的人应当负刑事责任的行为，而非罪名。所以，相对负刑事责任年龄人实施了抢劫枪支的行为，理应受到刑罚处罚，并且该行为的落脚点是《刑法》第 127 条第 2 款抢劫枪支罪而非第 263 条抢劫罪。同样的情况还发生在行为人盗伐林木，为窝藏赃物、抗拒抓捕或者毁灭罪证而当场使用暴力或者以暴力相威胁能否直接转化为抢劫罪的问题上。我国《刑法》第 269 条规定：“犯盗窃、诈骗、抢夺罪，为窝藏赃物、抗拒抓捕或者毁灭罪证而当场使用暴力或者以暴力相威胁的，依照本法第二百六十三条的规定定罪处罚。”盗伐林木的行为比盗窃普通财物的行为社会危害性更大，在盗伐林木过程中为窝藏赃物、抗拒抓捕或者毁灭罪证而当场使用暴力或者以暴力相威胁理应转化为抢劫，事理上的当然性无可非议。然而在逻辑当然性的判断上，即落脚点归于何处的问题上，有学者认为：“我国

《刑法》第二百六十九条规定的‘犯盗窃、诈骗、抢夺罪’，自然只限于侵犯财产罪一章所规定的普通盗窃、诈骗、抢夺罪，因为其他特殊类型的盗窃、诈骗、抢夺既然刑法规定了单独的罪名和法定刑，就有别于普通盗窃、诈骗、抢夺的犯罪，在刑法没有明文规定的条件下，认为实施这类犯罪也有可能转化为抢劫罪，这同样是违反罪刑法定主义的。”①对此观点笔者不敢苟同。根据上述相对负刑事责任年龄人承担刑事责任的司法解释的精神，《刑法》第269条“犯盗窃、诈骗、抢夺”的刑法规定应当是指实施盗窃行为、诈骗行为、抢夺行为，而非指犯第264条的盗窃罪、第266条的诈骗罪、第267条的抢夺罪。2005年最高人民法院《关于审理抢劫、抢夺刑事案件适用法律若干问题的意见》也间接说明了笔者这样理解的合理性。该文件规定了5种情形，在此5种情形下，行为人实施盗窃、诈骗、抢夺行为，虽未达到“数额较大”，但如果为窝藏赃物、抗拒抓捕或者毁灭罪证而当场使用暴力或者以暴力相威胁应当转化为抢劫罪。由此可知，在仅实施了盗窃、抢夺、诈骗行为，未构成盗窃罪、抢夺罪、诈骗罪的情形下，为窝藏赃物、抗拒抓捕或者毁灭罪证而当场使用暴力或者以暴力相威胁同样可以转化为抢劫。所以，《刑法》第269条的规定同样为盗窃林木为窝藏赃物、抗拒抓捕或者毁灭罪证而当场使用暴力或者以暴力相威胁转化为抢劫罪提供了当然解释的逻辑“落脚点”。

其三，待解释事项在刑法规范中没有落脚点。这种情形下当然解释仅具有事理之当然，而没有逻辑之当然，所以不能成立。如上文提及的抢劫国有档案的行为，其虽然比抢夺、窃取国有档案的行为性质更为恶劣，但《刑法》第329条“抢夺、窃取国有档案罪”中并没有抢劫国有档案行为的落脚点，该行为并不包含在此条刑法规范的含义之中，依据罪刑法定原则，抢劫国家档案的行为不能认定为抢夺、窃取国有档案罪。再如，抢劫或者抢夺不满十四周岁的未成年人的行为的确比拐骗不满十四周岁的未成年人的行为社会危害性更大，但《刑法》第262条“拐骗儿童罪”同样没有抢劫或者抢夺不满十四周岁的未成年人行为的落脚点，抢劫、抢夺不能认定为拐骗儿童罪。有学者认为，抢劫行为已经在符合抢夺、窃取要求的前提下超出了抢夺、窃取的要求，既然如此，当然可以将抢劫国有档案的行为认定为抢夺、窃

① 刘明祥：《财产犯罪比较研究》，中国政法大学出版社2001年版，第147页。

取国有档案罪。[①]笔者认为，这样的解释实属牵强，不同犯罪有不同的犯罪构成，不同的犯罪构成代表了不同的行为定型。此外，还应当注意词语在刑法规范与日常用语中的语义区别。以“抢劫”和“盗窃”为例，在刑法规范语境中，他们属于不同种类的侵财犯罪的客观行为方式。抢劫强调侵财的同时侵犯被害人的人身权益，而盗窃强调以秘密的方式取得被害人的财产，两种行为类型意图强调的侧重点不同。两行为类型之间是质的差异，而非“超出与被超出”的量的区别。所以，不能将抢劫行为解释为抢夺抑或盗窃。否则犯罪构成将失去其行为类型的法定性，刑法规范将出现此罪与彼罪界限模糊的混乱局面。

面对不断出现的错综复杂的案件以及相对静止的、抽象的成文刑法规范，在事实与规范的对接中，解释者具有了更大的发挥空间。刑法解释学正以“显学”的姿态在刑法学研究中蓬勃发展。无论是身处“江湖之远”的书生学者，还是位居“庙堂”之上断案量刑的法官，都有解释法律的“冲动”和“权力”。许多时候，解释者声称某一法律规范语义“模糊”，人们也就轻易接受了这种声称。然而慎思之，“争议之发生并非由于法律语言本身‘含糊’，而是由于人们对该法律应当涵盖适用的范围有争议，实际上是不同的人力图将他们赋予的含义确立为该法条或语词的含义”。[②]这并不能证明理论研究的繁荣，相反却多少映射出当下理论研究中的“浮躁”。

所有的解释学都是对文本加以理解的技术，一切法律解释都必须基于文本规范。当然解释并不是想当然，并非简单地“举轻以明重，举重以明轻”，其与类推解释存在本质的区别，当然解释必须接受罪刑法定原则的检验。当然解释所面对的案件事实必须在刑法规范中存在“落脚点”，文本规范之含义依然是当然解释的依据所在。唯有遵循此限度，当然解释才可成为一种有效服务于司法实践的刑法解释方法。

三、规范解释内容之冲突

规范性刑法解释即通说的“正式刑法解释”，分为刑法立法解释和刑法

① 张明楷：《刑法学中的当然解释》，《现代法学》2012 年第 4 期。

② 参见苏力：《解释的难题：对几种法律文本解释方法的追问》，《中国社会科学》1997 年第 4 期。

司法解释，其特点在于：第一，规范性刑法解释在宪法和法律中有明示的“解释法律”的依据。第二，规范性刑法解释的主体只能是国家宪法和法律授权的特定国家机关，即全国人大常委会、最高人民法院和最高人民检察院，其他任何机关、部门都没有作出规范性刑法解释的权力。第三，规范性刑法解释是具有普遍法律效力的一般性规定，除非被废止，即使是针对个案性问题作出的“批复”式司法解释，也应作为其他同类案件的法律依据。[①]在规范解释的制定和适用中，由于解释机关思想不统一、权力界线模糊等因素，时常出现规范解释与立法之间的冲突、规范解释之间的冲突以及规范解释与地方司法解释性文件冲突的问题。

(一) 规范解释与立法内容之冲突

以《刑法修正案(九)》和“两高”《办理贪贿案件司法解释》为例，有人指出：在贪污罪和挪用公款罪中，就侵害法益的重要性程度而言，贪污行为侵犯的法益主要是公共财物所有权中的所有权能，即占有、使用、收益、处分权，同时又侵犯了国家机关、国有企业事业单位的正常活动以及职务的廉洁性；挪用公款行为侵犯的法益主要是公共财产的所有权中的占有和使用权，同时在一定程度上也侵犯了国家的财经管理制度。两相比较，显然贪污行为比挪用公款行为侵害的法益更为重要，主观恶性和社会危害性也因此更大，依照一般法理，贪污罪的处罚应重于挪用公款罪。但是随着《刑法修正案(九)》对贪污罪的起刑点和量刑档次的修订，“两高”《办理贪贿案件司法解释》对贪污罪的犯罪数额和情节的明确细化，贪污罪和挪用公款罪间的刑罚平衡受到一定影响。同理，非国家工作人员受贿罪侵犯的法益是公司、企业的正常管理活动和信誉，而一般受贿罪所侵犯的法益是国家机关的正常管理活动和信誉以及国家工作人员职务行为的廉洁性。两者而言，受贿罪侵犯的法益应重于非国家工作人员受贿罪侵犯的法益。而《刑法修正案(九)》将受贿罪第一档量刑标准降低到三年以下有期徒刑或者拘役，并处罚金，《办理贪贿案件司法解释》将受贿罪的一般起刑点提高到3万—20万元人民币(有其他较重情节的起刑点为1万—3万元人民币)，同样受贿罪第一档犯罪的追诉时效期限也就减到五年；而《刑法修正案(九)》未对非国家

---

① 牛克乾：《反思我国刑法解释的范畴及其体系——以刑法解释的效力层次为视角》，《政治与法律》2004年第3期。

工作人员受贿罪量刑档次进行相应的修订，第一栏量刑标准仍为处五年以下有期徒刑或者拘役，《办理贪贿案件司法解释》仅将非国家工作人员受贿罪的起刑点提高到受贿罪的两倍（即一般为6万—40万元人民币），但是非国家工作人员受贿罪第一档犯罪的追诉时效期限却依然是一年。在司法实践中，非国家工作人员受贿罪与受贿罪可能存在的处罚不均衡。①

再者，在渎职犯罪中，为了弥补立法上的漏洞、有效地打击渎职类犯罪，法律解释不断地扩大渎职罪主体的范围，将那些实际从事国家公务的非国家机关工作人员也纳入进来。此种扩大解释固然严密了法网，满足了惩治渎职类犯罪的需要，但直接导致实然的渎职罪主体（法律解释规定的渎职罪主体）远远超越了应然的渎职罪主体——国家机关工作人员的涵盖。实然与应然的冲突使得"国家机关工作人员"的渎职罪主体规定形同虚设。②

司法解释机关和立法解释机关都针对渎职犯罪的主体颁布了一系列的法律解释，其中司法解释有：2000年4月30日，最高人民检察院《对〈关于中国证监会主体认定的请示〉的答复函》将证券监督管理委员会干部视同为国家机关工作人员。2000年5月4日，最高人民检察院《关于镇财政所所长是否适用国家机关工作人员的批复》将属行政执法事业单位的镇财政所中按国家机关在编干部管理的工作人员视同为国家机关工作人员。2000年10月8日，最高人民检察院《关于中国保险监督管理委员会主体认定的请示的批复》将中国保险监督管理委员会干部认定为国家机关工作人员。2000年10月9日，最高人民检察院《关于合同制民警能否成为玩忽职守罪主体问题的批复》将依法执行公务期间的合同制民警视同为国家机关工作人员。2000年10月31日，最高人民检察院《关于属工人编制的乡（镇）工商所所长能否依照刑法第三百九十七条的规定追究刑事责任问题的批复》将经人事部门任命，但为工人编制的乡（镇）工商所所长认定为国家机关工作人员。2001年3月2日，最高人民法院《关于工人等非监管机关在编监管人员私放在押人员行为和失职致使在押人员脱逃行为适用法律问题的解释》中规定，工人等监管机关在编监管人员在被监管机关聘用受委托履行监

① 谭丹东、胡艺瀚：《刑法立法和司法解释应注重条文协调——以〈刑(九)〉修订和"两高"〈办理贪贿案件司法解释〉为视角》，《中国检察官》2016年第8期。

② 韩晓燕：《也谈刑法分则第九章渎职罪主体的问题——以刑法与法律解释的冲突为视角》，《中国犯罪学年会论文集》2011年度，第469页。

管职责的过程中私放在押人员的，以私放在押人员罪追究刑事责任；由于严重不负责任，致使在押人员脱逃，造成严重后果的，以失职致使在押人员脱逃罪追究刑事责任。2002 年 4 月 29 日，最高人民检察院《关于企事业单位的公安机构在机构改革过程中其工作人员能否构成渎职侵权犯罪主体问题的批复》中规定，企业事业单位的公安机构在机构改革过程中虽尚未列入公安机关建制，其工作人员在行使侦查职责时，实施渎职侵权行为的，可以成为渎职侵权犯罪的主体。2006 年 7 月 26 日，最高人民检察院《关于渎职侵权犯罪案件立案标准的规定》在“国家工作人员”的范围中增加了“在乡（镇）以上中国共产党机关、人民政协机关中从事公务的人员”一项，同时提道：“本规定中的‘国家机关工作人员’，是指在国家机关中从事公务的人员，包括在各级国家权力机关、行政机关、司法机关和军事机关中从事公务的人员。在依照法律、法规规定行使国家行政管理职权的组织中从事公务的人员，或者在受国家机关委托代表国家行使职权的组织中从事公务的人员，或者虽未列入国家机关人员编制但在国家机关中从事公务的人员，在代表国家机关行使职权时，视为国家机关工作人员。在乡（镇）以上中国共产党机关、人民政协机关中从事公务的人员，视为国家机关工作人员。”立法解释有：2002 年 12 月 28 日，全国人大常委会对渎职罪主体适用范围做出立法解释，认定下列人员的渎职行为构成犯罪的，依照渎职罪的规定追究刑事责任：在依照法律、法规规定行使国家行政管理职权的组织中从事公务的人员；在受国家机关委托代表国家机关行使职权的组织中从事公务的人员；虽未列入国家机关人员编制但在国家机关中从事公务的人员。

由此，渎职罪的犯罪主体被扩张至：在国家机关中从事公务的人员；在依照法律、法规规定行使国家行政管理职权的组织中从事公务的人员；在受国家机关委托代表国家行使职权的组织中从事公务的人员；虽未列入国家机关人员编制但在国家机关中从事公务的人员；在乡（镇）以上中国共产党机关、人民政协机关中从事公务的人员。这远远超越了刑法规定的“国家机关工作人员”的外延，实然的渎职罪主体与应然的渎职罪主体之间出现了冲突，法律解释与刑法之间出现了冲突。①

---

① 韩晓燕：《也谈刑法分则第九章渎职罪主体的问题——以刑法与法律解释的冲突为视角》，《中国犯罪学年会论文集》2011 年度，第 475 页。

（二）规范解释之间内容之冲突

倘若将规范解释与立法之间的冲突视为刑法解释与刑法修订之间的不协调，那么规范解释之间的冲突则是立法解释机关与两大司法解释机关三部门之间未能统一法律解释思想和标准的体现。其中包括立法解释与司法解释内容的冲突、最高人民法院和最高人民检察院司法解释之间内容的冲突两个方面。

1. 立法解释与司法解释之冲突

针对同一情况，当立法解释与司法解释并存时，易激发立法解释权力与司法解释权力之间的潜在矛盾。在很多立法解释的事项中，最高人民法院或最高人民检察院也作出过相关的司法解释，两者之间还可能会存在一定的差异。例如，在黑社会性质组织的特征上和挪用公款归个人使用的含义界定上，两者就有较大的差距。虽然，从理论上，全国人大常委会作出的立法解释的效力高于最高人民法院、最高人民检察院作出的司法解释的效力，两者之间发生冲突时，优先适用全国人大常委会的立法解释，这是毫无疑义的，但这种解释的不同却暴露出在法律解释权上如何界定的问题，这既是一个法律解释的问题，同时也是一个宪法的问题，如果不能有效解决必将导致全国人大常委会与最高人民法院、最高人民检察院之间在法律解释职权上的冲突。造成刑法司法解释与立法解释之间的冲突的原因从表面上看是由于全国人大常委会积极行使了立法解释权，改变了以往对刑法不予解释的习惯，实质上则暴露出法律解释由两个主体作出必然导致认识和理解上不一致，而权力归属不同的问题才进一步突出。全国人大常委会与最高人民法院、最高人民检察院在法律解释上的职权之间的划分存在模糊不清是问题的核心和关键。①

2. 司法解释之间内容之冲突

与之前相比，最高人民法院与最高人民检察院联合发布司法解释的做法着实减少了两者在司法解释内容中存在的冲突，但对于适用和理解刑法上，尤其是在具体罪名的认定上，两大司法解释机关之间的争执仍时有发生。譬如，对于在上文中提到的关于“国家机关工作人员”的认定上，“两高”

---

① 蒋诚：《对最高人民法院司法解释范围的思考——以刑法解释冲突的法律分析为例》，《安徽警官职业学院学报》2007 年第 3 期。

就曾出现过不一致的现象。1995 年 12 月 25 日最高人民法院《关于办理违反公司法受贿、侵占、挪用等刑事案件适用法律若干问题的解释》中规定，公司、企业中的“国家工作人员”是在国有公司、企业或其他公司、企业中行使管理职权，并具有国家工作人员身份的人员，包括受国有公司、国有企业委派或者聘请，作为国有公司、国有企业代表，在中外合资、合作、股份制公司、企业中，行使管理职权，并具有国家工作人员身份的人员。而最高人民检察院 1995 年 11 月 7 日发布的《关于办理公司、企业人员受贿、侵占和挪用公司、企业资金犯罪案件适用法律的几个问题的通知》中规定，公司、企业中的国家工作人员，包括国有企业中的管理工作人员；公司、企业中由政府主管部门任命或者委派的管理人员；国有企业委派到参股、合营公司、企业中行使管理职能的人员。虽然现今对于“国家工作人员”的认定已有了较为明确的规定，但在当时的立法环境下，根据这两种不同规定，被告人是否符合“国家工作人员”的条件就会产生审判机关与检察机关“各执一词”的现象。

(三) 规范解释与地方司法解释性质文件之冲突

规范解释，尤其是“两高”发布的司法解释对于很多犯罪尤其是经济犯罪的定罪量刑条款做出的具体规定常常表现为一定的区间。例如，2013 年 4 月 2 日“两高”《关于办理盗窃刑事案件适用法律若干问题的解释》中，对于《刑法》第 264 条规定的“数额较大”“数额巨大”“数额特别巨大”分别限定为“1 000 元至 3 000 元”“3 万元至 10 万元”和“30 万元至 50 万元”，并规定各省、自治区、直辖市高级人民法院、人民检察院可以根据本地区经济发展状况，并考虑社会治安状况，在该数额幅度内，确定本地区执行的具体数额标准。结合我国东西部发展的具体情况，这种规定无疑是贴切生活的。但不同省份制定不同的认定标准往往又会在司法实践中带来认定方面的冲突。同时，在某些权限并不像确定数额这么明确的情况下，由于各种原因，各省级司法机关在分别适用最高人民法院、最高人民检察院的规定的时候，对同一问题就可能作出不同的解释，这就出现了司法解释性文件中的省际冲突。刑法司法解释的省际冲突，是指由于各省级(包括自治区、直辖市)司法机关对同一刑法问题作出了不同的解释，而在具有跨省际因素的刑事案件中出现的，对该案件应当适用哪一省的解释的矛盾。①

① 陈志军:《刑法司法解释省际冲突研究》,《人民检察》2005 年第 11 期。

除了各省级司法机关对“两高”制定的司法解释有不同理解从而导致内容适用冲突之外，地方司法机关“私自”发布司法解释性质文件的行为也可能出现与司法解释、立法解释甚至刑事立法相冲突的情况。在实践中，地方司法机关自行发布刑法司法解释性文件中，直接违背刑法立法的解释并不少见。如山东省高级人民法院于 2003 年 6 月 17 日对外公布了《关于为解放思想、干事创业、加快发展服务的意见》，要求全省法院系统掌握好“十条法律界限”，严格区分经济纠纷、改革创新、工作失误与违法犯罪，旗帜鲜明地支持创业者，保护改革者，帮助失误者，追究诬陷者，惩治腐败者。这一《意见》中至少在以下几个方面有违刑法规定：第一项有修改刑法中行贿罪，向公司、企业人员行贿罪的罪与非罪界限之嫌，是否中饱私囊并不是这两种犯罪之罪与非罪的界限；第二项有修改刑法生产、销售伪劣商品罪的罪与非罪界限之嫌，是否使用新技术、新工艺、新设备以及是否熟练掌握这些技术、工艺、设备不是区分这类犯罪的界限，相反，造假新技术、新工艺、新设备的出现更值得公安机关的警惕；第三项有放纵徇私舞弊低价折股、出售国有资产罪之嫌，相反，在当前国有公司、企业改制、重组的过程中尤其应当注意运用刑罚手段打击致使国有资产流失的犯罪行为；第四项有混淆贪污罪的罪与非罪界限之嫌；第五项有修改用账外客户资金非法拆借罪的罪与非罪界限之嫌，是否为了单位利益不是罪与非罪的界限，相反，在单位犯罪的情况下，恰恰是为了单位的利益。①司法实践中，类似情况并不少见，而各个省份又常常会依照本省发布的司法解释处理实际问题，不同省份的不同解释又会带来“同案不同判”的风险，这无疑是对我国刑事法治建设的破坏。

第三节　立法解释丧失制度存在价值

一、立法解释施行现状

2000 年 4 月 29 日，全国人大常委会通过关于《中华人民共和国刑法》的第一部立法解释，对《刑法》第九十三条第二款中“其他依照法律从事公务

① 赵秉志、陈志军：《论越权刑法解释》，《法学家》2004 年第 2 期。

的人员”是否适用于村民委员会等村基层组织人员问题做出解释，开启了我国立法解释的篇章。然而，直到2014年，我国颁行立法解释的个数才开始由屈指可数向井喷式发展。虽然立法解释逐渐以数量和内容宣誓其地位，但现今立法解释面临的局面仍不容乐观。

（一）立法解释概述

立法解释的主体，1954年《宪法》第31条已有规定：“全国人民代表大会常务委员会行使解释法律和制定法令的权利。”但在当时乃至现今的学界仍有着不同理解。第一种观点认为，立法解释是指国家立法机关为完善和发展立法而对制定法作出的解释。在中国，只有全国人大常委会的解释才是立法解释。①第二种观点认为，由于立法解释是指法的制定机关为使法准确适用而对其条款的立法含义所作出的明确说明，因此，立法解释主体包括全国人大常委会、国务院、省级人大及其常委会等。②还有观点认为，立法解释是指国家机关为更好地适用法而对制定法作出的具有立法意义的解释，因此不论立法机关、行政机关、司法机关，只要其解释具有立法意义，都属于立法解释的范畴。③

立法解释的内容，根据《立法法》第42条第2款之规定，包含“法律规定需要进一步明确具体含义的”和“法律制定后出现新的情况，需要明确适用法律依据的”两种情况。对于立法解释内容的限度，有学者认为，立法解释是指法本身需要进一步明确界限而对法的条文的含义的说明，超出法的条文范畴进行的“立法”式的解释和有关法的具体应用的解释，均不属于立法解释；也有学者认为，立法解释不限于对法条含义的说明，还应包括对法的补充或修正之解释。④也有人认为，所谓“法律规定需要进一步明确具体含义”显然是指在法律颁布实施后，发现法律规范的含义模糊不清或司法机关各方对法律规范的含义产生严重分歧，需要对法律规定及语词的含义给予确定和明确化。而所谓“法律制定后出现新的情况，需要明确适用法律依据”也只能理解为法律颁布实施后出现立法时未曾预测的新情况，需要通过

---

① 沈宗灵主编：《法学基础理论》，北京大学出版社1988年版，第401—403页。

② 郭华成：《法律解释比较研究》，中国人民大学出版社1993年版，第151页。

③ 孙国华主编：《法学基础理论》，中国人民大学出版社1987年版，第422页。

④ 黎枫、莫舟强：《论立法解释制度——兼评〈立法法〉对法律解释制度的规定》，《行政法论坛》2001年第8期；陈斯喜：《论立法解释制度的是与非及其他》，《中国法学》1998年第3期。

立法解释延伸、扩大或改变现有法律的语词含义，以适用于新情况。①

（二）存在的争议

立法解释的存废之争由来已久，虽然该制度早已被《宪法》《全国人民代表大会组织法》以及《立法法》等明文确认并付诸实践，但学理界的争论却并未消除。持立法解释存续说的观点认为，立法解释在司法实践中仍发挥着其不可忽视的作用；持立法解释废除说的观点认为，在现今的刑法解释体制和刑事立法适用基本原则的大环境下，立法解释已经失去了其内在价值。我们认为，从立法解释的施行现状来看，即使是有了《宪法》《全国人民代表大会组织法》以及《立法法》的反复认可和逐步完善，立法解释制度在实践中相比司法解释仍处于劣势地位且未能发挥其应有的作用。权力机关，尤其是地方权力机关疏于解释以至于解释权虚设的实况，为立法解释之不可行作了最好的注脚。②

1. 立法解释个性价值缺乏

立法解释设立之初，其目的在于对于刑法规范中的具体问题加以解释，区别于司法解释立足于司法实践，立法解释更多地在理论层面宏观地把控刑事法律中的问题。然而，时至今日，立法解释在内容上愈发与刑事立法、司法解释趋同，在内容上向司法实践中的具体问题扩张，丧失了其独有的价值。纵观世界立法，刑事法律立法解释是很多国家法律解释的必经之路，但最终也都成为过去式。我国的立法解释制度作为社会发展特定阶段的必然产物，随着我国社会体制的不断完善和法治道路的不断开拓，也终将远离人们的视野，淡出历史的舞台。

2. 与司法解释之间界线模糊

根据我国《宪法》之规定，刑法立法解释机关与修订机关同为全国人大常委会，同一机关掌控修法和解释两大权限则会产生许多弊端。比如，本应由立法加以规制的内容，倘若立法机关为了规避立法程序而以立法解释的方式加以规定，则会使得立法处在不确定的状态下，有损法律的权威。而作为立法解释功能之一的对法律条文本身作“补充规定”属于立法的范畴，立

---

① 唐稷尧：《事实、价值与选择：关于我国刑法立法解释的思考》，《中外法学》2009 年第 6 期。

② 袁吉亮：《再论立法解释之非》，《中国法学》1995 年第 3 期。

法与立法解释没有实质不同。①

立法解释不是一种独立的职权，而是适用法者行使适用法的职责时所必须拥有的天然权力。②法律解释的自然属性决定其本就应该是司法机关在适用法律行使裁判权时应有的附属权利，而我国法律将其分别赋予立法机关和司法机关，则是希望立法解释设置的区别于司法解释的价值能够实现。然而，现实情况显示，除却立法解释与立法权相混淆做出的法律创制之外，立法解释与司法解释之间并没能划分出清晰的界线。首先，刑法立法解释的基本对象、方法与司法解释并无二致。它们所面对的不仅是相同的认识对象（刑法文本），而且同样也是综合运用文字解释、体系解释、目的解释等基本法律解释方法得出解释结论。其次，在解释立场上，立法解释的拥立者不仅同样承认作为司法解释藩篱的罪刑法定原则，而且明确反对将立法解释与立法相混淆。最后，刑法立法解释在内容上无法与司法解释真正区别。如果排除本质上属于对刑法进行修改和创制的那种“补充”性解释，立法法中有关“对刑法规定进一步明确具体含义”的规定显然只能理解为针对刑法中存在的模糊和歧义之处作出解释，而这同样也是司法解释的应有之义。最后，在解释范围上，刑法立法解释也不能区分于司法解释。③

立法解释与司法解释在数量上的悬殊也印证了两者适用范围的多寡，所谓“法律漏洞”的产生与发现，必然是在真实案件中出现的，对于相应刑法条文的解释，也应与司法实践中的具体案例相关，同时，由于“两高”对具体案件做出的司法解释针对此后的所有案件都有指导意义，就毋需再以立法解释的方式重复规定了。在现有的立法解释中，其解释内容都是源于实践的问题，或是对法条适用的提示性解释，或是典型案例法律适用的说明，抑或是法院，检察院工作中的具体问题，而这与立法解释设立的初衷背道而驰。对现有法条适用的提示性解释不需要立法解释，只要采取司法解释方法即可。例如，在全国人大常委会《关于对〈中华人民共和国刑法〉第三百一十三条的解释》中，对国家机关工作人员参与拒不执行判决裁定行为如何定罪进行了规定，国家机关工作人员有被执行人、担保人、协助执行义务人与

---

① 张志铭：《法律解释操作分析》，中国政法大学出版社1999年版，第242—247页。

② 袁吉亮：《论立法解释之非》，《中国法学》1994年第4期。

③ 唐稷尧：《事实、价值与选择：关于我国刑法立法解释的思考》，《中外法学》2009年第6期。

国家机关工作人员通谋，利用国家机关工作人员的职权妨害执行，致使判决、裁定无法执行等行为的，以拒不执行判决、裁定罪的共犯追究刑事责任。这一规定显然是刑法总则共同犯罪原理在分则上的具体应用，也丝毫未对共犯理论进行颠覆，这种单纯对司法适用进行提示的规定，显然不具备动用立法解释的必要性。①

3. 立法解释的世界发展趋势

从当今其他国家的情况看，像中国立法机关这样除了承担法律的制定、修改、补充、废除等立法任务之外，还承担法律实施过程中的法律解释任务，并不多见。②在许多国家，法律的解释权是由特定的机关行使的，就宪法解释而言，美国联邦最高法院自"马伯里诉麦迪逊案"后，就一直掌控宪法的解释权，同样，日本的宪法解释权也由最高法院行使。在法国和德国，宪法解释权则由宪法委员会或宪法法院拥有。在我国，尚且不论宪法解释机关和内容的缺失，作为部门法的刑法也应有与司法实践相对应的刑法解释体系，而不应在立法解释明确丧失其现实价值的情况下，仍然大量地出台立法解释以博得社会各界对其短暂性的关注。这种或是超越了解释权限，与刑事立法争夺法律创制，或是干涉实践，与司法解释相混淆的立法解释，应予以及时制止而非继续弘扬。

从世界法治发展趋势来看，在西方国家早期也出现过立法机关同时掌控解释权的现象。譬如在古罗马时期，随着王权的扩张，法的解释出现立法化趋势，到查士丁尼立法时，已完全将法的解释立法化，结果几乎中断了罗马法的发展。在法国大革命中，罗伯斯庇尔就曾呼吁："法律由法官创造这种说法……必须从我们的语言中清除出去。在一个有宪法和立法机关的国家，法院判决的来源只能由法律构成。"在 1790 年 8 月 16 日至 24 日的法令更禁止法官解释法律。③

借鉴西方国家法律解释发展进程，我国的立法解释违背了法律解释的实质，不符合现代法治对法律解释的要求，与其在刑事立法与司法解释的夹缝中求取一席之地，不如顺其自然地结束其历史使命，退出历史的舞台。

---

① 李翔：《刑法修订、立法解释与司法解释界限之厘定》，《上海大学学报（社会科学版）》2014 年第 3 期。

② 张志铭：《法律解释的操作分析》，中国政法大学出版社 1998 年版，第 252 页。

③ 参见沈宗灵：《现代西方法理学》，北京大学出版社 1992 年版，第 467 页。

（二）立法解释存在的风险与弊端

我国《宪法》和其他法律规定，行使立法解释权的主体为全国人大常委会，但是实际从事刑法解释工作的是其内部机构——全国人大常委会法制工作委员会，地方人大常委会的解释制定主体亦是如此，这种做法违背了立法解释最初设置的原意。立法解释的适用中还蕴藏着对立法机关滥用权力、“以立法解释之名行修改法律之实”的警惕，同时还担心立法机关以立法解释排挤适用法的机关在法的适用过程中的解释，特别是以此为手段达到干涉司法的目的，打破国家机关间的分工和均衡，使原本就一波三折的司法独立的实现更遥遥无期。①

就法律制定和修改的权威性而言，如果立法机关对于错误适用法律的案件不是通过应有的法律途径予以监督和纠正，而是希冀通过立法解释的方法将原本错误的法律适用强行更正，则会使得司法实践机关和公民对刑法的权威性、可预测性和确定性产生怀疑，同时也有立法机关干涉司法实务的嫌疑。立法解释是国家公权力绝对权威性的体现，而立法机关的立法解释则是国家公权力行使的结果，其应有一定的限度，但实际情况却是立法解释机关直接通过立法解释活动将本属于司法实践中理应由司法机关解释甚至可以由法官解释的内容加以规制，长此以往，司法解释和刑法原理将丧失存在的价值。

---

①　黎枫、莫舟强：《论立法解释制度——兼评〈立法法〉对法律解释制度的规定》，《行政法论坛》2000年第8期。

第五章　刑法修订与刑法解释的界限厘定

第一节　刑法修订与刑法解释的应然界限

一、刑法修订与立法解释

刑法修订是立法机关针对新的犯罪态势和社会发展需要，对现实环境下不合理的刑法规范条文做出相应修改的一种立法活动。立法解释，简言之即立法机关所作的解释。刑法立法解释是指在需要进一步明确刑法规范具体含义或者因出现新情况需要明确刑法适用依据时，由全国人大常委会根据法定程序对刑法作出的专门性解释文件。[①]刑法修订与刑法解释都是刑法的完善方式，显而易见，两者的制定主体均为国家立法机关。制定主体的性质相同，并不意味着两项活动的性质也相同。刑法修订，调整的是实质性的罪刑关系，是国家的一项重要立法活动，尽管刑法修正案作为我国刑法修订的主要方式，虽然名为“修”字，但从刑法修正案所修正的内容看，包括犯罪化、非犯罪化以及罪名调整、刑罚设置等方面，不属于刑法立法解释，它既不同于对刑法中特别问题的特别规定，也不是对刑法条文含义的进一步解释和说明，而是对刑法条文的更新，是一种制刑权作用的结果。[②]而刑法立法解释，落脚点在“解释”二字，其本质是刑法解释，和其他效力的解释一样，是刑法解释分类的结果。解释是以法律文本为对象，对条文所载的内容进行阐释，这种阐释是建立在不对现有法条做任何变动的前提下的，必须在

---

① 刘艳红：《刑法立法解释若干问题新析》，《法学论坛》2007 年第 1 期。

② 姜涛：《谁之修正——对我国刑法修正案制定权的反思与重构》，《刑法理论》2011 年第 5 期。

条文可能具有的词语内涵和外延之内进行。因此，立法解释与立法之间存在界限，也应当具有清晰的界限。

但由于立法解释的主体为享有立法权的国家立法机关，导致立法机关的立法权和解释权在实践中和理论上的区分困境。有学者直言："刑法修正案和刑法立法解释都是刑法立法完善方式。刑法立法解释同刑事立法本身存在一定区别，但不可否认它具有立法的性质，是一种立法方式。"①全国人大常委会王明雯委员表示："作出立法解释是立法的重要形式之一，是全国人大常委会依法行使职权的表现，它与制定法律、修改和废止法律具有同样的法律效力，具有非常重要的意义。"②笔者不能认同这种观点。如前所述，立法与解释是完全不同的两种活动，虽然法律赋予刑法立法解释与刑法同样的法律效力，但并不意味着刑法立法解释就是立法。刑法立法解释在提案主体、起草程序等事项上的要求较立法而言，均相对宽松和简易，后文将详细阐述。

刑法起源于社会，刑法的修订是社会经济、政治发展推动的必然结果。刑法修订包括单行刑法修订、附属刑法修订和刑法典修订三种形式。

单行刑法修订是指由刑事立法机关就某一类犯罪及其法律后果或者刑法的某一事项，对刑法进行补充和修改的一种方法。在我国，最高立法机关是全国人民代表大会及其常务委员会，单行刑法的制定权当然属于全国人大及其常委会。单行刑法的修订方式常见于我国 1997 年《刑法》修订之前，立法机关曾先后颁布了 23 部单行刑法。但此后仅 1998 年 12 月 29 日全国人大常委会颁布的《关于惩治骗购、逃汇和非法买卖外汇犯罪的决定》一部单行刑法。

附属刑法修订是指立法机构在制定非刑事法律时，将与该非刑事法律相关的犯罪及其刑事责任规定在该法律内，从而形成对刑法事实上的修改补充的一种刑法规范修改方式。③与单行刑法的修订方式一样，附属刑法修订方式在 1997 年《刑法》修订前曾频繁使用，先后共在 107 个非刑事法律中设置了刑事条款。但 1997 年《刑法》修改后，各非刑事法律中的责任条款仅

---

① 陈兴良：《刑法哲学》，中国政法大学出版社 2000 年版，第 672—675 页。

② 陈丽平：《全国人大常委会委员指出立法解释是立法的重要形式》，《法制日报》2014 年第 3 期。

③ 黄明儒：《论刑法的修改形式》，《法学论坛》2011 年第 3 期。

以“构成犯罪的，依法追究刑事责任”的字样来表述刑法的相关内容，并未对具体的犯罪和刑罚做出规定，不具有实质的刑事立法意义，更不具备刑法修订的功能，不属于附属刑法。尽管有学者主张恢复采用制定附属刑法的修订方式，“刑法修改必须针对特定对象与内容采取不同的修改形式，刑法修正案不应当成为刑法修改的唯一途径，特别是对行政犯而言，更应该采取附属刑法的立法与修改形式”。①但可以说，目前在我国已经不存在附属刑法的修订方式了。

刑法典修订既包括对法典的全面修改，也可以是就刑法典中某一或某些条文的部分修改，此种情况一般采用刑法修正案的方式，即在不改变刑法条文数目和形式的情况下，变更刑法典的内容。如前所述，1997 年之前，刑法修订形式主要表现为单行刑法和附属刑法，先后颁行的单行刑法高达二十余部，逾百条的附属刑法条款散见于各种行政法规之中。在实行法典化的我国，过多的单行刑法和附属刑法条款，导致刑法典被虚置，造成刑事法体系混乱的局面，为学者所诟病。对刑法修订方式的质疑，导致 1997 年《刑法》的修订几乎废止了所有的单行刑法，并将附属刑法的规范尽收其中，力求刑法典的完备和统一。1999 年九届全国人大常委会第十三次会议通过的《刑法修正案》，在新中国立法史上第一次采取修正案的方式修改和补充刑法，修正案的形式虽然有宪法和其他法律的先例，在刑事法律上却是全新的。②时至今日，已经颁布了 10 个刑法修正案，而基本放弃了其他刑法修订方式。如有学者所言：“不改变刑法的总条文数，有利于维护刑法典的完整性和稳定性。实践证明，以修正案的方式修改、补充刑法，是一个很好的完善法律的方式。”③尽管当前刑法修正案立法模式在修订权、修订内容等方面有待进一步明确和完善，但在我国当前刑事立法模式下，刑法修正案已然成为修订刑法的常态模式，这也是保持刑法典稳定性和权威性的客观要求。

因此，本文将以刑法修正案的刑法修订方式为例，通过与刑法立法解释的比较，进一步厘定刑法修订与刑法立法解释的应然界限。

---

① 黄明儒：《论刑法的修改形式》，《法学论坛》2011 年第 3 期。

② 张波：《论刑法修正案——兼谈刑事立法权之划分》，《中国刑事法杂志》2002 年第 4 期。

③ 黄太云：《立法解读：刑法修正案及刑法立法解释》，人民法院出版社 2006 年版，第 249 页。

（一）制定主体

我国《宪法》第62条规定："全国人民代表大会行使下列职权：……（一）制定和修改刑事、民事、国家机构的和其他的基本法律……"第67条规定："全国人民代表大会常务委员会行使下列职权：……（二）制定和修改除应当由全国人民代表大会制定的法律以外的其他法律；（三）在全国人民代表大会闭会期间，对全国人民代表大会制定的法律进行部分补充和修改，但是不得同该法律的基本原则相抵触；（四）解释法律……"基于宪法的这些规定，《立法法》第7条、第8条又重申了法律制定和修改的权限。[①]据此可明确得知，刑法的制定和修改由全国人大行使，只有在全国人大闭会期间，全国人大常委会才可以对刑法进行部分修改和补充，且不得同刑法的基本原则相抵触。但目前，我国刑法修正案均由全国人大常委会制定，长期的立法实践形成了由全国人大常委会修正刑法典的立法常态。尽管由全国人大常委会着手进行的刑法修正案因涉及刑法总则的规定，存在着与《宪法》及《立法法》不协调的可能而为多数学者所诟病，但这不影响我们对于刑法修正主体的法律判断，也不能据立法常态而否定全国人大依然享有刑法修正案的制定权，即刑法修正案的制定主体有二，全国人大和全国人大常委会。

《宪法》第67条第4款确立了全国人大常委会的法律解释权，《立法法》第42条重申并完善了《宪法》规定的法律解释权："法律解释权属于全国人民代表大会常务委员会。法律有以下情况之一的，由全国人民代表大会常务委员会解释：（一）法律的规定需要进一步明确具体含义的；（二）法律制定后出现新的情况，需要明确适用法律依据的。"第47条规定："全国人民代表大会常务委员会的法律解释同法律具有同等效力。"这些规定都为全国人大常委会进行刑法立法解释提供了法律依据。

由上文可见，享有刑法修订权和刑法立法解释权的主体存在差异，两者的制定主体在性质上虽同为国家立法机关，但在法律范围上，刑法修正案作为目前刑法修订的唯一模式，修订主体包括全国人大和全国人大常委会，而刑法立法解释制定的主体仅指全国人大常委会。

（二）制定程序

上文提及，截至目前所有刑法修正案均由全国人大常委会着手进行，根

---

① 于志刚：《刑法修正何时休》，《法学》2011年第4期。

据《立法法》的相关规定，全国人大常委会的立法程序与全国人大的立法程序存在显著差异，全国人大作为修订机关能够给予法律制定的最大程序保障，但鉴于我国的立法常态，刑法修正案的制定程序将采取全国人大常委会的立法程序。而长期以来，我国缺乏立法解释的程序规范，刑法立法解释制定的具体程序，下文参照《立法法》第四节法律解释的相关规定予以归纳。无论是刑法修订或是刑法立法解释的完成，主要包括提案、拟定、审议、表决、公布等环节，通过程序之比较，以证两者之差异。

1. 提案

刑法修订提出的是法律案，刑法解释提出的是法律解释要求。根据《立法法》的相关规定，向全国人大常务委员会提出法律案的主体有七个，包括委员长会议、国务院、中央军事委员会、最高人民法院、最高人民检察院、全国人民代表大会各专门委员会，以及常务委员会组成人员十人以上联名，可以向常务委员会提出法律案。

而向全国人大常务委员会提出法律解释要求的主体有六个，即国务院、中央军事委员会、最高人民法院、最高人民检察院和全国人民代表大会各专门委员会以及省、自治区、直辖市的人民代表大会常务委员会可以向全国人民代表大会常务委员会提出法律解释要求。

从提案主体即可知，刑法修订与刑法解释显然不可同日而语，提出法律解释要求的主体包括省、自治区、直辖市的人民代表大会常务委员会，在事实上较提法律案主体更为宽泛，更何况刑法修订从理论上来说还可以向全国人大提出法律案，此时提案主体又区别于全国人大常委会立法程序，如此差异。

2. 拟定

刑法修正案草案的拟定工作，由法制工作委员会在调查研究的基础上和征求最高人民法院、最高人民检察院、各有关部门和部分专家的意见后，起草刑法修正案。

而根据《立法法》第 46 条的规定，刑法立法解释草案由常务委员会工作机构研究拟订，由委员长会议决定列入常务委员会会议议程。

3. 审议

根据《立法法》的相关规定，刑法修正案草案，一般应当经三次常务委员会会议审议，且在审议形式上还规定了常务委员会分组审议、专门委员会审议等审议程序，依法适用。

而法律解释草案经常务委员会会议审议，由法律委员会根据常务委员会组成人员的审议意见进行审议、修改，提出法律解释草案表决稿。考虑到法律解释是对法律的一两个条款进行解释，一般是一次会议审议通过，在程序上适当简化。①

4. 表决与公布

刑法修正案草案表决稿，由常务委员会全体组成人员的过半数通过。对个别有重大意见分歧的条文，经委员长会议决定可以先予表决。通过后由国家主席签署主席令予以公布。

而法律解释草案表决稿由常务委员会全体组成人员的过半数通过，由常务委员会发布公告予以公布。

显然，刑法修订与刑法立法解释在制定程序上由于法律的规定而界限分明。

（三）形式与内容

形式方面，刑法修正案最终的形态与刑法立法解释的最终形式完全不同。刑法修正案是立法机关就刑法典中某一或某些条文的部分修改，即在不改变刑法条文数目和形式的情况下，变更刑法典的内容，是对刑法条文中相关内容直接而明确的修改、补充或更换。也就是说，刑法修正案的内容是不能独立于刑法典而存在的。刑法修正案颁布后，应当直接纳入刑法典之中，成为刑法典的一部分。②即刑法修正案为刑法典所吸收，直接反应在刑法条文的变动中，不能独立存在，与刑法典是一种替代关系。而刑法立法解释则不然，刑法立法解释虽然具有相当于法律的效力，但解释并不对刑法条文本身作出直接的变动，是独立于刑法典之外的规范文件。尽管立法解释的内容本身依附于刑法条文，但是刑法立法解释与刑法典之间不存在替代关系，因而具有独立性。

而在内容方面，刑法修正案与刑法立法解释的定义本身就反映了两者本质的差异。为了对两者尽可能地作出区分，我们通常从多个方面进行对比，从而明确其界限。例如上文所述区分作者的制定主体，制定程序等。但

---

① 沈路涛：《全国人大常委会规范法律解释工作程序》，《人民日报》2004年2月14日。

② 赵秉志：《中国特别刑法研究》，中国人民公安大学出版社1997年版，第42页。

往往立法实践与理论要求或多或少存在差距，尤其是刑法修正案与刑法立法解释之间，由于其制定主体存在高度重合，均为享有立法权的机关，不似与司法解释之间在制定主体上界限分明，无论是理论或实践。刑法修正案与刑法立法解释在制定程序、表现形式存在如前所述的明确差别，这些均为形式上的界分。而两者实质上的界限还应当回归至各自所承担的功能，即内容上的差异。刑法修正案的内容主要涉及增设新罪与完善旧罪，包括犯罪化创设新的罪刑规范、非犯罪化，也包括罪名调整、刑罚设置等各方面，对刑法条文进行修改和补充。而刑法立法解释只是对刑法规定的某些内容所作的解释，主要是对刑法条文的含义作进一步明确的内容或者解释。可见，是否规定罪刑规范，是两者内容的关键区别。①其次，在内容的完整性与体系化方面，两者亦不可同日而语。一般来说刑法修正案的内容虽然针对的是刑法典中某一或某些条文的部分修改，不比大规模的整体修订，但与刑法立法解释案仅针对某一个条文甚至词汇进行解释相比，刑法修正案在内容上更加完整，更加具有体系化，因为刑法修正案通常都是针对一个制度性的问题或者提出一个整体的解决方案，除《刑法修正案（二）》和《刑法修正案（十）》仅一个条文外，其他八个刑法修正案均涉及多个条文。《刑法修正案（八）》对刑法典的修订更是达到一个峰值，打破以往修订范围，不仅条文数量达到 50 条，对刑法总则规范亦进行修改补充。再看《刑法修正案（九）》，是目前修改罪名最多的一部修正案，新增 20 个罪名，取消原先 11 个罪名并对其作了修正，且在恐怖主义与极端主义领域尤为突出。足见刑法修正案与刑法立法解释在完整性与体系性上的差别。

（四）小结

综上所述，立法机关同时享有立法权和解释权，在权源上模糊了刑法修订与刑法立法解释的界限，加剧了两者间的混淆，解释权在一定程度上成为全国人大常委会立法权的补充，甚至实现了立法权限的扩张。这样的混淆不仅反映在通过立法解释达到立法修正，有时还可能采用立法修正案的形式来实现实际上完全可以通过解释达到的结果。②但在应然层面上，尽管刑

---

① 张继钢：《论刑法修正案与刑法立法解释——对〈刑法修正案（八）（草案）〉一种做法的质疑》，《法治》2011 年第 8 期。

② 林维：《论刑法立法解释权与立法权和司法权的纠葛》，《当代法学》2006 年第 5 期。

法修正案和刑法立法解释与刑法典的效力等级一样，但两者在制定主体、制定程序、内容形式等方面均存在明显边界，应当加以区分，不应有意混淆。此外，在法治实践活动的实然层面上，对刑法修订和刑法立法解释的选择，应当坚持如下两个原则：

1. 尽量避免对条文的变动，能解释就不修订

在适用顺序上应当坚持立法解释优先，可以通过解释给出答案的就不应当再通过刑法修订而将其规定在刑法条文当中。法律调整是生活事实，多种多样，无法穷尽。反之，法律条文的数量则尽可能精简且具备条理性。法律所调整事实的无限性与法律规范数量的有限性之间的辩证关系必然要求在语言上产生如下结果：成文法规范必须包含普遍的、一般的评价标准。[①]自 1999 年第一部《刑法修正案》颁布至今，短短十余年间，近百分之二十的法条被修改，如此大规模的修法是否真的有必要呢？通过对修正案内容进行梳理，笔者发现，有相当数量的条文是对规范中词语的含义进行了未超过词语本身含义的平义解释。为了减少法条变动，保持法条的稳定性，节约立法资源，这种解释工作理应由立法解释来完成。例如，《刑法修正案（八）》直接吸收了全国人大常务委员会《关于〈中华人民共和国刑法〉第二百九十四条第一款的解释》中对黑社会性质组织特征的全部内容，对于为何将立法解释上升为刑法修正案，全国人大法工委黄太云认为："由于其是以立法解释的形式存在，容易被忽视，有些地方的司法机关仍以本部门的司法解释作为认定黑社会性质的组织的依据，导致对黑社会性质的组织罪的认定上出现分歧。"[②]笔者以为，"容易被忽视"的说明显然乏力。我们迄今为止出台 13 个立法解释，其他为什么不会被忽视？而且，"立法解释"岂能被忽视？事实上，我们对全国人大常务委员会《关于〈中华人民共和国刑法〉第二百九十四条第一款的解释》的出台背景进行考察可以看到，当时立法解释的出台正是因为最高人民法院和最高人民检察院对黑社会性质的组织特征理解不一致，在最高人民检察院向全国人大常委会提出立法解释要求后，由全国人大常委会作

① ［德］魏德士：《法理学》，丁晓春、吴越译，法律出版社 2005 年版，第 84 页。

② 黄太云：《刑法修正案解读全编——根据〈刑法修正案（八）〉全新阐释》，人民法院出版社 2011 年版，第 50 页。

出了立法解释。[①]既然立法解释已经发挥了解决分歧的功能,《刑法修正案(八)》再加以规定就明显多此一举了。

2. 无法为刑法规范内部涵盖的内容,只能修订

立法解释虽然由立法机关作出,但是解释仍然是立法解释的唯一属性,也就意味着立法解释必须同所有刑法解释一样,只能在刑法规范内部对规范的含义予以明确。然而,对现有立法解释进行分析可以看到,大多数的立法解释均超出了原有法条的规定,作出了创设性解释。当前我国的立法权与立法解释权之间行使的区别并没有明确的法律规范,特别是当同一机关同时掌握立法权与立法解释权时,创设性立法解释与刑法修订的提示性之间的界限变得更加模糊。有学者认为,这种创设性解释是实质刑法观的具体实践:一方面在文字可能含义的范围内,尽量将具有当罚性的行为解释在犯罪构成之内,合理地入罪,有助于实现刑法保护法益的目的,促进刑法惩罚犯罪的规范正义;另一方面,以处罚必要性来解释犯罪构成,将一些表面上符合刑法文字规定但不具有当罚性的行为排除在犯罪构成之外,适当地出罪,实质地保障了人权,因而值得继续坚持与维护。[②]全国人大法律工作委员会工作人员认为,这种创设性解释是在暂时无法修改法律时的权宜之计,"如果问题的性质应该修改法律,但问题比较具体,修改法律一时提不上议事日程,可以先采取立法解释的方法"。[③]

无论是"实质解释"还是"权宜之计",都不能成为立法解释替代刑法修

---

① 2000年12月,最高人民法院公布了《关于审理黑社会性质组织犯罪的案件具体应用法律若干问题的解释》规定了黑社会性质的组织一般应具备以下四个特征:(一)组织结构比较紧密,人数较多,有比较明确的组织者、领导者,骨干成员基本固定,有较为严格的组织纪律;(二)通过违法犯罪活动或者其他手段获取经济利益,具有一定的经济实力;(三)通过贿赂、威胁等手段,引诱、逼迫国家工作人员参加黑社会性质组织活动,或者为其提供非法保护;(四)在一定区域或者行业范围内,以暴力、威胁、滋扰等手段,大肆进行敲诈勒索、欺行霸市、聚众斗殴、寻衅滋事、故意伤害等违法犯罪活动,严重破坏经济、社会生活秩序。最高人民检察院2001年11月向全国人大常委会递交报告,认为最高人民法院上述司法解释是在《刑法》第294条规定之外对认定黑社会性质的组织又附加了条件。尤其是这四个特征中的第三个特征(即要有非法保护)的规定,突破了《刑法》第294条规定,致使一批"严打"中正在办理的黑社会性质组织犯罪案件,不能依法追究,造成打击不力。因此,全国人大常委会出台了《关于〈中华人民共和国刑法〉第二百九十四条第一款的解释》。参见黄太云:《立法解读:刑法修正案及刑法立法解释》,人民法院出版社2006年版,第215页。

② 苏彩霞:《我国刑法立法解释立场的实证考察》,《浙江大学学报(人文社会科学版)》2010年第2期。

③ 张春生:《中华人民共和国立法法释义》,法律出版社2000年版,第143页。

订进行立法的借口。冲破法律文本的制约，超出法律文本现在的、可能的解释都是违反罪刑法定原则的类推解释。立法解释贯彻罪刑法定原则，就必须以实存的制定法为依据，“不管制定法合理与否，解释都必须与之相合。实存的制定法是解释的基础，是我们‘向后看’的目的物。这种刚性的要求与法治要求的法的确定性、稳定性、可预测性相合，体现了一种严格解释的刑法精神”。[①]在这样的刑法精神的指引下，如果确实需要对规范的含义进行扩大，以至于超出了刑法规范内部的框架，就必须对刑法作出修订。

以2002年全国人大常委会作出的《关于〈中华人民共和国刑法〉第三百一十三条的解释》为例，该立法解释对“人民法院的判决、裁定”的含义作出规定：人民法院依法作出的具有执行内容并已发生法律效力的判决、裁定，人民法院为依法执行支付令、生效的调解书、仲裁裁决、公正债权文书等所作的裁定属于该条规定的裁定。在民事诉讼法的语境中，裁定是指“人民法院对民事诉讼和执行程序中的程序问题以及个别实体问题所作出的权威性的判定”。[②]民事诉讼和执行程序中，明确适用裁定的情形包括裁定对原告起诉不予受理、对管辖权异议的裁定、驳回原告起诉的裁定、准予财产保全和先予执行的裁定等，并不包括支付令、调解书、仲裁裁决、公正债权文书等情况。“支付令、生效的调解书、仲裁裁决、公证债权文书，是当事人据以申请法院执行或者人民法院据以采取执行措施的生效法律文书”，[③]是完全属于裁定的范围，拒不执行支付令、生效的调解书等行为确实与拒不执行判决、裁定行为具有一样的社会危害性，但绝对不能以此作为将其直接认定为裁定的理由，如果需要将该罪的对象进行扩大，只能通过修订的方式将该罪的犯罪对象由“判决、裁定”扩大到所有据以执行的生效法律文书。

二、立法解释与司法解释

如前所述，刑法立法解释的主体为具有立法性质的全国人大常委会，但在制定主体、制定程序、内容形式等方面均区别于立法活动，即立法解释是法律解释。以法律解释主体和效力为界分类，是学界较为通行的一种方法，

---

① 齐文远、周详：《论刑法解释的基本原则》，《中国法学》2004年第2期。

② 张卫平：《民事诉讼法》（第二版），法律出版社2009年版，第133页。

③ 黄太云：《立法解读：刑法修正案及刑法立法解释》，人民法院出版社2006年版，第249页。

将法律解释分为有权解释和无权解释。刑事法领域有权解释包括立法解释和司法解释，理论上一般统称为“规范性刑法解释”。规范性刑法解释的规范性，是区别于无权解释的关键，这种规范性主要体现在权力来源、解释主体、适用范围上。规范性刑法解释在宪法和法律中有明确的“解释法律”依据，《宪法》《立法法》《人民法院组织法》、全国人大常委会《关于加强法律解释工作的决议》(以下简称《决议》)等法律法规对立法解释和司法解释有专门明确的规定，全国人大常委会享有立法解释权、最高人民法院和最高人民检察院享有司法解释权有法律上的依据。即规范性刑法解释的主体只能是宪法和法律授权的特定国家机关，其他任何机关、部门都没有做出规范性刑法解释的权力。此外，规范性刑法解释具有普适的法律效力，即使是针对个案问题做出的“批复”式司法解释，也应作为其他同类案件的法律依据。①

《宪法》第 67 条及《立法法》第 45 条均明确全国人大常委会享有法律解释权，其中《立法法》将立法解释的对象界定为“法律的规定需要进一步明确具体含义的”或者“法律制定后出现新的情况，需要明确适用法律依据的”。《决议》中将全国人大常委会解释的对象规定为“凡关于法律、法令条文本身需要进一步明确界限或作补充规定的”及“最高人民法院和最高人民检察院的解释如果有原则性的分歧”。无论是法律规定不明确或是新情况的出现，刑法立法解释的对象最终都将回归刑法法条本身。对于司法解释，尽管学界对《决议》效力存在质疑，但通说观点认为《决议》及《人民法院组织法》是司法解释正当化的根据。《决议》规定：“凡属于法院审判工作中具体应用法律、法令的问题，由最高人民法院进行解释。凡属于检察院检察工作中具体应用法律、法令的问题，由最高人民检察院进行解释。”《人民法院组织法》亦然，均将司法解释的对象界定为“具体应用法律、法令的问题”。简言之，立法解释和司法解释的解释对象分别是“条文本身”和“具体应用”，从文义上看，解释对象是两者除解释主体外的又一明显差异。其实，上述规定的内容反映的是两者解释主体和解释对象的区别，另一方面，规定本身也表明两者合法性根据的差异。立法解释的合法性程度最强，来源是《宪法》和《立法法》；最高人民法院的司法解释权次之，尽管《决议》备受质疑，但《人民法院组织法》与《立法法》效力位阶相同；最高人民检察院的司法解释权争议最

---

① 参见牛克乾：《刑事审判视野中的刑法解释与适用》，法律出版社 2010 年版，第 10 页。

大，仅《决议》中规定了最高人民检察院的法律解释权，《人民检察院组织法》并未赋予最高人民检察院法律解释权。不过，笔者以为，2015 年《立法法》修订新增 104 条，[①]对最高人民法院、最高人民检察院所作的司法解释的效力做出了明确规定，虽非授权性条款，但从侧面肯定了最高人民法院和最高人民检察院的司法解释权，为司法解释权的合法性提供了支持。因此，立法解释权和司法解释权在合法性上不存在障碍，从某种角度看也是一种相似点了。

尽管《立法法》《决议》或《人民法院组织法》都尝试对全国人大常委会的法律解释权与最高司法机关的法律解释权加以区分，分别将解释对象界定为“条文本身”和“具体应用”，但解决具体应用法律、法令中的问题的重要手段之一即为对法律、法令条文本身的界限进行明确，明确法条界限与解决应用问题本来就属于手段与目的的关系，没有办法从中厘定一条清晰的界限。在最高人民法院和最高人民检察院具体审判、检察工作中，其制定颁布的司法解释大多不针对个案，具有一般效力，《立法法》第 104 条亦肯定了这种效力，即最高司法机关所享有的是抽象司法解释权。所谓抽象司法解释，是不明确提及个案也无法从文本中发现、反映出个案情况的解释，是最高司法机关对一类法律、一类案件、一类问题所做的概括性、条文化的规定。[②]抽象司法解释权易模糊立法权与司法权的界限，如学者直言，“尽管仍然被冠以‘司法解释’之名，最高人民法院的这种抽象司法解释权无论在什么意义上都是一种‘立法权’”。[③]实践中的确如此，司法解释“立法化”与罪刑法定原则的冲突一直存在。立法与法律解释在程序上天差地别，正因此最高司法机关抽象司法解释权的实质合法性有所欠缺，因此有学者指出“司法机关不应再发布抽象性的法律解释，发布抽象性的法律解释的任务应当完全由立法机关来承担”。[④]即由全国人大常委会的立法解释来承担抽象解释的作用，司法解释只针对具体案件。但《刑法修正案（九）》生效后，有关贪污贿赂案件司法解释迟迟未出台，《刑法》法条如同虚置，已经表明抽象司法解释在我国

---

① 《立法法》第 104 条规定：“最高人民法院、最高人民检察院作出的属于审判、检察工作中具体应用法律的解释，应当主要针对具体的法律条文，并符合立法的目的、原则和原意。”

② 沈岿：《司法解释的民主化和最高法院的政治功能》，《中国社会科学》2008 年第 1 期。

③ 金振豹：《论最高人民法院的抽象司法解释权》，《比较法研究》2010 年第 2 期。

④ 蒋涛：《罪刑法定下我国刑法司法解释的完善》，中国政法大学出版社 2015 年版，第 40 页。

的地位。当前具体司法解释的发展逐步偏向法官个案解释和指导性案例，而一般所称的“司法解释”已由抽象司法解释承载，[①]试图将抽象解释回归立法机关缺乏生存的土壤，抽象解释作用或具体解释作用也不是刑法立法解释与刑法司法解释的界限。一方面，不可否认，抽象司法解释至今对弥补立法的不足与应对社会发展的需要都起着不可替代的作用。另一方面，全国人大常委会身兼数职，让其对日常司法中涉及的法律、法令条文进行解释显然是不现实的。从数量上看，截至 2017 年，全国人大常委会共颁布 13 条刑法立法解释，自 2014 年后，3 年未曾出台立法解释；而生效的刑法司法解释文件就有 400 多份。可以说在刑事法领域中，对于法律解释这个重要环节，最高司法机关所起的作用远远大于全国人大常委会的作用。

言及此，刑法立法解释与刑法司法解释似除制定主体外，很难明确两者的界限。尽管相关法律文件明确规定两者的解释对象分别是“法律条文本身”和“具体应用问题”，但若尝试从文义出发界定将不得解，事实上本书以为解释对象的区别并不重要，也很难厘清，前文已有所述。实然，两者的界限依然要回归制定主体——立法机关与司法机关，立法机关高于司法机关，全国人大常委会享有最终的法律解释权，刑法立法解释与刑法司法解释不是并列关系。尽管数量上刑法立法解释只有 13 条，但内容上，全国人大常委会通过行使立法解释权这一最高法律解释权，将事关刑法适用的重大法律问题的最终决定权掌握在最高权力机关手中，即使是备而不用，仍然具有重要的政治意义。最高权力机关通过其常设机关一方面将最终的法律解释权抓在自己手里，另一方面又出于实际需要将可被视为准立法权的抽象司法解释权赋予最高司法机关，并不存在合法性的障碍，同时也是确保司法系统正常发挥其功能的现实选择。[②]

三、刑法修订与司法解释

法律一经制定就相对静止，但社会的发展以及法律漏洞的必然性要求法律必须作出相应的变更。刑法修订包括单行刑法修订、附属刑法修订和

① 黄星:《刑法抽象司法解释的时代定位与纠偏》,《法学评论》2017 年第 1 期。
② 金振豹:《论最高人民法院的抽象司法解释权》,《比较法研究》2010 年第 2 期。

刑法典修订三种形式。自1997年刑法大规模修订开始，刑法修正案已成为我国立法机关修订刑法的主要方式，至今已颁布10个刑法修正案，基本放弃其他刑法修订方式。考察10个刑法修正案，总体围绕着增设删减条款、修改个罪构成要件来进行犯罪圈的修正和刑罚的调整。如果说顺应社会发展、填补法律漏洞是刑法修改的内在动因，则司法解释存在之根本则建立在法的抽象性和概括性之上。司法解释的对象是日常司法实践中“具体应用法律、法令的问题”，表面上看社会的变化发展与刑法典的相对稳定性之间的矛盾既是刑法修订的动因，也是刑法司法解释的外力。但是究其本质，司法解释是法律解释，不能作超出刑法规范可能包含之含义的解释，超出刑法规范含义的空间，则进入了法律漏洞填补的范畴，创设出在刑法规范之外的新规则不是司法解释的应有之义。无论是对社会发展的应对还是填补法律漏洞的需要，只要超出现有刑法规范的内容，就只能通过修订的方式加以解决，而不能以解释之名行立法之实。联系理论和实践，刑法修订和刑法司法解释的界分可以从以下几个方面考察。

刑法修订和司法解释的功能定位不同。前文已有所述，社会发展导致犯罪现象层出不穷，新形势的出现和成文法典本身的局限性都必然导致在适用刑法的过程中产生新的问题，刑法修订旨在应对社会发展带来的新变化，填补法律漏洞。而司法解释是解释法律的活动，是对刑法规则的进一步明确，缓和严格规则与自由裁量的紧张关系，旨在统一司法适用标准。漏洞填补不是司法解释的功能，超出刑法规范可能具有之含义的解释实质是补充立法。

刑法修订与司法解释制定主体和表现形式不同。刑法修订是立法活动，制定主体当然系国家立法机关。基于宪法和《立法法》对法律制定和修改的规定，刑法的制定和修改由全国人大行使，只有在全国人大闭会期间，全国人大常委会才可以对刑法进行部分修改和补充，且不得同刑法的基本原则相抵触。即刑法修订的主体是全国人大及其常委会。而刑法修订的表现形式，前文已表明包括单行刑法修订、附属刑法修订和刑法典修订3种形式，刑法典修订基本采刑法修正案形式。刑法司法解释的主体是最高人民法院和最高人民检察院，不过最高司法机关联合其他不享有司法解释权的行政机关发布司法解释，使得司法解释主体存在泛化的问题。而司法解释的表现形式，2007年最高人民法院颁布的《关于司法解释工作的规定》(以下简称2007年最高院规定)第6条,司法解释的形式分为“解释”“规定”“批复”和“决定”四种。2015年修订的《最高人民检察院司法解释工作规定》(以下简称2015年最高检规定)第6条规定司法解释采用“解释”“规则”“规定”“批复”“决定”5种。但事实上,我国除了由“两高”作出的正式司法解释,还存在大量实际发挥司法解释作用的司法解释性质文件,层出不穷的“纪要”“通知”“联合通知”“意见”等颇有“乱花渐入迷人眼”的气势,从这些多样化的形式即可捕捉到司法解释与行政规范间道不明的牵连。

刑法修订与司法解释制定程序和制定原则大相径庭。《立法法》规定的立法程序公开透明,最大程度上保证了人民群众当家作主的权利,为法律的制定和修改提供了充分的保障。鉴于我国目前刑法修订均由全国人大常委会完成,前文详细介绍了全国人大常委会的立法程序,与刑法立法解释的制定程序进行对比,以彰立法程序之民主、严格,不再赘述。全国人大常委会立法程序尚且如此,作为法理上不可否认的另一刑法修订主体,全国人大的立法程序更为详备,更加严格。至于司法解释的制定程序,规定在2007年最高院规定和2015年最高检规定中,程序之依据仅为“两高”出台的规范文件。尽管司法解释的制定程序也在尽可能保障其科学性、民主性,①但与立法程序始终无法相提并论。除了法律解释应当遵循的基本原则,包括合法性原则、明确性原则等,刑法司法解释的原则学界有诸多争论,但无法忽视的一点是刑法的基本原则——罪刑法定原则对刑法解释的影响。无论是法定性原则、反对类推原则或有些学者所言附属性原则等,都包含罪刑法定原则的内在精神。司法解释应当在刑法立法所设定、预留的范围内进行,在此范围内司法机关有自由裁量的余地,但以立法所设定的范围为限,不得突破立法的边界。②但刑法修订则不同,刑法修订是立法活动,是对刑法规范本身的调整,涉及的是实质的罪刑关系。刑法修订需要将法典稳定性与适时性相结合,平衡自由保障与秩序维护之间的关系,与刑事政策息息相关。先有刑法规范,再有罪刑法定原则。

虽然重申数次刑法修订属于刑事立法活动,刑法解释包括立法解释、司

---

① 如2007年最高人民法院《关于司法解释工作的规定》第17条规定:“起草司法解释,应当深入调查研究,认真总结审判实践经验,广泛征求意见。涉及人民群众切身利益或者重大疑难问题的司法解释,经分管院领导审批后报常务副院长或者院长决定,可以向社会公开征求意见。”

② 陈志军:《刑法司法解释研究》,中国人民公安大学出版社2006年版,第48—50页。

法解释均是法律解释活动，两者的权力属性存在本质差异。司法解释对“审判、检察工作中具体应用法律问题”进行解释，但如前文所述“具体应用法律问题”在事实和规范之间难以划分明确的界限，导致司法解释在制定过程中，无论是主体、程序，还是内容都具有弹性的空间。考察我国刑事司法解释现状，数量上远超刑法条文，其规定的事项亦已经超越“审判工作中”的“具体法律应用问题”，“立法化”倾向明显。也正因我国特色的司法解释体制，模糊了司法权、立法权、法律解释权的边界，招致学界的批评，引发学者对于司法解释权属的争论。这种争论一直延伸至立法权、法律解释权、司法权的配置。对于刑法司法解释权的属性，存在“司法权说”“准立法权说”“既非司法权说也非立法权说”等。“司法权说”大致认为司法解释属于一项具体的司法活动，是宏观刑事司法活动的重要内容。“准立法权说”认为刑法司法权具有准立法权的性质，并对“三权分立”学说提出质疑，认为立法权并不是由立法机关垄断。①“既非司法权说也非立法权说”认为司法解释权是独立于立法权和司法权的特殊权力，不附属于法的制定活动和审判活动，即一种通过解释形成具有普遍法律效力的一般解释性规定的权力。②可见，对于我国刑法司法解释，无论是实务还是学界对于司法解释“立法化”倾向都是默认的，也是客观存在的。这种超越个案事实而制定的抽象性司法解释正是我们面临的矛盾。在刑法规范所允许的范围内解释法律，是司法活动中对应用刑法规范的明确，是司法活动的重要内容。突破文本边界或完全置文本于不顾的所谓“司法解释”已经不是本原意义上的司法，而是法的创制即立法活动了，这一越权活动的产物称其为“司法法”③。

最高司法机关制定颁布大量的抽象性司法解释，具有普遍的适用效力，下级法院在审理具体案件时大量引用。虽然 2007 年最高人民法院《关于司法解释工作的规定》第 27 条中规定，人民法院同时引用法律和司法解释作为裁判依据的，应当先援引法律，后援引司法解释。但因司法解释较之法律条文往往更为细致、明确，操作性强，使得法官在审理案件时更加仰赖司法解释。解释泛滥导致基层法官不去积极思考如何运用法律解释学解决实践

---

① 董皞：《司法解释论》，中国政法大学出版社 1999 年版，第 108—110 页。

② 张志铭：《法律解释操作分析》，中国政法大学出版社 1998 年版，第 220—233 页。

③ 陈兴良、周光权：《刑法司法解释的限度——兼论司法法之存在及其合理性》，《法学》1997 年第 3 期。

中遇到的问题，而是坐等司法解释的颁布，①与审判独立的内在要求背道而驰。一些基本的法律常识性问题最高人民法院也乐于作出答复。例如，《关于依法惩治性侵害未成年人犯罪的意见》第 24 条规定："介绍、帮助他人奸淫、猥亵儿童的，以强奸罪、猥亵儿童罪的共犯论处。"这一规定的内容是常识性的，下级司法人员对这类共犯的认定无任何疑问。②另一方面，抽象性司法解释必然面临的问题，从个案到普遍规则，即无法避免成文法的天然局限，即实践中对"司法解释"的再解释。因此，对刑法修订或进行司法解释时，应当坚持如下两个原则。

（一）不能为现有刑法规范所包含的，只能修订不能解释

根据罪刑法定原则，刑法没有做出明确规定的，不构成犯罪。"'刑法没有明确规定'不是指行为人实施危害行为的具体形式、方法、步骤没有明确规定，而是指行为人的行为性质不属于刑法分则已规定的任何类型化的罪行，或者是其社会危害程度低于任何类型化的罪行所要求的下限。"③如果司法解释规定的行为并不被刑法分则所有类型化的罪行所包括，那就只能通过立法将这样的行为增设进刑法条文中，否则就是创设性司法解释。对创设性司法解释的认定标准并非看其规定的内容在刑法条文中是否具有明确的规定，司法解释不可能对已经明确规定的问题进行同语反复解释，更常见的情形则是司法解释对规范中的一个短语进行深入挖掘，通过概括定义、列举要件、排列情形而让抽象的语句更加具体化，概括定义和列举要件往往将抽象简短的法律名词变成一个具有确定含义的、有限定要件的、可以量化的行为标准，或者对司法实践中经常出现的情形进行列举。需要考察的是，这种解释的具体内容是否违反刑法总则规定或突破了构成要件要素的条文含义。

需要说明的是，列举行为表现形式是刑法修订和司法解释都采用的一种规定手段，那么，什么情况下行为表现形式被增加到刑法条文中，而又在什么情况下为司法解释所规定呢？笔者认为，当新行为表现形式无法被现有刑法条文中行为表现形式当前可能存在的含义所包括时，就应当将其加

---

① 胡岩：《司法解释的前生后世》，《政法论坛》2015 年第 3 期。

② 刘风景：《司法解释权限的界定与行使》，《中国法学》2016 年第 3 期。

③ 陈正云、曾毅、邓宇琼：《论罪刑法定原则对刑法解释的制约》，《政法论坛》2001 年第 4 期。

入刑法条文中，而当新行为表现形式只是现有条文中规定行为表现形式的一种特殊方式时，则完全可以通过解释的方式对其司法适用进行提示和明确。

规定非法经营罪的刑法修正案和司法解释可以为这种现象提供最好的例证。1997 年《刑法》规定的非法经营罪是从 1979 年《刑法》中投机倒把罪中分离出的独立罪名。然而，非法经营罪的过度运用，导致其沦为新的“口袋罪”，大量扰乱市场秩序的行为都被纳入了非法经营罪的犯罪圈中。笔者认为，这并非是目前很多学者主张的刑法规范表述不明确所造成的，而是由于该罪被过度运用甚至是不合理的司法解释造成的。截至 2012 年年底，共有 19 部司法解释对非法经营罪进行了规定，其中有大量的规定是超越原规范含义的创设性解释。非法经营罪的罪状中列举了三种非法经营罪的行为表现形式：(1)未经许可经营法律、行政法规规定的专营、专卖物品或者其他限制买卖的物品的；(2)买卖进出口许可证、进出口原产地证明以及其他法律、行政法规规定的经营许可证或者批准文件的；(3)未经国家有关主管部门批准非法经营证券、期货、保险业务的，或者非法从事资金支付结算业务的。其中最后一项中的“未经国家有关主管部门批准非法经营证券、期货、保险业务的”和“非法从事资金支付结算业务的”分别由《刑法修正案》和《刑法修正案(七)》增设入刑法条文中。可以看到，之所以通过刑法修订的方式对这两种行为表现形式进行规定，是因为这两种行为不属于 1997 年《刑法》原法条规定的前两条表现形式中的任何一种，无论如何都不能将证券、期货、保险业务和资金支付结算业务解释为专营、专卖物品，亦不能解释为经营许可证或批准文件。可以通过解释来加以明确的行为表现形式，必须是已经被刑法条文类型化的行为，如最高人民检察院出台的《关于办理非法经营食盐刑事案件具体应用法律问题若干问题的解释》对非法经营食盐的犯罪行为表现形式进行了具体规定，是因为非法经营食盐本身就可以为“未经许可经营法律、行政法规规定的专营、专卖物品”的含义所包含，因此，不需要再重复立法，单独进行解释即可。

非法经营罪规定了“其他严重扰乱市场秩序的非法经营行为”作为兜底条款，这并不意味着任何严重扰乱市场经济秩序的非法经营行为都可以认定为非法经营罪，对其违法性的判断还应当与前三种行为表现形式相当。从法条规定可以看到，前三种行为具有共同特征——与国家对特定行业的行政许可制度相关，“从形式上看，非法经营行为首先且直接侵犯了国家对市场经济进行管理的行政许可制度”，①进言之，可以构成非法经营罪的行为也应当是对行政许可制度造成侵犯的经营行为。反观现有司法解释中的规定，却将经营违法业务或者经营合法业务中扰乱市场秩序的行为认定为非法经营罪。例如，最高人民法院、最高人民检察院《关于办理妨害预防、控制突发传染病疫情等灾害的刑事案件具体应用法律若干问题的解释》便将违反国家在预防、控制突发传染病疫情等灾害期间有关市场经营、价格管理等规定，哄抬物价，牟取暴利，严重扰乱市场秩序的行为认定为非法经营罪。这一行为显然不同于非法经营罪中列举的三种情况，其并非建立在对行政许可制度的违反的基础之上，只是在合法经营期间从事了扰乱市场秩序的行为。如果要将这种行为规定为犯罪，就必须对《刑法》进行修订，而不是解释。

（二）不需改变条文内容，仅对条文进行阐释的，只需司法解释

通过对刑法修正案加以整理，笔者发现，立法机关对司法解释及司法机关工作人员存在着一种不信任，对于一些可以通过刑法原理加以解释就能得出正确结论的问题，立法机关却将这种解释行为升级为立法行为。例如，《刑法修正案（八）》对《刑法》第 63 条第 1 款的内容进行了修正，修正后的条文表述为：“犯罪分子具有本法规定的减轻处罚情节的，应当在法定刑以下判处刑罚；本法规定有数个量刑幅度的，应当在法定量刑幅度的下一量刑幅度内判处刑罚。”其中，“本法规定有数个量刑幅度的，应当在法定量刑幅度的下一量刑幅度内判处刑罚”为《刑法修正案（八）》新增内容。在“二次量刑”过程中，第一次量刑仅是概括性的刑罚裁量，即对刑种或法定刑期幅度的选择。其裁量的结果是将某一刑种或某一刑期幅度确定为“基准刑”，即《刑法》第 63 条第 1 款所指的“法定刑”。而第二次量刑则是在此“基准刑”的下一量刑幅度选择宣告刑。②在“二次量刑”的理论下，通过解释即可对减刑后的量刑幅度加以明确。《刑法修正案（八）》第 9 条删除了《刑法》第 68 条第 2 款的规定，③笔者认为，这种修订是完全没有必要的，因为通过解释

---

① 时延安：《对非法经营罪罪状的限缩解释》，《中国检察官》2011 年第 2 期。

② 李翔：《论我国刑法中的减轻处罚——兼评修正后〈刑法〉第 63 条第 1 款》，《中国刑事法杂志》2012 年第 9 期。

③ 1997 年《刑法》第 68 条第 2 款的内容为：“犯罪后自首又有重大立功表现的，应当减轻或者免除处罚。”

是可以解决所谓“量刑偏轻”问题的。[①]

事实上，“解释者对法律的理解可能比创立者对法律的理解更好，法律也可能比起草者更聪明——它甚至必须比它的起草者更聪明”。[②]在罪刑法定原则的约束下，司法解释有能力也有义务对具体适用法律的问题进行解释。司法解释的功能定位在于统一司法尺度，统一不意味着创制标准，而是基于现有条文对标准进行精细化、明确化。大量司法解释条文结合总则规定，将总则的规定适用到分则具体适用中，也有大量规定，通过刑法基本原理，对分则适用加以明确，通过横向列举和阐释，纵向深入和细化，让法律规范适用得更为精准。这些解释行为的实施者应当是司法机关，立法机关不能自降身价以立法手段进行解释。

第二节　界限划分之实证价值

一、创设性立法解释之梳理

刑法立法解释的本质是刑法解释，落脚点在“解释”二字，是刑法解释分类的结果。而解释必须在法条的词语内涵和外延之内进行，立法机关同时享有立法权和解释权，在权源上模糊了刑法修订与刑法立法解释的界限，加剧了两者间的混淆。有学者总结我国 13 个刑法立法解释的现实功能，除进一步明确刑法条文本身含义、解决对刑法条文理解和解释的原则分歧外，还包括修改补充刑法条文的原有规定。[③]修改补充刑法条文原本应当通过刑法修订的方式进行，但我国刑法立法解释显然已承担了部分这样的功能，此举一二例说明。

---

① 删掉本条的理由是因为本款的存在会导致量刑不均衡。例如，在故意杀人案件的共同犯罪中，主犯“自首并且有重大立功表现”，通过适用《刑法》第 68 条第 2 款，就只能在 9 年以下判处刑罚，进而导致“量刑偏轻”问题。而事实上，实施“二次量刑”的理论，不会出现上述“量刑偏轻”的情况，“量刑偏轻”的情况是由解释论而不是立法论造成的。

② ［德］G.拉德布鲁赫：《法哲学》，王朴译，法律出版社 2005 年版，第 115 页。

③ 参见牛克乾：《1997 年刑法修订以来规范性刑法解释状况述评》，《法律适用》2015 年第 4 期。

（一）超越渎职罪主体的范围

2002年全国人民代表大会常务委员会关于《中华人民共和国刑法》第九章渎职罪主体适用问题的解释规定："在依照法律、法规规定行使国家行政管理职权的组织中从事公务的人员，或者在受国家机关委托代表国家机关行使职权的组织中从事公务的人员，或者虽未列入国家机关人员编制但在国家机关中从事公务的人员，在代表国家机关行使职权时，有渎职行为，构成犯罪的，依照刑法关于渎职罪的规定追究刑事责任。"上述立法解释实际上超出了《刑法》第九章对渎职罪主体"国家机关工作人员"的规定，以立法的方式作出解释应当更符合法治的要求。

（二）增设文物犯罪的新对象

2005年全国人民代表大会常务委员会关于《中华人民共和国刑法》有关文物的规定适用于具有科学价值的古脊椎动物化石、古人类化石的解释，指出根据全国人民代表大会常务委员会在司法实践中遇到的情况规定："刑法有关文物的规定，适用于具有科学价值的古脊椎动物化石、古人类化石。"通过解释活动直接将走私、盗窃、损毁、倒卖或者非法转让具有科学价值的古脊椎动物化石、古人类化石的行为规定为犯罪，法无明文规定不为罪，在刑法没有明文规定的情况下，通过立法解释扩大处罚范围有违罪刑法定的原则。

（三）对单位犯罪的修订

2014年全国人民代表大会常务委员会关于《中华人民共和国刑法》第30条的解释规定："公司、企业、事业单位、机关、团体等单位实施刑法规定的危害社会的行为，刑法分则和其他法律未规定追究单位的刑事责任的，对组织、策划、实施该危害社会行为的人依法追究刑事责任。"该立法解释实际上是对《刑法》关于单位犯罪内容的原则性突破，具有立法性。

二、创设性司法解释之梳理

拉伦茨认为："解释的标的是'承载'意义的法律文字，解释就是要探究这项意义。假使要与字义相连结，则'解释'意指，将已包含于文字之中，但被遮蔽住的意义'分解'、摊开并且予以说明。透过解释，我们可以'谈论'意义，换言之,我们用其他语词更清楚、更准确地表达它,使它可以传达给他人。解释程序的特征是:解释者只想谈论文字本身,并不想对它有所增减。"①超出刑法规范文字本身对其增减,是对法定解释权限的超越,是越权解释。越权解释的概念有狭义、广义之分。狭义的越权解释的解释主体具有司法解释权,只是超出了解释的规则,即超出了法定解释权限的有权解释。广义的越权解释,除狭义的越权解释外,还包括无权解释——不具备法定司法解释主体资格的国家机关对刑法所作出的解释,即除最高人民法院和最高人民检察院之外的主体所作的解释。无权解释可能是由最高司法机关内部各部门,也可能是地方各级人民法院、地方各级人民检察院所发布的刑法解释性文件,甚至可能是行政机关乃至人民团体等制定的。限于文章主旨与篇幅,笔者对无权解释不作详细的梳理,通过上文对刑法修订与刑法解释的界限厘定,重点讨论狭义的越权解释。

权力扩张可以说是权力的天然属性,最高司法机关利用法律赋予的解释权,脱离个案进行抽象性的前置解释,甚至突破刑法文本进行"创设性"的解释,导致现代司法解释权的不断扩张,仿佛在法典之外又产生了一部新的法律,真正的主法反而失去了适用的市场,"副法"——司法解释却大行其道。②创设性司法解释违背的是合法性的最低要求,损害的是罪刑法定的基本原则。对"创设性"的刑法解释,应当予以限制,正是所谓"刑法司法解释的创造性发挥到极致也不过就是:对刑法规范现在的、客观的含义进行阐述"。③总之,无论采取何种解释方法,无论遵循何种解释目标,超越刑法文本的可能文义是判断创设性刑法规范解释的基准,而突破立法者所确立的刑法条文背后的刑法规范则为创设性刑法规范解释之实质。④

2007年最高人民法院《关于司法解释工作的规定》第27条规定:"司法解释施行后,人民法院作为裁判依据的,应当在司法文书中援引。人民法院同时引用法律和司法解释作为裁判依据的,应当先援引法律,后援引司法解

① [德]拉伦茨:《法学方法论》,陈爱娥译,商务印书馆2003年版,第194页。

② 邓修明:《论我国司法解释模式的重塑》,《社会科学研究》2007年第1期。

③ 陈兴良、周光权:《刑法司法解释的限度——兼论司法法之存在及其合理性》,《法学》1997年第3期。

④ 李翔:《论创设性刑法规范解释的不正当性》,《法学》2012年第12期。

释。”《最高人民检察院司法解释工作规定》中也有类似的规定。此前，1986年最高人民法院《关于人民法院制作法律文书如何引用法律规范性文件的批复》指出在法律文书中不宜直接引用最高司法机关的意见、批复等，现如今这些司法解释实际上具有相当于制定法的普适效力，人民法院在裁判文书中可以直接援引司法解释作为裁判依据。这也是所谓“副法”体系形成的本质所在。人民法院作为居中裁判的司法机关直接援引司法机关制定的解释文件审理案件，是否在体例的适用上就具有超越司法权的特征，从而被直接援引的司法解释本身就属于创设性司法解释？

此外，刑法罪名的设置，在我国已经形成了由司法解释确定的司法惯例。但笔者以为，罪名的设置应当属于法律绝对保留的事项。《立法法》第8条规定：“下列事项只能制定法律：……(四)犯罪和刑罚……”有关犯罪和刑罚的事项为法律绝对保留的事项，最高人民法院和最高人民检察院作为国家最高司法机关无权制定。刑法罪名的设置事关对罪状的抽象概括，理应属于犯罪事项。但我国刑事立法没有主动包揽这一权力，只有司法解释来完成罪名的设置，无疑是对立法权的超越。当然更多的创设性司法解释体现在司法解释条文内容对刑法规范的突破，或文义或内在精神，考虑到文章篇幅，笔者择现行有效的几个代表加以梳理。

(一) 违反刑法总则规定的创设性司法解释

1. 突破故意共犯的理论

最高人民法院2000年颁布的《关于审理交通肇事刑事案件具体应用法律若干问题的解释》(法释〔2000〕33号)第5条第2款规定：“交通肇事后，单位主管人员、机动车辆所有人、承包人或者乘车人指使肇事人逃逸，致使被害人因得不到救助而死亡的，以交通肇事罪的共犯论处。”第7条规定：“单位主管人员、机动车辆所有人或者机动车辆承包人指使、强令他人违章驾驶造成重大交通事故，具有本解释第二条规定情形之一的，以交通肇事罪定罪处罚。”解释规定了交通肇事罪的共同犯罪，明显违反我国《刑法》总则第25条关于共同犯罪的规定：“共同犯罪是指二人以上共同故意犯罪。二人以上共同过失犯罪，不以共同犯罪论处；应当负刑事责任的，按照他们所犯的罪分别处罚。”而交通肇事罪是过失犯罪，根据《刑法》第25条的规定不可能构成共同犯罪。我国传统理论认为共同犯罪应当限定在故意犯罪的范畴内，但随着过失犯罪理论和共同犯罪理论的发展，过失共同犯罪、共同过失犯罪等概念的提出使我国刑法学界对该问题产生不同的观点，理论探讨如火如荼，但通过司法解释的规定以改变《刑法》规范都是“创设性的立法”。

此外，2001 年最高人民法院、最高人民检察院《关于办理伪造、贩卖伪造的高等院校学历、学位证明刑事案件如何适用法律问题的解释》(法释〔2001〕22 号)突破了关于“事前通谋”的要素，该司法解释规定：“对于伪造高等院校印章制作学历、学位证明的行为，应当依照刑法第二百八十条第二款的规定，以伪造事业单位印章罪定罪处罚。明知是伪造高等院校印章制作的学历、学位证明而贩卖的，以伪造事业单位印章罪的共犯论处。”首先贩卖显然不同于伪造，但该司法解释将事前无通谋的贩卖行为亦作为伪造行为的共犯处理，明显不符合共同犯罪的原理。

2. 单位共犯的规定

1998 年最高人民法院《关于审理骗购外汇、非法买卖外汇刑事案件具体应用法律若干问题的解释》(法释〔1998〕20 号)第 1 条第 2 款规定：“非国有公司、企业或者其他单位，与国有公司、企业或者其他国有单位勾结逃汇的，以逃汇罪的共犯处罚。”该条确立了单位共同犯罪的内容，但我国《刑法》总则中没有明确关于单位共同犯罪的问题，刑法关于共同犯罪的规定是指自然人与自然人之间构成共同犯罪的情形。在《刑法》对单位共同犯罪没有明文规定的情况下，司法解释确立单位共犯有失规范解释之原则。①

3. 规定了胁从犯的新种类

最高人民检察院关于印发《人民检察院办理未成年人刑事案件的规定》的通知(2013 修订)(高检发研字〔2013〕7 号)第 27 条规定，对于未成年人实施的轻伤害案件、初次犯罪、过失犯罪、犯罪未遂的案件以及被诱骗或者被教唆实施的犯罪案件等，情节轻微，犯罪嫌疑人确有悔罪表现，当事人双方自愿就民事赔偿达成协议并切实履行或者经被害人同意并提供有效担保，符合刑法第 37 条规定的，人民检察院可以依照刑事诉讼法第 173 条第 2 款

---

① 最高人民法院在 2001 年颁布的《全国法院审理金融犯罪案件工作座谈会纪要》中重申了单位共同犯罪的内容，足见司法解释性质文件中亦存在创设性解释的情形。

的规定作出不起诉决定，并可以根据案件的不同情况，予以训诫或者责令具结悔过、赔礼道歉、赔偿损失，或者由主管部门予以行政处罚。该条解释与《刑法》第28条对胁从犯的规定不符，“被诱骗”实施犯罪的案件规定其实质无异于重新规定了“被诱骗的胁从犯”，擅自扩大了胁从犯的内涵和外延，扩大了未成年人刑事责任的追究范围，[①]不仅僭越刑法规范，也与司法解释制定原意相悖。

4. 增设量刑情节的解释

有关犯罪和刑罚的事项是法律绝对保留的事项，对于刑罚处罚的情节，包括法定量刑情节和酌定量刑情节。法定量刑情节，是指刑法明文规定的在量刑时应当予以考虑的情节。如《刑法》第23条：“对于未遂犯，可以比照既遂犯从轻或者减轻处罚。”第29条：“教唆不满十八周岁的人犯罪的，应当从重处罚。”无论是减轻或加重处罚，只要是刑法明文规定的情节，就应当在量刑时予以体现。酌定量刑情节是指根据刑事政策、立法精神，在量刑时酌情考虑的情节，没有刑法明文规定，包括犯罪手段、犯罪时空及环境条件、犯罪后态度等。而司法解释在刑法规范之外又规定了许多量刑情节，例如，2017年最高人民法院、最高人民检察院《关于办理组织、利用邪教组织破坏法律实施等刑事案件适用法律若干问题的解释》（法释〔2017〕3号）第8条规定：“实施本解释第二条至第五条规定的行为，具有下列情形之一的，从重处罚：（一）与境外机构、组织、人员勾结，从事邪教活动的；（二）跨省、自治区、直辖市建立邪教组织机构、发展成员或者组织邪教活动的……”2001年最高人民法院、最高人民检察院《关于办理生产、销售伪劣商品刑事案件具体应用法律若干问题的解释》（法释〔2001〕10号）第12条规定：“国家机关工作人员参与生产、销售伪劣商品犯罪的，从重处罚。”又如2000年最高人民法院《关于审理黑社会性质组织犯罪的案件具体应用法律若干问题的解释》（法释〔2000〕42号）第4条规定：“国家机关工作人员组织、领导、参加黑社会性质组织的，从重处罚。”再如2002年最高人民法院《关于审理骗取出口退税刑事案件具体应用法律若干问题的解释》（法释〔2002〕30号）第7条：“实施骗取国家出口退税行为，没有实际取得出口退税款的，可以比照既遂犯从轻或者减轻处罚。”第8条：“国家工作人员参与实施骗取出口退税犯

① 利子平：《刑法司法解释瑕疵研究》，法律出版社2013年版，第233页。

罪活动的，依照刑法第二百零四条第一款的规定从重处罚。”再如2003年最高人民法院、最高人民检察院《关于办理妨害预防、控制突发传染病疫情等灾害的刑事案件具体应用法律若干问题的解释》（法释〔2003〕8号）中诸多条款均规定了“依法从重处罚”，如第12条：“未取得医师执业资格非法行医，具有造成突发传染病病人、病原携带者、疑似突发传染病病人贻误诊治或者造成交叉感染等严重情节的，依照刑法第三百三十六条第一款的规定，以非法行医罪定罪，依法从重处罚。”这些或从重或从轻的大量存在司法解释中的量刑情节在《刑法》中均无明文规定，但因司法解释在我国司法实践中可以直接援引，作为裁判依据，下级法院在裁判时均会予以考虑，这些涉及量刑规定的解释条款在事实上具有相当于制定法的效力，从而成为“法定量刑情节”，应当予以重视。

5. 存在类推解释的嫌疑

2013年最高人民法院、最高人民检察院《关于办理寻衅滋事刑事案件适用法律若干问题的解释》（法释〔2013〕18号）第5条规定：“在车站、码头、机场、医院、商场、公园、影剧院、展览会、运动场或者其他公共场所起哄闹事，应当根据公共场所的性质、公共活动的重要程度、公共场所的人数、起哄闹事的时间、公共场所受影响的范围与程度等因素，综合判断是否“造成公共场所秩序严重混乱。”该解释将“公共场所”解释为“车站、码头、机场、医院、商场、公园、影剧院、展览会、运动场或者其他公共场所”。同年最高人民法院、最高人民检察院《关于办理利用信息网络实施诽谤等刑事案件适用法律若干问题的解释》（法释〔2013〕21号）第5条第2款规定：“编造虚假信息，或者明知是编造的虚假信息，在信息网络上散布，或者组织、指使人员在信息网络上散布，起哄闹事，造成公共秩序严重混乱的，依照刑法第二百九十三条第一款第四项的规定，以寻衅滋事罪定罪处罚。”将“互联网”纳入“公共场所”的范畴。虽然法释〔2013〕18号解释中有“其他公共场所”的兜底规定，但是其含义是否包括虚拟空间？该条解释中列举的车站、码头、医院等均为客观存在的物理性空间，“其他”应当作同质性解释，没有虚拟空间适用的余地，将互联网解释成公共场所有类推解释的嫌疑。寻衅滋事罪、非法经营罪是刑法领域众所周知的“口袋罪”，“口袋罪”存在本身就表明存在类推解释适用的可能，司法解释逾越扩张解释界限进行类推解释，突破罪刑法定原则的要求是“口袋罪”产生的重要原因。

(二)突破犯罪构成要件的创设性司法解释

1. 规定了生产、销售不符合标准的医用器材罪的行为方式

《刑法》第145条规定的生产、销售不符合标准的医用器材罪的行为方式包括生产和销售。但2001年最高人民法院、最高人民检察院《关于办理生产、销售伪劣商品刑事案件具体应用法律若干问题的解释》(法释〔2001〕10号)第6条第4款规定:"医疗机构或者个人,知道或者应当知道是不符合保障人体健康的国家标准、行业标准的医疗器械、医用卫生材料而购买、使用,对人体健康造成严重危害的,以销售不符合标准的医用器材罪定罪处罚。"2003年最高人民法院、最高人民检察院《关于办理妨害预防、控制突发传染病疫情等灾害的刑事案件具体应用法律若干问题的解释》(法释〔2003〕8号)第3条第2款规定:"医疗机构或者个人,知道或者应当知道系前款规定的不符合保障人体健康的国家标准、行业标准的医疗器械、医用卫生材料而购买并有偿使用的,以销售不符合标准的医用器材罪定罪,依法从重处罚。"两个司法解释先后将"购买、使用""购买并有偿使用"纳入生产、销售不符合标准的医用器材罪的行为方式。"购买""使用"无论怎样都无法解释为"销售"行为,明显超出了"销售"一词可能具有的含义,即通过司法解释增加了该罪的行为方式,僭越了立法权。

2. 规定了伪造、倒卖伪造的有价票证罪的行为方式

2000年最高人民法院《关于对变造、倒卖变造邮票行为如何适用法律问题的解释》(法释〔2000〕41号)特别规定:"对变造或者倒卖变造的邮票数额较大的,应当依照刑法第二百二十七条第一款的规定定罪处罚。""伪造""变造"在刑法中均有其特定的含义,对于该司法解释是否扩大了伪造、倒卖伪造的有价票证罪的范围,学界存在不同的观点。有学者认为"上述司法解释的结论不是扩大解释,更不是类推解释,只是选择了伪造概念中的广义结论。"[①]也有学者认为上述司法解释通过新增行为方式扩大了处罚范围。理由是"凡是立法者认为变造行为也应当追究刑事责任的均在《刑法》中作了明确的规定。其次,《刑法》仅规定伪造的条文,均系立法者刻意所为,而不是立法疏忽。因为这些条文所规定的犯罪明显要比同时规定了伪造和变造

---

① 张明楷:《刑法分则的解释原理》,中国人民大学出版社2011年版,第334页。

的犯罪更轻，表明立法者并无将这类变造行为犯罪化的意图”。[①]笔者以为，我国现行《刑法》严格区分伪造和变造，司法解释应当贯彻刑法规范的立法精神，该司法解释有类推之嫌疑。

3. 规定了生产、销售有毒、有害食品罪的行为方式

2002年最高人民法院、最高人民检察院《关于办理非法生产、销售、使用禁止在饲料和动物饮用水中使用的药品等刑事案件具体应用法律若干问题的解释》(法释〔2002〕26号)第4条规定:“明知是使用盐酸克仑特罗等禁止在饲料和动物饮用水中使用的药品或者含有该类药品的饲料养殖的供人食用的动物，而提供屠宰等加工服务，或者销售其制品的，依照刑法第一百四十四条的规定，以生产、销售有毒、有害食品罪追究刑事责任。”上述司法解释将“提供屠宰等加工服务”囊括进生产、销售有毒、有害食品罪的行为表现形式，而《刑法》第144条规定的生产、销售有毒、有害食品罪只规定了“生产”和“销售”两种行为方式，该司法解释显然逾越了生产、销售有毒、有害食品罪的犯罪构成。

4. 规定了伪造、变造、买卖武装部队公文、证件、印章罪，盗窃、抢夺武装部队公文、证件、印章罪，非法生产、买卖武装部队制式服装罪和伪造、盗窃、买卖、非法提供、非法使用武装部队专用标志罪的犯罪对象

2011年最高人民法院、最高人民检察院《关于办理妨害武装部队制式服装、车辆号牌管理秩序等刑事案件具体应用法律若干问题的解释》(法释〔2011〕16号)第4条规定:“买卖、盗窃、抢夺伪造、变造的武装部队公文、证件、印章的，买卖仿制的现行装备的武装部队制式服装情节严重的，盗窃、买卖、提供、使用伪造、变造的武装部队车辆号牌等专用标志情节严重的，应当追究刑事责任。定罪量刑标准适用本解释第一至第三条的规定。”该司法解释第一至第三条规定的犯罪对象是“武装部队公文、证件、印章”“武装部队制式服装”“武装部队专用标志”，指的是真实有效的“武装部队公文、证件、印章”“武装部队制式服装”和“武装部队专用标志”，但上述司法解释将“伪造、变造的武装部队公文、证件、印章”“仿制的武装部队制式服装”“伪造、变造的武装部队车辆号牌等专用标志”列为犯罪行为，扩大了对象范围。

---

① 利子平:《刑法司法解释瑕疵研究》，法律出版社2013年版，第246页。

5. 规定了妨害公务罪的新对象

2000 年最高人民检察院《关于以暴力威胁方法阻碍事业编制人员依法执行行政执法职务是否可对侵害人以妨害公务罪论处的批复》(高检发释字〔2000〕2 号)中规定:“对于以暴力、威胁方法阻碍国有事业单位人员依照法律、行政法规的规定执行行政执法职务的,或者以暴力、威胁方法阻碍国家机关中受委托从事行政执法活动的事业编制人员执行行政执法职务的,可以对侵害人以妨害公务罪追究刑事责任。”“国有事业单位人员”显然不是“国家机关工作人员”,更非正在履行职责或执行任务的人民大会代表、红十字会工作人员、国家安全机关和公安机关。该司法解释将“国有事业单位人员”规定为妨害公务罪的对象,与《刑法》第 277 条妨害公务罪的犯罪构成不符。

6. 规定了渎职罪的新主体

2002 年全国人大常委会《关于〈中华人民共和国刑法〉第九章渎职罪主体适用问题的解释》规定:“在依照法律、法规规定行使国家行政管理职权的组织中从事公务的人员,或者在受国家机关委托代表国家机关行使职权的组织中从事公务的人员,或者虽未列入国家机关人员编制但在国家机关中从事公务的人员,在代表国家机关行使职权时,有渎职行为,构成犯罪的,依照刑法关于渎职罪的规定追究刑事责任。”该立法解释规定了除国家工作人员外的三类主体。而 2006 年最高人民检察院《关于渎职侵权犯罪案件立案标准的规定》(高检发释字〔2006〕2 号)附则第 3 条亦规定了“国家机关工作人员”的含义,在列举了上述关于渎职罪主体的立法解释中三类人员外,又规定一类“……视为国家机关工作人员。在乡(镇)以上中国共产党机关、人民政协机关中从事公务的人员,视为国家机关工作人员”。在立法解释明确规定后,司法解释又擅自创设了渎职罪的新主体,实属越权。

(三) 混淆罪与非罪、此罪与彼罪的创设性司法解释

1. 混淆了信用卡诈骗罪与盗窃罪的界限

2009 年最高人民法院、最高人民检察院《关于办理妨害信用卡管理刑事案件具体应用法律若干问题的解释》(法释〔2009〕19 号)第 5 条第 2 款规定:“刑法第一百九十六条第一款第三项所称‘冒用他人信用卡’,包括以下情形:……(三)窃取、收买、骗取或者以其他非法方式获取他人信用卡信息

资料，并通过互联网、通讯终端等使用的……”该司法解释将“窃取他人信用卡信息资料，并通过互联网、通讯终端等使用的”解释为“冒用他人信用卡”，构成信用卡诈骗罪。但《刑法》第 196 条第 3 款规定：“盗窃信用卡并使用的，依照本法第二百六十四条的规定定罪处罚。”两相对比可知，司法解释将“信用卡信息资料”排除在“信用卡”的含义之外，否则窃取他人信用卡信息资料，并通过互联网、通讯终端等使用的行为应当构成盗窃罪，而非信用卡诈骗罪。但司法解释对“信用卡”的含义作缩小解释与《刑法》的解释立场相悖，缺乏合理性的支撑，正如学者所言：“不能认为，冒用他人信用卡时，其中的信用卡包括信用卡信息资料，而盗窃信用卡时，其中的信用卡必须是包含了信用卡信息资料的有体物。”①上述司法解释混淆了刑法条文规定的信用卡诈骗罪、盗窃罪的界限。

2. 创设了交通肇事罪罪与非罪的新标准

2000 年最高人民法院《关于审理交通肇事刑事案件具体应用法律若干问题的解释》（法释〔2000〕33 号）第 2 条第 1 款规定：“交通肇事具有下列情形之一的，处三年以下有期徒刑或者拘役：……（三）造成公共财产或者他人财产直接损失，负事故全部或者主要责任，无能力赔偿数额在三十万元以上的。”该解释将赔偿能力和赔偿数额作为构成交通肇事罪的标准之一，不仅违反罪刑法定原则，僭越立法权创设罪与非罪的标准，而且“无能力赔偿数额在三十万元以上的”构成犯罪，有能力赔偿或无能力赔偿数额在 30 万元以下则不构成犯罪明显违反法律面前人人平等原则。

3. 混淆了过失以危险方法危害公共安全罪与妨害传染病防治罪、妨害国境卫生检疫罪的界限

2003 年最高人民法院、最高人民检察院《关于办理妨害预防、控制突发传染病疫情等灾害的刑事案件具体应用法律若干问题的解释》（法释〔2003〕8 号）第 1 条第 2 款规定：“患有突发传染病或者疑似突发传染病而拒绝接受检疫、强制隔离或者治疗，过失造成传染病传播，情节严重，危害公共安全的，依照刑法第一百一十五条第二款的规定，按照过失以危险方法危害公共安全罪定罪处罚。”该条对拒绝接受检疫、强制隔离或者治疗，过失造成传染病传播的行为进行了规制。但是《刑法》第 330 条妨害传染病防治罪第 1 款

① 张明楷：《刑法分则的解释原理》，中国人民大学出版社 2011 年版，第 23 页。

规定:“违反传染病防治法的规定,有下列情形之一,引起甲类传染病传播或者有传播严重危险的,处三年以下有期徒刑或者拘役;后果特别严重的,处三年以上七年以下有期徒刑:……(四)拒绝执行卫生防疫机构依照传染病防治法提出的预防、控制措施的。”根据刑法规定,“拒绝接受检疫、强制隔离或者治疗,过失造成甲类传染病传播”的应当援引《刑法》第330条的规定构成妨害传染病防治罪,而非上述司法解释规定的过失以危险方法危害公共安全罪,该司法解释混淆了过失以危险方法危害公共安全罪、妨害传染病防治罪之间的界限。此外,《刑法》第332条妨害国境卫生检疫罪第1款规定:“违反国境卫生检疫规定,引起检疫传染病传播或者有传播严重危险的,处三年以下有期徒刑或者拘役,并处或者单处罚金。”即“拒绝接受检疫、强制隔离或者治疗,过失造成检疫传染病传播”的应当援引《刑法》第332条的规定,构成妨害国境卫生检疫罪,亦非过失以危险方法危害公共安全罪。该司法解释亦混淆了此两罪的界限。且与妨害传染病防治罪、妨害国境卫生检疫罪相比,过失以危险方法危害公共安全罪的刑事责任更重,司法解释不仅混淆此罪与彼罪的界限,而且加重了行为人的刑事责任。①

4. 混淆了滥用职权罪与玩忽职守罪的界限

2006年最高人民检察院《关于渎职侵权犯罪案件立案标准的规定》(高检发释字〔2006〕2号)中在“传染病防治失职案”下规定:“传染病防治失职罪是指从事传染病防治的政府卫生行政部门的工作人员严重不负责任,不履行或者不认真履行传染病防治监管职责,导致传染病传播或者流行,情节严重的行为。涉嫌下列情形之一的,应予立案:……6.在国家对突发传染病疫情等灾害采取预防、控制措施后,隐瞒、缓报、谎报或者授意、指使、强令他人隐瞒、缓报、谎报疫情、灾情,造成传染范围扩大或者疫情、灾情加重的;7.在国家对突发传染病疫情等灾害采取预防、控制措施后,拒不执行突发传染病疫情等灾害应急处理指挥机构的决定、命令,造成传染范围扩大或者疫情、灾情加重的……”上述司法解释明知传染病防治失职是“严重不负责任,不履行或者不认真履行”却仍然在随后列举的立案标准中规定“隐瞒、缓报、谎报或者授意、指使、强令他人隐瞒、缓报、谎报疫情、灾情”“拒不执行突发

① 利子平:《刑法司法解释瑕疵研究》,法律出版社2013年版,第254页。

传染病疫情等灾害应急处理指挥机构的决定、命令”这些故意情形，混淆滥用职权行为与玩忽职守行为的界限。

1997 年《刑法》是在 1979 年《刑法》以及其后实施的单行刑法和附属刑法的基础上增修完成的，基本上实现了我国刑法的统一性和完备性。[①]但社会经济文化的发展、刑事政策的调整以及成文法典自身的局限，必然要求对刑法进行局部的修改补充。2015 年 8 月 29 日，第十二届全国人大常委会十六次会议表决通过《刑法修正案（九）》，自 1997 年以来我国刑法有且仅通过修正案的形式经历过 10 次修订，增设新罪、完善旧罪如此反复。《刑法修正案（八）》以前 7 个修正案只限于补充、修改刑法的分则规范，针对个罪的犯罪构成或者法定刑进行修订，未曾涉及刑法总则规范。《刑法修正案（八）》打破以往修订范围，不仅条文数量达到 50 条，对刑法总则规范亦进行修改补充。《刑法修正案（九）》延续这一模式，对刑法总则和分则均有调整。《刑法》规定的犯罪与刑罚与公民生命财产、人身自由息息相关，规制内容的特殊性决定了立法机关对《刑法》的制定与修改均必须采取谨慎的态度。前文梳理了刑法修订与刑法立法解释、刑法司法解释的界限，也提出了刑法修订与刑法解释适用时应当坚持的原则，在适用顺序上应当坚持解释优先，通过解释可以解决的问题不应通过刑法修订而将其规定在刑法条文当中，刑法典应当保持相当的稳定性，尽量避免对条文的变动，能解释就不修订。若解释违反刑法总则规定或突破了构成要件规范的含义，即不能为现有刑法规范所包含的，只能修订不能解释。司法机关对刑法进行创设性解释僭越立法权，模糊立法与解释的界限，同样，对于一些可以通过刑法原理加以解释就能得出正确结论的问题，立法机关却将这种解释行为升级为立法行为，亦损害了立法活动的尊严。刑法立法上的欠缺可分为技术性欠缺和社会变易性欠缺。技术性欠缺是由于立法技术水平不足造成的，社会变易性欠缺是因社会情势变化而造成的。[②]社会变易性欠缺一般通过刑法修订来解决，在危险行为犯罪化的过程中伴随着诸多争议，修订之必要性不可避免产生不同观点，犯罪化与非犯罪化是刑法修订不得不妥善处理的关系，从经济基础到上层建筑涉及方方面面，不是文章讨论的重点。技术性欠缺一般可以

---

① 李希慧主编：《刑法修改研究》，武汉大学出版社 2011 年版，第 39 页。

② 参见李希慧：《刑法解释论》，中国人民公安大学出版社 1995 年版，第 61—62 页。

通过司法解释或者立法解释来弥补，通过刑法修订的方式解决多为非必要之修订，文章梳理历年修正案择几例加以说明。①

三、非必要刑法修订之规范

(一)《刑法修正案(八)》第43条增设黑社会性质组织特征的解释性条文

解释性条文非刑法修改之产物，在1997年《刑法》颁布时已存在，刑法中的用语多具有特定的含义，解释性条文可以对刑法中的关键词语阐明释义，明确词语的射程范围以便刑法之适用。但法律语言力求精简，非必要解释性条文的增设，不但不能发挥原有的解释性条文的重要功能，反而会对现有的刑法体系造成干扰。例如，2011年通过的《刑法修正案(八)》第43条在《刑法》第249条后增设一款："黑社会性质的组织应当同时具备以下特征：(一)形成较稳定的犯罪组织，人数较多，有明确的组织者、领导者，骨干成员基本固定；(二)有组织地通过违法犯罪活动或者其他手段获取经济利益，具有一定的经济实力，以支持该组织的活动；(三)以暴力、威胁或者其他手段，有组织地多次进行违法犯罪活动，为非作恶，欺压、残害群众；(四)通过实施违法犯罪活动，或者利用国家工作人员的包庇或者纵容，称霸一方，在一定区域或者行业内，形成非法控制或者重大影响，严重破坏经济、社会生活秩序。"黑社会性质组织的特征的确需要解释，为司法实践中对黑社会性质组织的认定提供标准，但是是否需要通过刑法修订的立法活动来解释值得反思。注意到2002年全国人民代表大会常务委员会《关于〈中华人民共和国刑法〉第二百九十四条第一款的解释》中对黑社会性质组织的特征作了明确规定，该解释对黑社会性质组织特征的规定与《刑法修正案(八)》第43条中的规定分毫不差，或者应当这样表述，《刑法修正案(八)》直接吸收了全国人民代表大会常务委员会《关于〈中华人民共和国刑法〉第二百九十四条第一款的解释》中对黑社会性质组织特征的全部内容，将立法解释上升为刑法修正案。对此全国人大法工委领导同志解释道："由于其是以立法解

① 社会变易性欠缺与技术性欠缺之分不是绝对的，非必要之修订本身就承载着超越法规的含义，因此非技术性欠缺而修订之必要性问题，司法实践效果或许是衡量的最佳标准。

释的形式存在，容易被忽视，有些地方的司法机关仍以本部门的司法解释作为认定黑社会性质的组织的依据，导致对黑社会性质的组织罪的认定上出现分歧。"[①]显然这样的理由不足以支撑将立法解释上升为刑法修正案的行为，立法解释不会也不应被忽视，立法解释具有相当于法律的效力，既然立法解释已经对黑社会性质组织的特征作出解释，发挥了其应当具有的功能，就没有必要再通过刑法修订的方式加以规定。

（二）《刑法修正案(八)》第5条增设对量刑理论的解释性条文

《刑法修正案（八）》第5条在《刑法》第63条第1款后增设对量刑问题的解释性条文："本法规定有数个量刑幅度的，应当在法定量刑幅度的下一量刑幅度内判处刑罚。"《刑法》第63条规定的是减轻处罚的内容，修正后第1款表述为："犯罪分子具有本法规定的减轻处罚情节的，应当在法定刑以下判处刑罚；本法规定有数个量刑幅度的，应当在法定量刑幅度的下一量刑幅度内判处刑罚。"量刑是一个从"法定刑"到"宣告刑"的过程，在"二次量刑"过程中，第一次量刑仅是概括性的刑罚裁量，即对刑种或法定刑期幅度的选择。其裁量的结果是将某一刑种或某一刑期幅度确定为"基准刑"。而第二次量刑则是在此"基准刑"的下一量刑幅度选择宣告刑。[②]在"二次量刑"的理论下，通过解释即可对减刑后的量刑幅度加以明确。如最高人民法院研究室在《关于如何理解"在法定刑以下判处刑罚"问题的答复》（法研〔2012〕67号）中对《刑法》第63条第1款作出过解释，《刑法》第63条第1款规定的"在法定刑以下判处刑罚"，是指在法定量刑幅度的最低刑以下判处刑罚。刑法分则中规定的"处十年以上有期徒刑、无期徒刑或者死刑"，是一个量刑幅度，而不是"十年以上有期徒刑""无期徒刑"和"死刑"三个量刑幅度。该文件属于司法解释性质文件，对减轻处罚的内容作出解释，最高人民法院完全可以通过司法解释的形式对量刑的具体问题作出回复，而没有必须通过刑法修正案的方式在刑法条文中加以明确的理由。

---

① 黄太云:《刑法修正案解读全编——根据刑法修正案（八）全新阐释》，人民法院出版社2011年版，第50页。

② 李翔:《论我国刑法中的减轻处罚——兼评修正后〈刑法〉第63条第1款》，《中国刑事法杂志》2012年第9期。

（三）《刑法修正案（八）》第 9 条删去《刑法》第 68 条第 2 款

《刑法修正案（八）》第 9 条删除了《刑法》第 68 条第 2 款的规定："犯罪后自首又有重大立功表现的，应当减轻或者免除处罚。"删掉本条的理由是因为本款的存在会导致量刑不均衡。例如，在故意杀人案件的共同犯罪中，主犯"自首并且有重大立功表现"，通过适用《刑法》第 68 条第 2 款，就只能在 9 年以下判处刑罚，进而导致"量刑偏轻"问题。而事实上，实施"二次量刑"的理论，不会出现上述"量刑偏轻"的情况，"量刑偏轻"的情况是由解释论而不是立法论造成的。笔者认为，这种修订是完全没有必要的，因为通过解释是可以解决所谓"量刑偏轻"问题的。

后　记

我国《刑法》自 1997 年全面修订以来，全国人大常委会出台了一个“补充规定”，并进行了十一次修订。有学者指出，我国正在进入刑事立法活性化的时代。刑事立法的活跃，一方面反映出我国社会发展变化之快，为了适应这种高速运转的社会变化，刑法必须要进行不断修订和调整以应对各种新的问题和新的情况；另一方面，随着我国刑事法理论研究不断深入，很多新的理论成果和司法实践的经验也逐步转化为刑事立法。但是，刑法的频繁修订，会带来一些“副产品”，例如影响刑法的稳定性。我们一方面要保持刑法的稳定性，另一方面又需要发挥刑法在应对社会变化以及社会治理过程中应当承担的作用。

刑法解释既是保持刑法稳定性又能满足司法实践需要的有效路径。我们需要不断发挥刑法解释的作用，如果能够通过解释来完成司法适用的需要，就尽量不要修改刑法。因此，当我们面对司法实践中形形色色的问题时，我们首先应该不断解释刑法，而不是首先想到修订刑法或者抱怨立法者前瞻性不够，事实上，人的认识是有限的，不能期待立法者能依靠“高倍望远镜”去“前瞻”到尚未发生的或可能发生的危害社会的行为。“我们的想象力不足以想象他们的未来行为。”只有当刑法解释无法评价某种新类型的行为性质时，才需要启动刑法修订。

2020 年一场席卷全球的“新冠疫情”给全人类带来了前所未有的挑战。在全国、全世界共同抗疫的这段时间，地球似乎被按了“暂停键”，我也拥有了一段不短的“安静”时光，让自己可以凝神，让自己的思想任意游荡，思考专业的和非专业的问题。尽管目前疫情仍在全球肆虐，但我国抗击新冠肺炎疫情斗争取得重大战略成果，进入常态化疫情防控阶段，一切都正回到常规轨道上来。“神游”的思绪也回到现实中来。趁着这段时间，再一次深入思考“刑法修订和刑法解释的关系”，这个问题也像我们的生活一样，是一个持续不断变化的问题，我对这个问题的思考并不到此画上句号。感谢上海人民出版社的编辑史尚华老师，她认真负责的工作态度令我感动。

李翔　草就于华东政法大学明实楼

2020年9月20日星期日

图书在版编目(CIP)数据

刑法修订与刑法解释关系研究/李翔著.—上海:
上海人民出版社,2020
(棠树文丛)
ISBN 978-7-208-16529-8

Ⅰ.①刑… Ⅱ.①李… Ⅲ.①刑法-法律解释-研究
-中国 Ⅳ.①D924.05

中国版本图书馆 CIP 数据核字(2020)第 107311 号

责任编辑 秦 堃 史尚华
封面设计 一本好书

棠树文丛
刑法修订与刑法解释关系研究
李 翔 著

出 版 上海人民出版社
(200001 上海福建中路 193 号)
发 行 上海人民出版社发行中心
印 刷 常熟市新骅印刷有限公司
开 本 720×1000 1/16
印 张 12.5
插 页 4
字 数 191,000
版 次 2020 年 10 月第 1 版
印 次 2020 年 10 月第 1 次印刷
ISBN 978-7-208-16529-8/D·3609
定 价 58.00 元